2017年度内蒙古自治区高等学校科学技术研究项目"内蒙古新型城镇化地区旅游空间形态演变规律及其调控机制研究"

2017年度中蒙俄经贸合作与草原丝绸之路经济带构建研究协同创新中心研究课题"草原丝绸之路经济带背景下内蒙古口岸城市文化旅游空间形态及其演变"

"一带一路"国家旅游发展研究丛书

古镇旅游空间生产
——基于农牧交错带上的研究

Ancient town tourism space production
—based on the research on the patterns

李彪 赵瑾 著

经济管理出版社
ECONOMY & MANAGEMENT PUBLISHING HOUSE

图书在版编目（CIP）数据

古镇旅游空间生产：基于农牧交错带上的研究／李彪，赵瑾著 . —北京：经济管理出版社，2018.10
ISBN 978-7-5096-5359-3

Ⅰ.①古… Ⅱ.①李… ②赵… Ⅲ.①乡镇—旅游业发展—研究—中国 Ⅳ.①F592.3

中国版本图书馆 CIP 数据核字（2017）第 232391 号

组稿编辑：王光艳
责任编辑：任爱清
责任印制：黄章平
责任校对：赵天宇

出版发行：经济管理出版社
（北京市海淀区北蜂窝 8 号中雅大厦 A 座 11 层　100038）

网	址：www.E-mp.com.cn
电	话：(010) 51915602
印	刷：北京玺诚印务有限公司
经	销：新华书店
开	本：720mm×1000mm/16
印	张：13.75
字	数：212 千字
版	次：2018 年 10 月第 1 版　2018 年 10 月第 1 次印刷
书	号：ISBN 978-7-5096-5359-3
定	价：58.00 元

·版权所有　翻印必究·

凡购本社图书，如有印装错误，由本社读者服务部负责调换。

联系地址：北京阜外月坛北小街 2 号
电话：(010) 68022974　　邮编：100836

前言 PREFACE

古镇旅游一直以来都是旅游界探讨的一个热点问题，追其缘由有两个特点：一是古镇空间相对于其他旅游空间具有自身的独特性，首先，这种独特性表现在空间主体的二元性上。古镇空间最初是当地居民世代居住生活的地方，他们是这里无可非议的主人。后来随着古镇旅游活动的开展，古镇成为旅游者开展旅游活动的旅游空间，古镇空间由原著居民居住空间演变为居民和旅游者共有的空间，即古镇空间成了旅游空间和居民生活空间的结合体。其次，就当地居民而言，古镇空间的特殊性还表现在它既是居民生活的空间，也是他们通过自己的劳动为旅游者提供旅游产品的生产空间，即古镇的空间是生产空间和生活空间的统一体。二是古镇旅游产品相对于其他旅游产品具有自身的特殊性，这种特殊性表现在它提供的不仅仅是简单地为满足旅游者食、住、行、游、购、娱等方面需求的具体产品，更是一个能够让旅游者与历史进行冲突的历史文化空间，也就是说，它能够以静态的空间形态来表现和揭示动态历史演变进程。旅游者在这里不仅仅能够看到建筑、街巷，更能够感知到建筑和街巷背后的历史发展脉络和文化内涵。正是基于此两点，古镇旅游既成为旅游者追捧的对象，也成为旅游学界关注的热点。

同时，也正是由于古镇旅游的这两个特点，使它成为我们今天关注的焦点。保护和开发的关系问题一直以来都是古镇旅游研究和实践面临的一个难题。一方面，只强调保护而轻视开发，就会严重地限制旅游发展的积极性和旅游创收的能力，影响古镇保护资金的持续投入，进而导致古镇保护可持续性的动力不足；另一方面，如果忽视保护而一味地强调开发，就会使古镇资源超负荷承担旅游带来的压力，久而久之就会出现文化遗产资源被破坏、古镇空心化等问题，使古镇旅游发展失去根基，成为无本之木。因此，如何平衡开发和保护的问题就成了古镇旅游研究的重点和难点。古镇的保护和开发从本质上讲就是要处理古镇旅游空间和居民生活空间之间的关系问题，也就是如何对古镇空间进行划分的问题。我们强调对古镇的保护，保护的对象就是古镇世代居民所生活的空间，其中的建筑、街巷、民俗、传统、历史文化等共同构成了这个生活空间的基本元素。古镇的独特魅力并不是仅仅具有这些基本元素，而是通过世代居民的生活生产场景将这些元素历史地、动态地串联起来，形成一个活生生的生活场景空间。因此，我们要保护的不仅仅是古镇的建筑、街巷民俗、传统等，更重要的是将其串联起来的生活生产场景及最终形成的空间。同样我们所说的开发，就是要将旅游者楔入这种空间中，将只为居民服务的生活空间转变成为旅游者和居民共同服务的旅游空间。这样古镇保护和开发的矛盾，其实就是如何处理好为旅游者服务的空间和为居民服务的空间的关系问题。

我国处于农牧交错带上的古镇在保护和开发的问题上显得更加突出。一方面，由于受到地理位置、交通条件、自然环境的先天因素的影响，农牧交错带上的古镇旅游发展相对缓慢，对当地经济社会发展和居民生活水平提高的带动作用有限；另一方面，由于这些古镇处于两大文明交错的地带，并在两大文明的冲突、交流和融合的历史进程中形成和发展起来，因而具有独特的文化地域特征、深厚历史文化底蕴和极高的旅游价值。但是，这种文化特色由于社会经济的发展也在逐步消亡，尤其是如果不能够提前进行相关的研究和保护工作，面对当地强烈的旅游发展愿望，很容易出现破坏性开发和超负荷运作的情况，保护工作刻不容缓。

本书正是基于对以上问题和发展背景的考虑，选择以农牧交错带上的古镇旅游空间为研究对象，应用相关的空间生产、文化消费等相关理论，对古镇旅游空间的生产进行研究，希望能够为这些古镇的保护和开发工作提供一些有益的保护。本书第一章从我国现阶段的提倡城乡统筹发展、倡导发展文化产业和确立旅游支柱性产业地位等宏观背景出发，在对国内外有关古镇、农牧交错带上的古镇、古镇空间等相关研究进行综述基础上，去探讨农牧交错带上古镇旅游空间生产研究的必要性和可行性。在这一过程中，将空间生产理论引进古镇旅游空间的研究领域，认为古城旅游空间生产就是古镇空间的实践（古镇空间生产的基础）、空间的表征（古镇空间生产的动力）和表征的空间（古镇空间生产的结果）三者之间的辩证发展关系，并根据古镇旅游空间的独特性创造性地将空间生产理论中资本—权力二维动力扩展为资本—权力—社区—市场古镇旅游空间生产的四维动力。第二章主要对空间生产、农牧交错带、消费者行为、文化消费等理论进行了梳理，尤其是对农牧交错带理论和空间生产理论的研究和总结，为后续的研究提供了坚实的理论基础；并从空间、旅游空间、古镇旅游空间以及农牧交错带上古镇旅游空间四个角度出发，对相关概念进行了辨析和研究，进一步明确了主题。以上两章为本书的第一部分，主要是为主体研究部分明确背景、分析现状和提供理论指导。本书集中第三、四、五章在空间生产理论的指导下，来探讨农牧交错带上古镇旅游空间的具体生产问题，这是整本书的核心部分。第三章首先是从共性和个性两个方面探讨了古镇旅游空间的特征，尤其对农牧交错带上古镇旅游空间独特性①的探讨，为下一步的研究明确了方向和思路。其次是从古镇旅游资源、空间形态的构成要素两个方面研究了古镇空间生产的基础问题，即古镇空间实践。第四章从资本、权力、社区和市场四个维度来探讨古镇空间生产的动力问题，即古镇空间的表征。在此基础上，以资本在古镇空间生产中的三重循环为研究线索，通过具体研究古镇空间生产中资本、权力、社区和市场对资本三重循环的关注情况，来探讨它们之间在古镇旅游空间生产中的博弈，以及在这种博弈下所形成对古镇空间实践的共识。第五章具体探讨了古镇旅游空间生产的结果，即古镇表征的空间，也就是旅游者直接面对的现实古镇旅游空间。通过构建古镇旅游空间生产坐标系来推动古镇空间实践的表征化，即在四维动力推动下古镇旅游空间的具体生产。第六章以河北蔚县暖泉古镇为研究个案，从空间的实践（古镇的旅游资源）、空间的表征（四维动力）和表征的空间（现实的旅游空间形态）三个维度来具体探讨农牧交错带上古镇旅游空间的生产问题。

第七章为结论部分，明确了空间生产理论在农牧交错带上古镇空间研究中的理论指导作用，进一步将这一理论与古镇空间生产的具体实践相结合，提出了通过对基础、动力和成果的研究来探讨古镇空间生产的具体过程问

---

① 这种独特性是指由于两大文明之间的冲突、交流和融合导致这些古镇在空间形态的形成、发展变化都具有不同于一般古镇的特征。

题；并将社区和市场纳入了古镇空间生产的动力体系中，通过对四维动力体系以及之间相互博弈关系的研究，来探讨资本、权力、社区和市场是如何通过对古镇资本的三重循环的关注来推动古镇空间的生产，认为古镇空间生产的第Ⅰ类动力系统内部的博弈正是古镇旅游管理模式发展变化的内在因素，古镇空间生产的第Ⅱ类动力系统内部的博弈，恰好是古镇旅游产品发展变化的内在因素。由于篇幅和时间的限制，关于空间生产的其他方面问题还有待进一步深化，如空间的消费问题，本书只是将其同旅游市场的研究合二为一，并没有将其单独作为一个研究整体来对待，这是本书的不足之处，希望下一步能够将其作为重点来进行研究。

目录 CONTENTS

第一章 绪 论 /1
 第一节 研究的缘起 /1
  一、研究的可行性 /1
  二、研究的必要性 /4
  三、研究的重要性 /12
 第二节 文献综述 /12
  一、古镇旅游研究现状综述 /12
  二、古镇空间研究现状综述 /23
 第三节 研究内容 /26
  一、研究目标 /26
  二、研究方法 /27
  三、技术路线 /28
  四、研究内容 /28
  五、研究创新点及不足 /30
  六、研究意义 /30

第二章 基础理论研究 /34
 第一节 空间生产理论研究 /34
  一、列斐伏尔与空间生产理论 /34
  二、其他学者的空间生产理论 /35
  三、与空间生产相关的其他理论 /37

第二节 空间生产过程的研究 /40
　　一、空间的实践——空间生产的基础 /40
　　二、空间的表征——空间生产的动力 /41
　　三、表征的空间——空间生产的形态 /42
　　四、古镇旅游空间的生产过程 /43
第三节 其他相关理论研究 /44
　　一、农牧交错带相关理论研究 /44
　　二、文化消费相关理论研究 /45
第四节 相关概念的鉴定 /49
　　一、古镇旅游空间 /49
　　二、相关空间概念的鉴定 /52
第五节 本章小结 /57

第三章 古镇空间生产的基础 /59

第一节 古镇旅游空间的特征 /59
　　一、古镇旅游空间的共性特征 /59
　　二、古镇旅游空间的独特性 /69
　　三、农牧交错带上古镇的特殊性 /71
第二节 古镇旅游空间生产的条件 /72
　　一、旅游活动 /72
　　二、社会交往 /75
第三节 古镇旅游空间生产的基础 /76
　　一、古镇物质类旅游资源 /76
　　二、古镇精神类旅游资源 /79
　　三、古镇空间生产的基础 /84
第四节 本章小结 /87

第四章 古镇旅游空间生产的动力 /89

第一节 空间生产的动力 /90
　　一、资本 /91

二、市场 /93

　　三、权力 /97

　　四、社区 /103

第二节　古镇资本循环中的博弈 /105

　　一、对资本循环过程关注的研究 /105

　　二、Ⅰ类动力系统内部的博弈 /111

　　三、Ⅱ类动力系统内部的博弈 /114

　　四、Ⅰ类和Ⅱ类动力系统之间的博弈 /115

第三节　本章小结 /117

第五章　古镇空间生产的完成 /120

第一节　古镇旅游空间生产坐标系的构建 /120

　　一、四维动力博弈结果判断 /121

　　二、四维动力综合评价体系的构建 /128

　　三、古镇空间生产坐标系的构建 /135

第二节　古镇的旅游空间形态 /137

　　一、古镇旅游空间形态的元素系统 /137

　　二、古镇旅游空间形态元素的功能 /138

　　三、古镇旅游空间形态元素之间的相互关系 /140

第三节　本章小结 /140

第六章　暖泉古镇旅游空间生产实证研究 /142

第一节　暖泉古镇作为实证研究对象的缘由 /142

　　一、暖泉古镇概述 /142

　　二、暖泉古镇的地理、文化区位的特殊性 /143

　　三、暖泉古镇保护工作的紧迫性 /145

第二节　暖泉古镇空间生产的基础 /146

　　一、暖泉古镇物质类旅游资源分析 /147

　　二、暖泉古镇精神类旅游资源分析 /150

第三节　暖泉古镇旅游空间生产的动力 /154

一、暖泉古镇旅游空间生产的动力体系　/154
　　二、四维动力在暖泉古镇空间生产中的博弈　/167
第四节　暖泉古镇旅游空间形态的形成　/171
　　一、暖泉古镇旅游空间四维动力综合评价　/171
　　二、暖泉古镇旅游空间生产坐标系的构建　/173
　　三、暖泉古镇旅游空间形态的形成过程分析　/177
　　四、暖泉古镇旅游空间形态　/179
第五节　本章小结　/194

第七章　结　论　/197

　　一、古镇旅游空间的自我生产成为古镇良性发展的出路　/197
　　二、四维动力推动古镇旅游空间的生产　/198
　　三、古镇旅游空间形态是一个交叉互补的多元空间结合　/198

参考文献　/200

后　记　/210

第一章 绪 论

第一节 研究的缘起

一、研究的可行性

（一）政策的保障

城乡统筹发展。2002年，中共十六大报告指出："全面繁荣农村经济，加快城镇化进程。统筹城乡经济社会发展，建设现代农业，发展农村经济，增加农民收入，是全面建设小康社会的重大任务。"[①] 国家开始更多依靠城乡区域发展协调互动，不断增强长期发展后劲。2012年中共十八大报告提出：城乡发展一体化是解决"三农"问题的根本途径，加快完善城乡发展一体化体制机制，着力在城乡规划、基础设施、公共服务等方面推进一体化，促进城乡要素平等交换和公共资源均衡配置，形成以工促农、以城带乡、工农互惠、城乡一体的新型工农、城乡关系。[②] 2013年政府工作报告指出：建立健全种粮农民补贴制度和主产区利益补偿机制，补贴标准逐年提高，覆盖范围

[①] 江泽民. 全面建设小康社会, 开创中国特色社会主义事业新局面 [R]. 中国共产党第十六次全国代表大会, 2003.10.09.

[②] 胡锦涛. 坚定不移沿着中国特色社会主义道路前进　为全面建成小康社会而奋斗 [R]. 中国共产党第十八次全国代表大会, 2012.11.08.

不断扩大，补贴资金从 2007 年的 639 亿元增加到 2012 年的 1923 亿元。加强农村水电路气等基础设施建设，新建改建农村公路 146.5 万千米，改造农村危房 1033 万户，解决了 3 亿多农村人口的饮水安全和无电区 445 万人的用电问题，农村生产生活条件不断改善。①

在城乡统筹发展的背景下，这些仍然以乡村作为主要经济生活方式的古镇如何在谋求经济社会发展的同时，保持其文化的原真性成为我们不可回避的问题。

（二）时代的要求

全民休闲时代的来临。2009 年，广东省成为全国首个试行国民旅游休闲计划的"试点"，② 2013 年国务院办公厅印发了《国民旅游休闲纲要（2013～2020 年）》，全民休闲时代来临。

休闲时代就像工业时代一样，从需求和供给两个方面对现代旅游业的发展产生了巨大的影响。从需求角度来看，这种影响主要体现在以下三点：①从旅游动机上讲，现代旅游的发展已经远远超出了"食、住、行、游、购、娱"等基本要求，在此基础上增加了"康、体、疗"等新的需求，并且有向多元化和深度化方向进一步发展的趋势；②需求的主体更加广泛，几乎涉及社会的每个阶层、每个人群；③闲暇时间更加充足，带薪假期、公共假日、奖励旅游等一系列的措施和条件使现代旅游成为人们生活的一部分。从旅游供给的角度来看，现在为旅游者提供服务和产品的行业远远超越了传统意义上旅游业的概念，尤其是随着产业的高度聚集和城市房地产发展受限以及旅游房地产的兴起，使现代旅游业无论从内涵还是外延上都体现出了与以往极大的不同。

由于需求和供给的变化，古镇旅游已经由原先的观光为主逐步向休闲度假为主转变，而这种转变的直接结果就是从对古镇内部具体产品的关注转变为对古镇休闲度假空间的关注。

---

① 温家宝. 2013 年国务院政府工作报告 [R]. 第十二届全国人民代表大会第一次会议，2013.03.05.

② 2009 年 1 月 4 日，广东省旅游局在其官方网站上公布了《关于试行国民旅游休闲计划的若干意见（征求意见稿）》。

（三）产业的支持

1. 国家大力发展文化产业

国家"十二五"规划中明确要求推动文化大发展、大繁荣，大力发展文化产业。中共十七届六中全会部署了"文化兴国"战略，将文化产业定性为国民经济支柱性产业。2012年2月15日，中共中央办公厅、国务院办公厅印发了《国家"十二五"时期文化改革发展规划纲要》，2012年2月28日，文化部发布了《"十二五"时期文化产业倍增计划》。中共十八大报告指出：文化是民族的血脉，是人民的精神家园。文化实力和竞争力是国家富强、民族振兴的重要标志。要坚持把社会效益放在首位、社会效益和经济效益相统一，推动文化事业全面繁荣、文化产业快速发展。发展哲学社会科学、新闻出版、广播影视、文学艺术事业。加强重大公共文化工程和文化项目建设，完善公共文化服务体系，提高服务效能。促进文化和科技融合，发展新型文化业态，提高文化产业规模化、集约化、专业化水平。[①] 根据国际经验，在人均GDP超过3000美元以上时，文化消费就会进入快速增长时期。因此，全球都在试图将以资本与技术为主导的传统经济形态转变为以文化与创意为主导的新经济形态。

文化产业与旅游产业的结合已成为当下一种必然趋势。文化产业通过旅游作为重要载体，展示文化的内涵和魅力，实现文化的经济价值。旅游产业以文化为底蕴，促进文化资源的资本化与产业化；两者结合形成文化旅游产业。但文化旅游并不是文化和旅游的简单相加，而是一种全新的文化形态，有两个重要的构成要件：①强调产品属性，文化旅游是以文化资源为支撑，旅游者以获取文化体验、求知增智为目的的旅游产品；②强调旅游者的旅游体验，文化旅游是旅游者为实现特殊的文化感受，对旅游资源内涵进行深入体验，得到的是全方位的精神和文化享受的一种全新旅游类型。

2. 旅游业战略性支柱产业地位的确立

2009年12月国务院出台41号文件《关于加快发展旅游业的意见》，从国家层面对我国发展旅游业作了明确的定位，即"战略性支柱产业"和"人

---

① 胡锦涛. 坚定不移沿着中国特色社会主义道路前进 为全面建成小康社会而奋斗[R]. 中国共产党第十八次全国代表大会, 2012.11.08.

民群众更加满意的现代服务业"。战略性支柱产业突出旅游发展的产业地位与重要作用;人民更加满意的现代服务业是全面建设小康社会背景下的民生内涵的拓展,体现旅游是民生的重要内容,是人们生活水平与质量的重要标志,也是现代社会文明进步的重要表现。旅游将在更深更广的层面上与产业结构、城乡结构和区域结构结合在一起。旅游发展与"富民""包容性增长""经济增长方式转型""城市运营"息息相关。"十二五"发展主要目标是,到"十二五"期末,旅游业初步建设成为国民经济的战略性支柱产业和人民群众更加满意的现代服务业,在转方式、扩内需、调结构、保增长、促就业、惠民生等战略中发挥更大功能。旅游服务质量明显提高,市场秩序明显好转,可持续发展能力明显增强,奠定更加坚实的旅游强国基础。

二、研究的必要性

城市化的进程,一方面使我们的生活更加便利,另一方面也使我们的空间感逐渐丧失,同时由于历史的和现实的原因,空间在发展上呈现不平衡性。具体到古镇旅游空间而言,由于政策和资本的过度干扰,古镇旅游空间呈现出空心化和失真性等问题,这些都要求我们必须重视古镇旅游空间的研究工作。

(一)集体消费导致城市空间感的消失

随着城市化的进程,集体消费在现代城市经济中的地位越来越重要,如对交通、住房、医疗、教育等公共资源的消费。集体消费是相对于个人消费被法国新城市社会学教授曼努尔·卡斯泰尔(Manuel Castells)提出的,是指"消费过程就其性质和规模,其组织和管理只能是集体供给",[①] 集体消费的前提是政府对公共产品的集中供给,这是城市化过程的必然要求。广阔的城市空间和庞大的城市人群需要统一的交通系统进行疏导,社会生产所需要的高素质人才也需要公共教育资源提供,可见集体消费以及为其提供消费品的集体供给已经渗透到现代城市生活生产中的每一个环节,同时也成为国

---

① Manuel Castells. Theory and Ideology in Urban Sociology. in C. Pickvanced (Ed.), Urban Sociology: Critical Essays, London: Tavistock, 1976: 75.

家履行国内职能的重要手段。

国家对集体消费品的有效供给往往是依托于城市空间的，因此城市空间的规划成为城市居民集体消费和国家集体供给的关键环节。城市规划带来了先进的规划理念、便捷的交通体系和相对合理居住空间的同时，由于在规划的过程中过分地追求标准化、数字化、规模化，缺乏创造性，城市空间的规划成为一个具有一定技术含量的空间复制工作，使空间普遍同质化，人们对空间特有的地方感逐渐消亡。美国景观设计师约翰·摩特洛克（John Motloch）将地方感定义为："人们通过环境感应和认知，以自己个性化对周边事物的意义理解为基础，在心理上构筑出的对特定时空的体验。"[1] 具体在城市空间中主要体现在微观的建筑、中观的街区和宏观的区域三个方面：

（1）微观的建筑。随着城市化的进程，城市房地产迅速发展起来，大量能够体现地域环境特征和文化特色的建筑消失，取而代之的是统一的现代建筑或者是缺乏地域土壤的舶来建筑，建筑作为地域文化的地标功能逐渐在丧失。

（2）中观的街区。为了适应城市规模的不断扩张，政府对交通进行了集中规划、统一标准，以此为基础形成了统一风格、统一形式，甚至是统一高度和体量的城市街区，城市街区之间的区别只剩下名称的不同。同时大量历史街区得不到相应的保护，毁坏严重，尤其是能够体现传统地域文化特色的院落空间的消失，使城市的历史信息和地域特色正在消亡。

（3）客观的区域。是整个城市区域空间特色的弱化，这主要表现在城市的边际线、城市空间肌理和标志建筑的相对位置感。山、水、田、城是古人眼里典型的城市空间特征，是城市最佳的边际线，但是在集中供给和房地产迅速发展的推动下，大量的农田变为城市住宅，山体与城市的距离逐渐拉近，相对于城市的高差逐渐缩小，水体污染严重，青山、绿水、农田的景象成为很多人心中的梦想，城市边际线成了一望无垠的建筑。作为城市空间肌理重要表现载体的街巷被笔直的马路和高耸的建筑所代替，表现地域文化特色的街巷空间结构也被现代的城市环线所取代，城市的空间肌理已由灵动的街巷变成僵直的环线格局。城市空间特色逐渐消失在标志性建筑方面，主要

---

[1] 克莱尔·A. 冈恩，特格尔·瓦尔著. 旅游规划理论与案例 [M]. 吴必虎，吴冬青，党宁译. 长春：东北财经大学出版社，2005：165-166.

体现在文化的缺失和位置感的混乱：标志性建筑在传统的城镇中有文化地标的功能，如贵州凯里的风雨桥、西安的大雁塔、北京的故宫等。在当今的城市建设中标志性建筑成为单纯的高度比赛，失去了文化地标的功能，如上海的地标随着高度的变化不断的更新，东方明珠、金茂大厦、上海中心等（见表1-1）。

表1-1 传统城镇中建筑的空间布局与传统文化的关系

五行	木	火	土	金	水
五方	左	上	中	右	下
四兽	青龙	朱雀		白虎	玄武

标志性建筑之间的空间位置感，如表1-1所示，传统古镇中建筑的空间布局有深刻的文化内涵和风水思想，标志性建筑在空间中的相对位置是固定的，如衙门、钟鼓楼、文庙等都有相对应的位置，这既是传统文化在空间中的体现，同时从客观上也增强了人们对空间的方向感，不至于迷失于空间之中。但是，现代城市空间中，城市标志性建筑一般位于新区或开发区相互之间的空间联系并不是很密切。

正如美国著名心理学家亚伯拉罕·马斯洛（Abraham Harold Maslow, 1908~1970）需求层次理论所描述的那样，城市居民对城市空间的认知是不断提升的。城市居民对空间的认知，首先关注的是一个居住空间，是空间的本身，即空的形状和形态，如地形地貌、气候环境等，这是人们对空间的最低感知层次；其次关注的是空间的方向感，即空间的导向感、位置感和识别感，这是对空间的较高层次的感知；最后，在此基础上是对空间归属感的关注，主要涉及舒适感、安全感、交流感和成就感，这是人们对空间的最高感知层次。这三个感知层次关注的核心问题就是空间的识别和归属。也就是说，城市居民需要的是一个具有良好识别感知的城市空间，并在此基础上形成一个具有诗意的栖居之地。现代城市空间的复制和同质化，使城市特色逐渐消亡，而现代居民却对空间的地方感有强烈的需求，这样就在现代城市空间中形成了空间生产与空间消费之间的矛盾，即空间生产的同质化和空间消费的特色化之间的矛盾。

（二）空间的不平衡发展

空间的发展是不平衡的，这种不平衡性是与空间本身的资源条件、历史发展状况、人口状况、空间特性有关的，但在城市化的浪潮中，这种不平衡性更多的是由资本追求超额利润所造成的，同时又是资本追求超额利润的外在条件。具备资本追求超额利润的空间环境，如富足的自然资源、深厚的人文底蕴和有利的空间形态，就会获得固定资本的大量投入和流动资本的持续注入，保持对建设环境的投资，形成资本相对集中的城市。在现代城市中由于大量固定资本的投入，城市面貌得到改善，交通系统日益完善和便捷，教育、医疗等政府集中供给，住房条件改善，为居民营造了一个安全、卫生、便捷的居住空间。同时流动资本的注入，使居民的就业环境和工作条件更加优越，这些都是乡村和传统古镇无法比拟的。反之，发展条件相对有限的乡村和传统古镇，由于资本很少会顾及，成为社会发展过程中的边缘地带，这些地区的人居环境和工作环境相对于城市不可同日而语，因此就会造成城乡、现代城市与传统古镇之间的两极分化。

虽然发展是不平衡的，但是发展的成果应该是平衡地为所有人们所共享，也就是说，发展具有不平衡性和公平性。这样，处于边缘的古镇就应该通过对其空间的生产，营造适合资本发展的环境和空间，引导资本流向传统古镇，改善当地居民的人居环境和就业条件，使当地的居民能够共享发展成果。

（三）权力和资本对古镇旅游空间的过度干扰

就如现代法国思想大师昂利·列斐伏尔（Henri Lefebrre，1901~1991）所描述的那样，城市发展的主要动力是权力与资本。权力通过资本按照自己的意图改变着城市的空间结构，即空间的表征需以资本为基础实现自己的意图；同时资本需要借助权力作用于城市空间，影响和改变着表征的空间。列斐伏尔认为，空间生产具有三重特性，即空间实践、空间的表征和表征的空间。① 空间实践是指可感知的物质环境，包括历史上发生的和现实存在的一

---

① 来源于列斐伏尔关于空间生产理论的阐释。

切人类成果,其包括了实物以及实物空间、人类的行为空间;空间的表征是一个概念化和抽象的空间,既是处于强势地位的统治者、规划者意识形态中的空间,也是处于主导地位的空间;表征的空间是居住者和使用者的现实空间,是一个空间内部处于强势地位和弱势地位人群之间妥协的结果;同时又是一个不断变化和发展的空间。权力主要是通过政策法规、规划方案、行政措施等来影响和支配古镇的空间的;资本主要是通过其三重循环实现对古镇空间的影响。英国学者戴维·哈维(David Harvey)提出了资本的三重循环理论,即资本分别流向生产生活资料、空间环境和集体消费产品的供给三个过程。古镇旅游空间本质上是一个社会文化空间,旅游者来古镇旅游的目的不是学习当地行政管理体制和了解经济发展状况,更不是体验当地的权力空间结构和资本空间结构,而是通过对古镇这个特殊空间去感知和记忆其历史的特征和经典,体验其社会文化空间的魅力。而在现实的古镇旅游开发中出于政绩考虑和经济发展的压力,资本和权力往往对古镇空间造成过多的干预,就会造成古镇文化的失真、过度商业化和容量饱和等一系列问题。

1. 文化的失真性

旅游与文化本身是相辅相成的,旅游的发展有利于文化的展示和保护,文化的保护又促进了旅游的发展。但是在古镇旅游开发中,唯经济至上,将文化资源过度地商品化、舞台化,甚至于以虚假的形式欺骗旅游者的做法,对文化原真性保护造成了巨大冲击。例如,在古镇旅游中出现的一些欺骗游客、以次充好的欺诈行为使古镇文化淳朴的原真形象在游客心中大打折扣。

2. 过度的商业化

当地政府出于政绩的考虑,往往看重于古镇旅游发展能够带来的经济效益,对古镇旅游空间的看法更多的是考虑其影响力和经济回报,都希望能够规划和建成全国乃至是世界唯一的旅游产品,对旅游空间更多的是从商业业态的角度去理解;同时资本的本质是追求超额利润,资本涌入古镇最主要的目的是获得更多的经济回报。在资本和权力的双重支配下,现在的古镇旅游空间更多的是以一种商业空间的形态展示出来的,而其社会空间、文化空间等则成为商业空间的从属甚至是手段。

3. 容量饱和,空间感丧失

权力和资本对古镇空间过度的干扰还表现在古镇旅游容量的饱和。在资本追求高额回报的本质和权力政绩观的驱使下，古镇旅游开发必然会走向两极分化，一部分古镇由于资源禀赋较高、距离核心客源市场较近，发展前景良好，这一部分古镇必然会是权力和资本追逐的对象，随着投入的不断增加，游客数量会激增，甚至会出现人满为患的情景，例如丽江、凤凰等；同时另一部分古镇由于距离核心市场较远，发展前景不足，资本和权力很少会光顾，至少在近期不会是投资的热点，这样会使游客量严重不足。古镇容量饱和，人与人、人与物之间的合理空间距离被拉近，使古镇旅游所固有的空间感消失。

（四）古镇旅游空间研究的不足

古镇空间研究不足主要体现在空间性质定位的错位、古镇空间生产和空间消费研究的缺失三个方面。

1. 古镇空间性质定位的错位

古镇的形成是一个历史的过程，在这一过程中由于聚落选址和历史功能的不同，最终形成了不同的古镇类别。聚落选址于经济发展、交通便利区域的古城很容易发展成经济中心，古镇空间的商业氛围就相对较为浓重，例如洪江古商城，位于湖南省怀化市南部，公路、水路（沅江、巫江）、铁路、交通便捷，明清以来的500多百年，一直是湘西南重要商埠之地，被誉为三千年商道文化的典藏标本，是历史上烟火万家的巨镇；同时处于交通咽喉之地的古镇则又履行着军事保卫的功能，如葫芦岛市绥中县前所镇，是明代卫所建制，因战事起，因战事兴，是曾经的关隘军镇。

还有功能不断转变的综合性古镇，例如北方农牧交错带上的古堡。堡是一种带围墙的防御性建筑，汉武帝刘彻为防御匈奴的不断侵扰，始建堡，后来逐渐成为两汉时期边塞上的主要的防卫及瞭望工事，是黄河流域农牧交错带上边塞防御系统的基层单位。[①] 由于处于两大文明的交错地带，这些古堡在选址的时候往往着眼于军事上的防卫功能，使其成为控制一方具有战略意义的据点。因此，地形复杂多变、扼守交通要道的一些要地就成了古堡选址的最佳场所。

---

① 刘青. 河北省蔚县暖泉镇西古堡研究 [D]. 天津：天津大学建筑学院，2005：28.

我们开发古镇，开展古镇旅游，首先需要明确古镇的空间本质。古镇的空间本质其实就是古镇这个空间的内部精神和外部气质，内部精神就是古镇所体现出来的场所精神，通过形态、文态、业态和生态展示出来的方向感和归属感；外部气质就是内部精神的外部符号化，即空间布局、景观构建、建筑特征等。例如，像洪江古商城是商业空间的性质，前所镇则是军事空间的性质，暖泉古堡则是由军事向商业、居住转变的综合空间性质，同时，旅游者来古镇旅游的主要目的是在特殊的空间体与历史进行时间的冲突，而不是进行商业交易。但是，现今一些地方处于经济发展的考虑，将古城开发简单地变成商业业态的配置，而对于古镇本身空间本质的展现却仅仅停留在一些遗址点展示和庸俗化的舞台表演，古镇空间的本质严重错位。

2. 古镇空间消费研究的缺失

列斐伏尔认为，空间消费是与空间生产相对应的概念，空间既是生产的又是消费的。[①] 空间生产不是空间内部的生产，而是空间本身的生产，同样空间的消费不是空间中的消费，而是对空间本身的消费。这突出强调了两个问题：①强调了消费对象的空间性，即空间消费是对空间本身的消费，而不是对空间中的具体产品的消费；②强调了消费过程的整体性，即空间消费是通过对空间的整体感知而获得消费结果的，空间整体感知的获得有赖于空间中具体产品通过一定的法制、规则在空间中形成一个完整的统一体，这些具体产品成为具有特定空间标志的符号或者是特定空间的独特组成部分，离开了特定空间，这些具体产品的经济属性没有改变，但其社会属性（属于特定空间的符号性）将会消失或者改变。

由于空间问题的突出以及对空间重要性的认识，近年来学界对空间的研究逐渐重视起来，主要依托于政治经济学、社会学、地理学、旅游学等学科背景，对空间展开研究，其中最集中的研究课题是空间生产，对空间消费的研究相对较少。通过中国知网查阅近 10 年来的研究成果，发现以空间消费为标题的文献只有 10 篇，而以古城或古镇空间消费的研究为标题或主题的文献为 0 篇（见表 1-2）。

---

① Henri Lefebvre. The Production of Space [M]. Translated by Donald Nicholson-Smith. Oxford UK: Blackwell Ltd., 1991.

表 1-2 中国网关于空间消费和古城/镇空间消费的查阅结果

	空间消费	古城/古镇空间消费
标题	10 篇	0 篇
主题	64 篇	0 篇
关键词	11 篇	0 篇

通过查阅发现，大量文献集中于对古镇空间中的消费，而对其空间本身消费的研究严重缺失，古镇空间消费无论在学术界还是实际的开发中受到的重视远远不够。这就使人们在古镇空间消费中消费对象的错位和消费过程的碎片化。消费对象的错位是指人们在古镇旅游中消费的最终对象不是古镇空间本身，而是其中的具体产品，例如住宿、餐饮、购物、古建、旅游纪念品等。消费过程的碎片化是指人们在古镇旅游的过程中只能看到局部的空间或者是空间中的部分现象，而对于空间整体却无法形成独特的感知，古镇旅游也就失去了其本身的意义。

3. 古镇空间生产研究的不足

古镇空间的生产，实质上就是古镇空间实践、空间表征和表征空间三者之间的辩证关系，即如何在古镇空间实践的基础上正确把握空间表征并最终实现表征的空间。这就涉及一个由空间实践到空间表征的古镇空间解构过程，以及由空间实践和空间表征到表征空间的古镇空间重构的过程。

1974 年列斐伏尔《空间生产》一书问世以来，"空间理论"在世界引起了广泛的关注，尤其是在城市社会中得到了快速的发展。但是，由于种种原因，空间生产理论在我国的影响力并不大，到目前为止还很难找到一本中文版的《空间生产》，只有英文版和法文版，对其研究也仅仅局限在有关空间生产理论的介绍和解释，也有少量以空间生产理论的视角去研究城市的空间问题。尤其是古镇旅游中，在中国知网中只有两篇相关的研究[1][2]，主要是涉及古镇物质空间的生产，并没有研究古镇精神空间的生产。

---

[1] 戴翔，梁树英. 空间生产理论视域下传统聚落的转型研究——以大理喜洲古镇为例 [A]. 规划创新：2010 中国城市规划年会论文集 [C]. 2010.

[2] 郭文，王丽，黄震方. 旅游空间生产及社区居民体验研究——江南水乡周庄古镇案例 [J]. 旅游学刊，2012（4）.

三、研究的重要性

农牧交错带既是一条农业区和畜牧区过渡的地带,更是一条农耕文明和游牧文明相互冲突、调和、交融的地带,两大文明之间的复杂关系使处于其上的古镇本身就具有与其他地区古镇不同的历史使命,即由军事防御逐步向商业贸易和居住演变。位于燕京古道上的河北蔚县的暖泉古堡,背山面水而建,位于壶流河畔,扼守飞狐陉。壶流河正好位于我国北方自西向东通往燕山地区以及自南而北从华北平原通往蒙古大漠的两条交通要道的交汇之处,飞狐陉是人们穿越太行山脉的主要通道"太行八陉"之一,而在北方游牧民族与中原农耕民族发生冲突之时,"太行八陉"就成为兵家必争之地。后来,随着战事缓和,双方由"竞立对抗为并驾齐驱",调和交流就成了双方接触的必然结果。作为接触最前沿阵地的这些古镇,就成为双方经济文化交流的中心;同时出于政治上戍边的考虑,大批民众由内地和草原迁徙到这些古镇,加之商业贸易的发展,居住功能的重要作用凸显出来,逐渐成为其主要功能之一。

但是,近年来由于自然、社会、经济、文化等多种因素的影响,农牧交错带发生了变迁,这种变迁不仅仅是表现在其地理位置上的变化,更加突出的是反映在文化上的变化。定居的生活方式和农耕式的生产方式使"逐水草而迁移"游牧生产生活方式失去了流动性和活力,游牧文化的存在和发展面临一系列问题,农牧交错带有向地理概念"一边倒"的趋向。因此,研究、保护和利用这些见证两大文明之间关系的这些古镇刻不容缓。

第二节　文献综述

一、古镇旅游研究现状综述

(一)国外古镇旅游研究现状综述

国外对古镇旅游的研究主要集中在对旅游者行为特征、居民对古镇旅游开发的态度、旅游地周期、旅游地可持续发展以及文化的原真性等方面展开，因为研究的需要，本书主要从旅游者行为特征、居民的态度和古镇可持续发展等方面具体分析探讨国外古镇旅游的研究现状。

1. 古镇旅游者特征研究

国外对古镇旅游者行为特征的分析主要是通过具体的模式，依托实地考察数据获得的。

María（2002）以西班牙的一个著名的古村落旅游目的地 EL Alto Palancia 为例，利用经验主义研究方法和经济学模型具体研究了所谓的现代乡村旅游者的特征，以及这部分旅游者在当地旅游市场中所占的比例；① Eugenia Wickens（2002）通过对 86 名英国旅游者的调查发现，在希腊北部传统的海滨村落旅游中，不同旅游者在同一目的地体验方式存在差异，对活动类型及目的地的看法均有不同。②

2. 当地居民对古镇旅游态度研究

具体到古镇居民对旅游发展的态度研究，国外学者也主要是集中在个案的研究上。

Kreg Lindberg（1999）以丹麦传统小镇为个案，具体研究了居民对旅游容忍的"临界点"；③ David Jamison（1999）④ 和 Pauline（2001）⑤ 分别以肯尼亚和美国的古镇为例，具体研究了居民对旅游发展的态度，但是却获得了不同的结论，Pauline 研究表明，居民是支持旅游发展的，但是 Jamison 的研究却显示了旅游可能引起种族冲突；Williams（2001）以新西兰古村落为案例，主要研究了居民对旅游影响的感知；⑥ Chrys Horn（2002）研究了社区

---

① María R. Y. P. Rural tourism in Spain [J]. Annals of Tourism Research, 2002 (4): 1101-1110.
② Eugenia Wickens. The Sacred and the Profane—A Tourist Typology [J]. Annals of Tourism Research, 2002 (3): 834-851.
③ Kreg Lindberg, Benedict G. C. Dellaert & Charlotte R¢mer Rassing. Resident tradeoffs—A Choice Modeling Approach [J], Annals of Tourism Research, 1999 (3): 554-569.
④ David Jamison. Tourism and Ethnicity—The Brotherhood of Coconuts [J]. Annals of Tourism Research, 1999 (4): 944-967.
⑤ Pauline J. Sheldon & Teresa Abenoja. Resident Attitudes in a Mature Destination: the Case of Waikiki [J]. Tourism Management 2001 (22): 435-443.
⑥ Williams J., Lawson R. Community Issues and Resident Opinions of Tourism [J]. Annals of Tourism Research, 2001 (2): 269-290.

历史和结构，提出了社区历史和结构研究的重要性。① 同时，Cevat Tosun（2002）②、Paul Brunt（1999）③、Walpole（2000）④、Christina A（2001）⑤ 分别从数据模型、社会文化、利益分配、宗教社区等方面研究了传统古村落中居民对旅游发展的态度。

3. 对古镇可持续发展的研究

国外对古镇可持续发展的研究主要集中在利益相关者的作用方面，主要涉及利益相关者的构成、作用以及相关关系方面。

Faulkner（2001）集中研究了不可抗拒力对古镇旅游发展的影响，如地震、水灾等自然灾害，并通过避免灾难和古镇、古村落旅游发展之间的关系研究，指出避免不可抗拒的灾难是古镇村旅游可持续发展的重要保障，据此他还提出了预防旅游灾害的管理规划框架；⑥ 瑟厄波德（2001）研究表明，利益相关者对于可持续旅游发展的重要性，同时他还强调了只有沟通和教育才能更好地协调古镇旅游发展的利益相关者之间的关系；⑦ Liping（2002）研究了品牌对可持续发展的重要性；⑧ Burns（2003）以 Culellar 古镇为例，研究了政府对旅游可持续发展的重要作用。⑨

4. 其他方面的研究

国外学者对古镇旅游发展的研究除上述三个主要方面外，还从如何保存

---

① Chrys Horn & David Simmons. Community Adaptation to Tourism：Comparisons Between Rotorua and Kaikoura [J]. New Zealand. Tourism Management，2002（23）：133-143.

② Cevat Tosun. Host Perceptions of Impacts-A Comparative Tourism Study [J]. Annals of Tourism Research，2002（1）：231-253.

③ Paul Brunt & Paul Courtney. Host Perceptions of Sociocultural Impacts [J]. Annals of Tourism Research，1999（3）：493-515.

④ Matthew J. Walpole & Harold J. Goodwin. Local Economic Impacts of Dragon Tourism in Indonesia [J]. Annals of Tourism Research，2000（3）：559-576.

⑤ Christina A. Joseph & Anandam P. Kavoori. Mediated Resistance——Tourism and the Host Community [J]. Annals of Tourism Research，2001（4）：998-1009.

⑥ Faulkner B.，Vikulov S. Katherine，Washed out one Day，Back on Track the Next：A Post-mortem of a Tourism Disaster [J]. Tourism Management，2001（4）：331-344.

⑦ [美] 瑟厄波德著. 全球旅游新论 [M]. 张广瑞等译. 北京：中国旅游出版社，2001.

⑧ Liping A. Cai. Cooperative Branding for Rural Destinations [J]. Annals of Tourism Research，2002（3）：720-742.

⑨ Burns P. M.，Mónica M. S. Local Perceptions of Tourism Planning：The Case of Cuéllar，Spain [J]. Tourism Management，2003（3）：331-339.

古镇文化的原真性、古镇作为旅游目的地生命周期、交通对古镇旅游发展的促进作用、古镇旅游与社会经济的关系、古镇旅游污染的方面做了具体的研究。

Kneafsey（2001）主要研究了保护古村落传统文化的原真性和当地文化经济发展的关系，作者通过对法国 Commana 研究表明，只有积极地保护当地的传统文化，才能促进当地文化经济的良性发展；① Jeffrey H.（2001）主要研究了本土化管理和古村落传统文化原真性的相互关系，并以墨西哥 Oaxaca 古村落为案例，通过调查发现，本土化管理方式有利于促进古村落传统文化的原则性，进而可以促进当地社会化经济的发展；② Laurie Kroshus Medina（2003）以玛雅古村落为研究对象，通过实地考察研究发现，过度的商业化严重影响了传统古村落文化的原真性。③

Agarwal（2002）主要探讨了古村落作为旅游目的地的生命发展周期问题，作者以英国 Minehead 等三个传统的古镇为例，通过研究发现，通过古村落内部和外部因素的共同作用，推动了其作为旅游目的地的衰败和兴盛；④ Pam Dyer（2003）主要以利用网络理论具体研究了新西兰 Waitomo 15 年来作为旅游目的地的发展变化规律。⑤

T. M. Makhzoumi（1997）具体探讨了旅游、经济社会和传统村落景观之间的关系；⑥ J. C. Kuniyal，A. P. Jain，A. S. Shannigrahi（1998）讨论了古村落旅游污染问题；⑦ David Turnock（2001）研究了交通对旅游发展的促进作

---

① Kneafsey M. Rural Cultural Economy—Tourism and Social Relations [J]. Annals of Tourism Research，2001（3）：762-783.

② Jeffrey H. Cohen. Txtile，Tourism and Connunity Development [J]. Annals of Tourism Research，2001（2）：378-398.

③ Laurie Kroshus Medina. Commoditizing Culture—Tourism and Maya Identity [J]. Annals of Tourism Research，2003（2）：353-368.

④ Agarwal S. Restructuring seaside tourism：The resort lifecyle [J]. Annals of Tourism Research，2002（1）：25-55.

⑤ Pam Dyer，Lucinda Aberdeen & Sigrid. Tourism impacts on an Australian indigenouscommunity：A Djabugay case study [J]. Tourism Management，2003（24）：83-95.

⑥ T. M. Makhzoumi. The changing role of rural landscapes：oline and carobmulti—use tree piantations in the semiarial Mediterranean [J]. Landscape and Urban Planning，1997（37）：115-122.

⑦ J. C. Kuniyal，A. P. Jain 1，A. S. Shannigrahi. Public involvement in solid waste management in Himalayan trails in and around the Valley of Flowers，India [J]. Resources，Conservation and Recycling，1998（24）：299-322.

用,并具体分析了1918年以前罗马尼亚铁路对旅游发展的重要作用。①

(二) 国内古镇旅游研究现状综述

由于古镇旅游是我国旅游市场的一个热点,因此国内学者对古镇旅游的研究相对较多,具体集中在古镇旅游资源的分析评价、古镇开发与保护的关系、古镇的生命周期、古镇的可持续发展、古镇居民的态度、古镇旅游者行为、古镇的经营管理以及古镇的规划和形象定位等方面。

1. 关于古镇开发与保护的研究

(1) 古镇旅游开发模式的研究。主要集中在个案的研究上,近年来,由于古镇旅游市场的变化,尤其是休闲度假旅游渐成气候,人们对古镇旅游的发展模式有了新的认识,积极关注高科技和产业结构调整对古镇旅游发展的影响。

王云才(2006)通过对周庄、同里等六个古镇旅游发展模式的研究分析,发现了古镇在旅游发展的过程中存在的问题,并据此提出了通过挖掘文化内涵、形成区域联动、建立有效机制、社区参与等方式构建古镇旅游发展模式;② 余华玲、周密(2008)通过对相关数据的分析,并在研究了江南古镇旅游开发的基础上,研究发现了四川古镇存在文化失真、过度商业化等问题,并据此提出了城郊型、旅游环线型、资源独特型和资源便利型等四川古镇的旅游开发模式;③ 孙艺惠等(2009)以浙江龙门古镇为个案,提出了通过保护文化景观的整体性和连续性、构筑大镇文化旅游区、产业联动来实现文化景观遗产地的保护性开发模式;④ 郑世卿、王大悟(2012)通过对乌镇旅游发展模式的研究,提出从创新产权模式、打造产异化产品、推进复合经营和统一经营、社区重构四个方面来创新古镇旅游发展模式;⑤ 邹芳芳等

---

① David Turnock. Railways and Econimic Development in Romania Before 1918 [J]. Journal of Transport Geography, 2001 (9): 137-150.

② 王云才. 江南六镇旅游发展模式的比较及持续利用对策 [J]. 华中师范大学学报(自然科学版), 2006 (1): 104-108.

③ 余华玲,周密. 四川古镇开发模式初探 [J]. 新西部, 2008 (18): 44-45.

④ 孙艺惠,陈田,张萌. 乡村景观遗产地保护性旅游开发模式研究——以浙江龙门古镇为例 [J]. 地理科学, 2009 (6): 840-845.

⑤ 郑世卿,王大悟. 乌镇旅游发展模式解析 [J]. 地域研究与开发, 2012 (5): 85-88, 94.

(2012)以福建和平古镇为案例，具体提出了以信心技术为依托，通过发展智慧旅游和增强现实技术等手段发展高科技旅游模式。[①]

(2)古镇产权问题研究。贺红权等(2007)研究认为，我国旅游资源的产权制度经历了从政企不分到三权分离，从三权分离到权力的协调配置两个发展阶段；[②] 尤小菊(2011)在回顾了国内关于对文化资源产权研究的基础上，以黄姚古镇为例，具体从文化资源产权属性和内涵的角度具体探讨了文化资源产权的本土化意识和表达；[③] 张彦(2012)在其博士毕业论文中以山东省三个历史文化街区为例研究了社区在旅游发展中的增权问题，构建了社区增权系统模式，提出社区在旅游开发中通过经济、心理、社会和政治四个维度来增权，并提出通过适度留住老居民、加快治理平台建设、推动社区制度和组织建设、加大社区投入等手段来实现社区在旅游发展中的增权问题。[④]

(3)古镇保护和开发研究。陈序(2006)依据市场需求，探讨了古镇的保护与开发问题。将适应市场需求的古镇总结为记忆、怀旧、休闲、体验等六类，同时从客源分布、年龄和知识三个角度对古镇旅游的目标市场进行了分析，在此基础上提出了保护古镇、开发兴趣、保护特色、开发精品等四种古镇保护与开发的方式；[⑤] 何熙、周波(2009)从现状、存在的不足和进一步完善的措施三个方面探讨了洛带古镇的保护与开发问题，并提出了合理功能区划、规范古镇商业业态、全域保护等具体保护与开发措施。[⑥]

2. 关于古镇经营管理的研究

关于古镇经营管理的研究主要集中在古镇里边有发展周期、开发经营模式、古镇旅游用地管理以及现代技术在古镇经营管理中的应用等方面。

---

① 邹芳芳，胡敏杰，郑耀星. 创意视阈下的乡村景观遗产地旅游模式研究——以福建邵武和平古镇为例[J]. 福建农林大学学报，2012(4)：75，76.

② 贺红权，刘伟. 我国旅游资源产权制度的演进趋势及启示——基于一个文化古镇背景模型的分析[J]. 中国软科学，2007(12)：70.

③ 尤小菊. 试析文化资源产权的本土化表达及意义——以黄姚古镇为例[J]. 青海民族研究，2011(2)：48-51.

④ 张彦. 社区旅游增权研究[D]. 济南：山东大学，2012：144-183.

⑤ 陈序. 从市场角度看古镇开发与保护[J]. 山西建筑，2006(13)：17-18.

⑥ 何熙，周波. 进一步完善洛带古镇保护与开发规划的探讨[J]. 山西建筑，2009(3)：67-68.

周玲强、朱海伦（2004）根据加拿大地理学家 R. W. Butler 的 S 型旅游地生命周期演化模型，具体研究了乌镇的旅游发展周期以及不同发展阶段的特征，并从战略管理、营销观念、产品创意与策划等方面探讨乌镇的旅游开发经营模式；① 段建强、赵冬梅（2008）通过对朱家角古镇的研究发现其在管理的信息化方面出现了问题，据此具体研究了相关数据信息的采集方法与数据库的可能结构等问题；② 段德罡、田涛（2010）将国内古镇旅游的经营方式总结为个体经营、公司经营、两者合营、政府公司农户三者联营、股份制等八种经营模式，并针对宝山石头城进行了个案研究；③ 李渼（2011）通过个案研究，具体探讨了政府主导下古镇旅游经营管理中出现的得失，对西塘古镇提出了规划整治、管理跟进、激活产业、关注民生等循序渐进的管理经营策略；④ 章锦河等（2012）以宏村为个案研究，具体探讨了其土地利用变化的规律，认为旅游业的发展是其变化的动力，正是由于旅游发展的推动使宏村旅游用地呈现出三种不同的类型，即风景游赏、服务设施和生产用地，同时这三种用地在空间形态上也表现出了截然不同的特征。⑤

3. 有关古镇利益相关者研究

王莉、陆林等（2006）研究发现古镇旅游业利益主体涉及本地商户、政府部门、游客、本地居民、积极团体、国家商务链、竞争者、雇员和旅游规划师，其中最重要的是前四类利益主体，在此基础上作者以西递为例，分析了利益主体之间存在的矛盾并提出了具体的解决措施；⑥ 李凡、蔡桢燕（2007）以广东大旗头古村落为研究案例，研究发现其利益主体主要涉及研究者、投资商、政府、市场竞争者等八类利益主体，通过数据模型具体分析

---

① 周玲强，朱海伦．江南水乡古镇旅游开发经营模式与案例研究——以乌镇为例 [J]．浙江统计，2004（5）：28-29.
② 段建强，赵冬梅．保护规划后续管理中信息化途径与方法——以上海市朱家角古镇为例 [A]．建筑历史与理论第九辑（2008 年学术研讨会论文选辑）[C]．2008：532-537.
③ 段德罡，田涛．偏远民族地区古镇旅游开发与经营模式研究 [J]．小城镇建设，2010（12）：100-104.
④ 李渼．政府主导下的乡土建筑遗产保护管理运作模式比较——以江南水乡的苏州平江历史街区与西塘古镇为例 [J]．南方建筑，2011（6）：33-38.
⑤ 章锦河，史春云，周晶等．世界遗产地宏村古镇旅游用地变化研究 [A]．中国地理学会 2012 年学术年会学术论文摘要集 [C]．2012：189.
⑥ 王莉，陆林，王咏等．古村落旅游地利益主体关系及影响研究——世界文化遗产地西递、宏村实证分析 [J]．资源开发与市场，2006（3）：276-279.

了上述八类利益主体的关注焦点,并采用密切、中间、疏远三种关系程度来划分古镇旅游开发的相关利益主体的关系;① 吕宛青、成竹(2010)以和顺古镇为个案研究,通过对其四大类利益主体之间的利益关系进行分析,发现存在利益失衡的现象,据此作者提出了通过成立利益协调议事机构、建立利益保障和表达机制、建立利益调节机制等措施实现古镇利益均衡。②

4. 有关古镇旅游者行为研究

刘莉、陆林(2006)以同里为个案研究,通过对旅游者感知特征的分析,以及旅游特征和旅游者基本特征的研究,认为旅游者的旅游行为因年龄、性别等因素的不同而有差别;③ 周永博(2011)在其博士毕业论文中具体探讨了文化遗产景观意象信息传播的受众特征,通过研究,认为苏州园林的意象信息主要是景观山水等,江南古镇主要是生态环境和风水等;同时无论是苏州园林还是江南古镇,旅游者对休闲娱乐设施也情有独钟;④ 李瑞、吴孟珊(2012)以青岩古镇为个案,具体研究了体验经济下旅游消费者的行为特征,通过问卷调查研究发现:旅游者到古镇旅游具有崇尚个性展现、追求文化体验等特征,就文化体验而言,主要感兴趣的是古镇的传统建筑形式、传统文化活动、传统声音、传统气味、传统手工艺品等。⑤

5. 关于古镇社区参与的研究

王云才等(2007)通过调查问卷的形式,具体研究了浙北三镇(西塘、乌镇、南浔)商业化倾向,研究发现上述三镇存在商品雷同、商业味过重、商业干扰居民生活等问题,认为应该通过走商业民俗化、商业生活化、本土化和遗产化道路,积极推动社区参与古镇旅游的发展;⑥ 颜亚玉、张荔榕

---

① 李凡,蔡桢燕.古村落旅游开发中的利益主体研究——以大旗头古村为例[J].旅游学刊,2007(1):42-48.

② 吕宛青,成竹.基于和谐社会构建的旅游地社区利益均衡——以腾冲县和顺古镇为例[J].西南边疆民族研究,2010(2):114-117.

③ 刘莉,陆林.江苏省同里镇旅游者旅游感知调查分析[J].安徽师范大学学报(人文社会科学版),2006(2):220-223.

④ 周永博.文化遗产旅游景观意象结构性评价与信息化传播[D].南京:南京师范大学,2011:158-162.

⑤ 李瑞,吴孟珊.体验经济时代下古镇文化传承与发展研究——基于旅游者体验行为的视角[J].旅游研究,2012(2):12-19.

⑥ 王云才,石忆邵,陈田.江南古镇商业化倾向及其可持续发展对策——以浙北三镇为例[J].同济大学学报(社会科学版),2007(2):49-53.

(2008)具体比较研究了政府主导、股份制和乡镇企业三种古镇旅游发展模式下的社区参与状况发现,就利益表达的角度而言,政府主导模式下社区最为被动,而乡镇企业模式表达得最为顺畅;从利益分配的角度而言,第一种模式对社区最为公平,第三种模式对社区最为有利。同时作者还从利益补偿和利益激励两个角度对上述三种模式进行了具体的分析。① 刘成等(2011)以青溪古城为个案研究,认为社区参与旅游开发有利于灾后重建、保护本土文化和可持续发展等,研究认为,应该实现政府、社区、公司、旅游协会共同参与古镇旅游的开发,实现社区利益最大化;② 于萍(2011)通过对我国古镇旅游发展中社区参与具体情况的研究,认为社区参与古镇旅游存在居民意识淡薄、参与层次低等问题,作者针对上述问题,提出从社会经济、政策、环境、文化等方面推动社区参与古镇旅游发展的对策。

6. 其他方面的研究

(1)有关古镇旅游资源的研究。国内对古镇旅游资源的研究主要集中在对资源概念、价值等的阐述和评价。景志慧等(2011)以上里古镇为个案研究,通过灰色关联分析法,构建了一个包含4个一级指标和15个二级指标的古镇旅游资源评价体系,并具体分析评价了上里古镇的旅游资源;③ 王倩等(2012)从历史文化、艺术观赏和科考三个方面具体评价了豆沙古镇的旅游资源,同时又从旅游资源价值、开发效益和开发条件三个方面综合评价了该古镇的旅游开发优势。④

(2)古镇旅游产品开发研究。朱立新(2010)从旅游规划的角度具体分析了上海市金泽古镇旅游产品的开发问题,并按照主体将该古镇的旅游产品划分为红楼文化、节庆活动、会议休闲等十二个类别;⑤ 饶世权、鞠廷英

---

① 颜亚玉,张荔榕. 不同经营模式下的"社区参与"机制比较研究——以古村落旅游为例[J]. 人文地理,2008(4):89-94.
② 刘成,朱创业,王绍东. 社区参与理论的古镇旅游商业模式设计——以广元市青溪古城为例[J]. 企业导报,2011(3):123-124.
③ 景志慧,蒲文,赵西君. 上里古镇旅游资源再开发规划的多层次灰色评价[J]. 生态经济,2011(2):213-216.
④ 王倩,杨叶昆,王婧. 豆沙古镇旅游资源开发优势研究[J]. 旅游纵览,2012(17):38-42.
⑤ 朱立新. 江南水乡古镇的休闲旅游开发——上海市青浦区金泽镇案例研究[A]. 第十五届全国区域旅游学术开发研讨会暨度假旅游论坛论文册[C]. 2010:405-411.

（2011）探讨了古镇旅游产品的品牌化问题，具体提出了古镇旅游产品品牌化的四个步骤，即挖掘特质文化、特质文化客观化、客观特质文化的主观化和凝结品牌效应；① 张晓林（2011）通过对黄龙溪古镇特色旅游资源的评价和对旅游开发现状的分析，提出了黄龙溪古镇发展特色文化旅游产品的具体路径，即树立精品、深入开发和资源重组。②

（3）关于古镇建筑研究。国内关于古镇建筑的文献主要集中在建筑价值评价、建筑空间分析、建筑景观研究等方面。张环宙、汪波（2007）通过对西塘、同里等江南古镇的研究发现，从古镇的形成、分布和演化三个方面表现出了在地脉上的共性，同时以吴越文化为底蕴、以水文化为灵魂又表现出了文脉上的共性；③ 魏柯（2009）以四川省洛带古镇的会馆建筑、黄龙溪的寺庙建筑和罗城古镇建筑为案例研究，具体分析研究了古镇建筑功能的变异和文化价值的传承关系，并从旅游开发的角度提出古镇建筑功能的变异容易使旅游者形成误解，需要在古镇旅游开发的过程中引起注意；④ 杨上清等（2012）以黄龙溪古镇为研究个案，通过对古镇建筑的整体布局、街巷空间和民居特色三个层面分析了它的建筑文化，研究表明风水理念、天人合一的思想、地域文化特征以及地理环境特点是影响黄龙溪古镇建筑景观的主要因素。⑤

（4）关于古镇旅游形象定位的研究。王乃举（2006）以安徽三河古镇为研究个案，具体探讨了古镇地域脉络与其形象定位之间的关系，认为地域脉络决定古镇的旅游形象，同时作者认为，地域脉络主要体现在地脉、文脉、史脉和市脉四个方面；⑥ 李东和等（2007）对比研究了苏州古镇的形象

---

① 饶世权，鞠廷英．论特质文化与古镇文化旅游产品品牌建设［J］．中国发展，2011（1）：33-38.
② 张晓林．黄龙溪古镇特色文化旅游产品开发研究［J］．中国商贸，2011（11）：181-182.
③ 张环宙，汪波．江南水乡古镇的共性特征及其价值分析——以太湖流域六大古镇为例［J］．浙江大学学报，2007（6）：696-701.
④ 魏柯．四川古镇建筑艺术与文化价值的解读［J］．四川民族大学学报，2009（11）：147-150.
⑤ 杨上清，蒋玉川，邓强．川西古镇建筑景观研究——以黄龙溪为例［J］．安徽农业科学，2012（2）：4671-4673.
⑥ 王乃举．安徽三河古镇旅游形象与地域脉络研究［J］．国土资源科技管理，2006（4）：108-112.

定位，发现古镇的形象定位有领先、比附和空隙三种定位方式，古镇在旅游形象定位方面存在"遮蔽效应"，为此，作者提出古镇旅游形象定位应该坚持文脉、易识别、个性和顺应时代的原则；① 李青阳（2008）总结了国内现今流行的四种古镇旅游形象定位方法，并通过对陕西华阳古镇形象定位的分析研究，认为影响古镇旅游形象的主要因素是资源、地脉、人脉和市场四个要素。②

（5）关于古镇旅游可持续发展的研究。潘运伟等（2008）以北京门头沟爨底下村为例，认为要通过加强古村镇遗产资源的保护与管理、建立旅游发展基金、拓展旅游产品、加强与周边古村落的合作等方法促进遗产保护的可持续发展；③ 张满生等（2009）具体分析了我国古镇旅游可持续发展的内涵，在此基础上提出通过积极宣传、科学规划、市场运作、保护优先、合理开发和积极营销等手段实现古镇旅游可持续的发展。④

（6）关于古镇非物质文化遗产研究。舒云久等（2009）以黄龙非物质文化遗产火龙灯舞为个案研究，具体体现出了政府主导、学校介入、深入民众和产业开发等发展策略；⑤ 曾超（2009）以巴渝古镇的非物质文化遗产为研究对象，认为从形态上将主要文化生态、手工技艺和信仰文化等七种类型，同时作者又分别对影响每种类型的因素进行了分析论证；⑥ 刘润生（2010）通过对西塘古镇非物质文化遗产现状的研究，提出了非物质文化遗产生态场的概念，并认为这种生态场是通过非物质文化遗产的活态传承实现

---

① 李东和，张捷，卢松，钟静. 苏州水乡古镇旅游形象定位研究 [J]. 地域研究与开发，2007（2）：81-85.

② 李青阳. 山区历史古镇旅游形象定位探析——以陕西省洋县华阳古镇为例 [A]. 地理学与生态文明建设——中国地理学会2008年学术年会论文摘要集 [C]. 2008：106-107.

③ 潘运伟，姜英朝，胡星. 京西古村落遗产旅游可持续发展研究——以爨底下村为例 [J]. 北京社会科学，2008（2）：26-30.

④ 张满生，朱承强，周利方. 我国古镇旅游可持续发展对策分析 [J]. 商业时代，2009（22）：125-126.

⑤ 舒云久，张晓林，何汛，解宪生. 非物质文化遗产保护中民间体育文化的发展——以黄龙溪古镇"火龙灯舞"为例 [J]. 山东体育学院学报，2009（10）：35-41.

⑥ 曾超. 巴渝古镇非物质文化遗产形态及其影响因素 [J]. 重庆社会科学，2009（4）：84-90.

恢复和重建的；① 李彪（2012）从总结我国非物质文化遗产保护和传承四种模式的经验作为切入点，总结出影响非物质文化遗产区域性整体保护的关键因素。在此基础上，以区域性整体保护相关理论为指导，本书从文化传承、制度保障、产业联动和环境保护四个方面来探讨非物质文化遗产的区域性整体保护工作。②

二、古镇空间研究现状综述

（一）有关古镇空间形态的研究

国内关于古镇空间形态的研究主要集中在古镇空间形态形成、结构以及发展演变方面。

李瑞（2005）以唐朝长安和宋朝东京研究为对象，具体从城郭空间形态、商业空间形态、公共休闲娱乐空间形态、园林绿地空间形态和立体空间形态五个方面探讨了中国古代唐宋都城的空间形态，同时作者进一步研究了唐宋都城空间形态演变的特点及动力；③ 王雯、魏开云（2011）以云南黑井古镇为个案研究，具体研究了其空间形态结构，研究认为该古镇的空间形态是由三大部分构成，即以山水、田园为特色的自然空间，以节点、建筑和街巷为单位的建筑空间以及多元的精神文化空间。

（二）有关古镇建筑空间的研究

古镇空间结构的研究主要集中在建筑内部空间、外部空间和灰空间的研究三个方面。

周浩明、冯道刚（2007）以江南水乡古镇为研究个例，具体探讨了灰空间的概念、类型和特征，对于古镇灰空间的类型作者主要从单体和群体两种建筑形态的视角进行了探讨，在此基础上作者从功能、意象和要素三个方面

---

① 刘润生.非物质文化遗产的物质空间保护——以浙江省西塘古镇为例［A］.规划创新：2010 中国城市规划年会论文集［C］.2010：1-11.
② 李彪.文化生态保护区区域性整体保护模式研究［J］.山西财经大学学报，2012（4）：273.
③ 李瑞.唐宋都城空间形态研究［D］.西安：陕西师范大学，2005：57-345.

重点研究了古镇灰空间的特征;① 孙威（2011）以皖南的章渡古镇为案例，具体研究古镇的建筑空间形态，通过实地考察，作者将章渡古镇的建筑空间划分为五种具体的类型，这些建筑空间由于功能的不同一般是按照前店后坊和前店后宅的结构布局的，同时还从室外公共空间、吊栋阁、风火墙、天井和不对称的布局五个方面来阐述建筑空间的构成模式。②

（三）有关古镇公共空间的研究

关于古镇公共空间研究主要集中对其结构和功能的探讨和阐释。

高静、程先斌（2005）以罗城古镇为研究个案，将古镇室外空间中对节点的利用和控制作为构成和调节室外公共空间的主要手段，同时作者进一步研究了古镇公共空间在促进古镇政治、经济、文化和休闲活动方面的重要作用;③ 梅策迎（2008）以顺德古镇为个案研究，具体探讨了珠三角传统聚落中公共空间的三个类别（政治性、生产性和生活性）以及表达的礼制、宗教、商业观和自然观四种文化内涵;④ 魏远征等（2012）以和平古镇为个案研究，具体探讨了古镇公共空间的规划问题，并从原则、重点和措施三个方面具体研究了古镇公共空间保护性规划。⑤

（四）有关古镇文化空间的研究

文化空间最早是作为非物质文化遗产的一个专有名词被使用的，后来逐渐被用来表示空间的精神内涵。在这里主要从古镇精神空间内涵的角度来探讨文化空间的概念。

翟文燕等（2010）以陕西西安古城为研究对象，具体探讨了古城的文化空间问题，研究发现西安古城从空间布局和建筑特征等五个方面反映了

---

① 周浩明，冯道刚. 江南水乡古镇"灰空间"解析［J］. 装饰，2007（1）：85-87.
② 孙威. 章渡古镇建筑空间形态研究［D］. 南京：南京艺术学院，2011：25-35.
③ 高静，程先斌. 传统室外公共空间初探——以罗城古镇船形街为例［J］. 四川建筑，2005（4）：17-18.
④ 梅策迎. 珠江三角洲传统聚落公共空间体系特征及意义探析——以明清顺德古镇为例［J］. 规划师，2008（8）：84-88.
⑤ 魏远征，高伟，林从华，罗翰欢. 古镇公共空间保护性整治规划探析——以和平古镇为例［J］. 福建建筑，2012（6）：15-18.

风水（主要体现在空间布局上的五行观念和藏风避水理念）、礼制（主要表现为中轴对称、里坊制度等方面）、象天法地（主要体现在空间布局和建筑的天人合一思想）和皇家气息（通过建筑色彩、形制和体量来表现）等文化空间内容；① 张婧（2011）以羊楼洞古镇为个案研究，强调了传统文化在古镇保护更新中的重要作用，提出了从文化环境保护、传统工艺传承、地域精神文化核心延续等方面来营造文化空间的保护策略，推动传统古镇文化空间的形成。②

（五）有关古镇商业空间的研究

李婧（2009）以西安西大街为例，具体探讨了商业空间构建中的历史文脉问题，作者认为在商业空间的构建中应该注重对建筑、道路、绿地、开敞空间、小品和标识体系等元素文脉的把握。③

（六）其他方面的研究

主要涉及古镇旅游意象空间、空间竞合以及空间的保护等方面的研究。

蒋志杰等（2004）通过对江南古镇旅游意象空间的研究，发现意象空间的构成要素和林奇的城市意象五要素基本吻合，并呈现出"环"状特征；④ 杨泸（2006）以川西古镇为研究对象，在空间竞合理论的指导下，具体分析了它们之间的竞争合作关系与现状，并提出从管理、交通、营销、产品和人才五个角度来促进川西古镇之间的合作；⑤ 杨国胜、龙彬（2012）以重庆洪安古镇为研究个案研究，具体探讨从文化的角度对古镇进行保护的问题，具体提出了原真性、整体性、宜游性等重点保护策略，即从历史建筑、空间机

---

① 翟文燕，张侃侃，常芳．基于地域"景观基因"理念下的古镇文化空间认知结构——以西安城市建筑风格为例［J］．人文地理，2010（2）：60，78-80．

② 张婧．基于文化空间的历史文化村镇保护更新策略——以湖北省赤壁羊楼洞古镇为例［J］．四川建筑，2011（1）：38-41．

③ 李婧．基于文脉的商业空间形态设计——浅析西安西大街的形态演进及新一轮改造［J］．中外建筑，2009（11）：84-85．

④ 蒋志杰，吴国清，白光润．旅游地意象空间分析——以江南水乡古镇为例［J］．旅游学刊，2004（2）：33-35．

⑤ 杨泸．川西四大古镇旅游空间竞争与合作研究［J］．成都大学学报（社会科学版），2006（4）：63-65．

理和天际线三个角度实现对古镇空间原真性的保护，从自然和人文两个角度实现古镇空间的整体保护，从休闲、商业、旅游和文化四个角度实现古镇空间的宜游性。①

第三节　研究内容

一、研究目标

1. 寻找农牧交错带上古镇保护和发展的新途径

农牧交错带上的古镇由于其所处的独特地理和文化区位，使其与生俱来带有独特性和脆弱性。独特性是指其本身就是两大文明之间冲突、交流和融合的结果，与其他古镇相比较具有独特的文化内涵和功能特征；脆弱性是指其处于农牧交错带上，由于文化的变迁和生态的恶化，使其生存和发展环境极其脆弱。为此，本书希望通过引入空间生产理论，通过对这些古镇空间生产的基础、动力和形态的分析研究，找到其保护和发展问题的背后原因，进而平衡古镇的保护和发展。

2. 平衡古镇旅游空间生产的利益关系

空间生产理论认为，资本和权力是推动空间生产的核心动力，但是由于古镇空间本身的独特性，决定了古镇空间生产的动力因素不仅仅是权力和资本，社区和市场同样是决定性因素。本书试图以空间生产理论为基础，依托古镇空间的基本特征，试图通过将空间生产理论与古镇空间生产实践相结合，来解读推动古镇空间生产的动力因素及其相互之间的博弈关系，进而找到一种平衡各方利益的机制或模式，推动社区参与古镇旅游的开发。

3. 促进理论与实践的相结合

本书以河北暖泉古镇为案例，试图通过个案的研究，来推动空间生产理论与古镇具体空间生产实践的结合，通过对古镇空间生产的基础、动力和形态的研究，来理解空间生产理论中空间的实践、空间的表征和表征的

---

① 杨国胜，龙彬. 历史名镇空间保护与活化规划 [J]. 河北工程大学学报（自然科学版），2012（4）：53-58.

空间具体内涵及内在逻辑关系，进而为古镇旅游空间的生产提供借鉴和经验。

二、研究方法

本书从理论与实证相结合的角度，主要应用到以下几种研究方法：

（1）比较分析。空间生产理论是依据于城市空间而形成的理论体系，本书研究的对象是古镇。因此，本书通过具体地比较古镇与当代城市之间的不同点，进而理解和把握古镇空间的独特性和具体空间生产过程的特征，力求以新形势、新视觉、新思路对古镇旅游空间进行全新的阐释。

（2）案例分析。以空间生产理论为指导，通过对河北暖泉古镇及其空间的具体研究，进而探讨农牧交错带上古镇旅游空间的生产以及空间生产的基础、动力和形态等具体问题。

（3）文献查阅。通过查阅大量关于古镇旅游、古镇旅游空间、空间生产理论、文化消费理论、农牧交错带理论等相关文献资料，了解国内外古镇空间生产研究的现状及发展趋势，进而为本书的撰写提供基础资料和理论指导。

（4）利用规范分析和实证分析相结合的方法研究政府、资本、社区、旅游者作为古镇旅游的主要利益相关者，如何充分发挥作用，推动或制约古镇旅游空间的生产。

（5）运用动态分析和静态分析相结合的方法对古镇内部旅游空间进行研究。

（6）数据分析法。通过社会调研、问卷调查、政府咨询、行业交流和专家访谈的形式，掌握第一手数据，为后期的分析和研究奠定基础。

（7）演绎归纳法。在对古镇现有空间生产分析的基础上，针对目前所存在的问题上，归纳总结出古镇旅游空间生产新模式，并将其运用到实践之中。（见图1-1）

三、技术路线

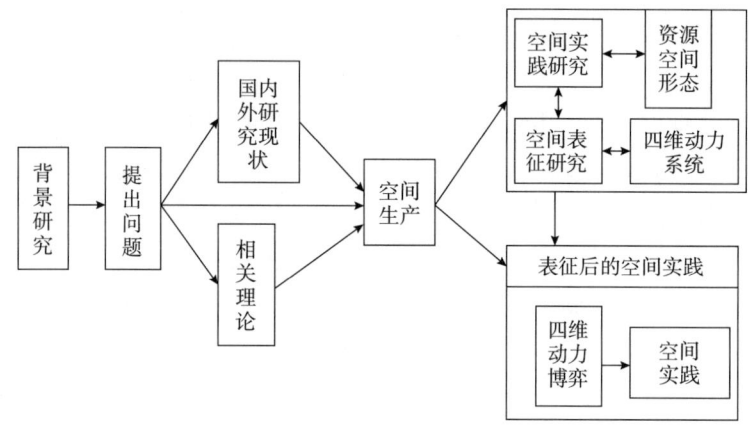

图 1-1 技术路线流程

四、研究内容

一方面,由于受到地理位置、交通条件、自然环境的先天因素的影响,农民交错带上的古镇旅游发展相对缓慢,对当地经济社会的发展和居民生活水平提高的带动作用有限,这些地区发展旅游的愿望非常强烈;另一方面,由于古镇处于两大文明交错的地带,并在两大文明的冲突、交流和融合的历史进程中形成和发展起来,因为具有独特的文化地域特征,历史文化价值和旅游价值极高。但同时这种文化特色由于社会经济的发展也在逐步消亡,尤其是如果不能提前进行相关的研究和保护工作,面对当地强烈的旅游发展愿望,很容易出现破坏性开发和超负荷开发的情况,保护工作刻不容缓。

本书正是基于对以上问题和发展背景的考虑,选择以农牧交错带上古镇旅游空间为研究对象,应用相关的社会空间、消费者行为等理论基础,对其在旅游空间的生产进行研究,希望能够为这些古镇的保护和开发工作提供一些有益的保护。基于以上分析,本书第一章从我国现阶段的城乡统筹的发展战略、大力发展文化产业的举措和旅游支柱性产业地位的确立等宏观背景出发,去探讨农牧交错带上古镇旅游空间生产研究的必要性和重要性,在这一过程中,将空间生产理论引进古镇旅游空间的研究领域,并根据古镇旅游空间的特殊性创造性地将空间生产理论中资本—权力二维动力体系转变为资本—权力—社区—市场古镇旅游空间生产的四维动力源。同时对国内外有关古镇、农牧交错带上的古镇、古镇空间等相关研究进行了综述,为下一步的研究提供经验总结。本书第二章主要对空间生产理论、农牧交错带、消费者行为、文化消费等理论进行了梳理,尤其是对农牧交错带理论和空间生产理论的研究和总结,为后续的研究提供了坚实的理论基础;又对古镇空间的相关概念进行了界定。以上两章为本书的第一部分,主要是为主体研究部分明确背景、分析现状和提供理论指导。

本书集中第三、四、五共三个章节在空间生产理论的指导下,来探讨农牧交错带上古镇旅游空间的生产问题,这是整本书的核心部分。其中第三章首先从共性和个性两个方面探讨了古镇旅游空间的特征,尤其对农牧交错带上古镇旅游空间独特性的探讨,即由于两大文明之间的冲突、交流和融合导致这些古镇在空间形态的形成、发展变化都具有不同于一般古镇的独特性,为下一步的研究明确了方向和思路;其次从古镇旅游资源、空间形态的构成要素两个方面研究了古镇空间生产的基础问题,即古镇空间实践。第四章从资本、权力、社区和市场四个维度来探讨古镇空间生产的动力问题,即古镇空间的表征。在此基础上,以资本在古镇空间生产中的三重循环为研究线索,通过具体研究古镇空间生产中资本、权力、社区和市场对资本三重循环的关注情况,来探讨它们之间在古镇旅游空间生产中的博弈,以及在这种博弈下所形成对古镇空间实践的共识。第五章具体探讨了古镇旅游空间生产的结果,即古镇表征的空间,也就是旅游者直接面对的现实古镇旅游空间。通过构建古镇旅游空间生产坐标系来推动古镇空间实践的表征化,即在四维动力推动下古镇旅游空间的具体生产。第六章以河北蔚县暖泉古镇为研究个案,从空间的实践(古镇的旅游资源)、空间的表征(四维动力)和表征的空间(现实的旅游空间形态)三个维度来具体探讨农牧交错带上古镇旅游空间的生产问题。第七章为结论部分,通过对前面研究的具体总结,进一步明确了本书的研究思路和意义,同时由于篇幅和时间的限制,关于空间生产的其他方面问题还有待进一步深化。

五、研究创新点及不足

（一）创新点

（1）将空间生产理论引进古镇旅游空间的研究领域，并根据古镇旅游空间的特殊性，创造性地将空间生产理论中资本—权力二维动力源转变为资本—权力—社区—市场古镇旅游空间生产的四维动力源。

（2）从两大文明之间的冲突、交流和融合的角度去解读农牧交错带上古镇在空间形态的形成、发展变化。

（3）以资本在古镇空间生产中的三重循环为研究线索，通过具体研究古镇空间生产其他动力对资本三重循环的关注情况，来探讨它们之间在古镇旅游空间生产中的博弈情况，以及在这种博弈下所形成对古镇空间实践的共识。

（二）不足点

由于篇幅和时间的限制，关于空间生产的其他方面问题还有待进一步深化，如空间的消费问题，本书只是将其同旅游市场的研究合二为一，并没有将其单独作为一个研究整体来对待，这是本书的不足之处，希望下一步能够将其作为重点来进行研究。

六、研究意义

（一）理论意义

1. 进一步丰富了古镇旅游发展的理论体系

近年来古镇旅游是一个热点，由此而催生了古镇旅游发展理论研究的热潮，不同学科背景的研究者从地理学、人类学、社会学、历史学、建筑学、景观学、经济学等视角下来审视古镇旅游发展，分别从古镇的保护和发展、社区参与、经营管理、利益相关者和可持续发展等多方面发展进行了探索，并取得了可喜的成果。但是，相对以上研究，对古镇旅游空间的研究相对较少，主要涉及古镇具体的空间形态的研究。

首先，本书将空间生产理论引进的古镇旅游空间的研究，并将其应用到对古镇旅游空间特征、演变的动力、形态结构以及古镇旅游空间生产的研究中，取得了良好的效果，进一步完善了古镇旅游空间甚至古镇旅游发展的理论体系；其次，本书依托古镇旅游空间的独特性，以空间生产理论为指导，从古镇物质旅游空间和古镇精神旅游空间两个维度以及这两个维度的相互关系出发，对古镇旅游空间做了进一步的探讨和研究，进一步拓展了古镇旅游空间的研究维度；最后，本书抓住"空间既是生产力又是生产关系"空间生产这一核心理论，对古镇旅游空间作为生产空间和生活空间、物质生产空间和精神生产空间高度统一体的特征进行了准确把握，进而将古镇旅游空间作为一个整体进行研究，作为一个"空间既是生产力又是生产关系"的统一体进行研究，进一步延伸了古镇旅游空间研究的视野。

2. 探索从四维的角度去研究古镇旅游空间的生产

以列斐伏尔为代表的空间生产理论研究者所创导的核心思想是从权力和资本二维的角度去审视空间的生产。对于城市空间的征服和整合已成为资本主义赖以维持的主要手段，资本的城市化推动了资本主义的城市化过程。空间是资本赖以生存的基础，资本通过空间获得重生、增值；同时，出于对高额利润的追求，资本要破除空间壁垒，在空间中畅通无阻，这就容易形成空间的不断复制。在列斐伏尔看来，空间并不是与某种意识形态和政治保持遥远距离的科学对象，相反地，它永远是政治的策略的。权力就可以保住资本在空间中自由流动，同时也可以设置一系列障碍，阻止或影响资本的流动，形成空间断裂。

列斐伏尔认为，代表的空间生产理论研究者是站在对城市空间生产研究的视角上，认为权力和资本是推动其形成、发展变化的根本原因。但是，旅游空间，尤其是古镇旅游空间的独特性，使我们不能单纯地从二维的角度去研究古镇旅游空间。这主要是由于古镇旅游空间和一般城市空间的本质区别：①同样既是生产者又是消费者，但是消费的对象不同，城市空间的消费对象是城市居民，而古镇旅游空间的主要消费对象却是旅游者，这就使消费对象的态度对古镇旅游空间研究的价值极其重大；②古镇旅游空间产品的文化性和活态性使社区对古镇旅游空间研究价值同样重大，社区参与的态度直接决定了旅游空间产品能否生产、怎么生产和生产的结果。因此，本书突破了传统空间生产理论的二维视角，从四维的角度来审视古镇旅游空间的生产。

3. 将文化消费、文化符号学等理论引入古镇旅游空间的生产中

本书尝试将消费者行为、文化消费、文化符号的相关理论引入古镇的旅游空间生产中，希望从空间消费的角度去进一步完善古镇旅游空间生产的理论体系。由于古镇旅游空间的自身独特性使古镇旅游空间的研究有必要从消费的角度进行研究，使古镇旅游空间的研究更加全面和科学。古镇旅游空间本身的文化特性使古镇旅游空间的研究离不开对文化的研究，古镇旅游空间作为旅游产品的独特性又决定了消费者在其形成、发展和变化中的重要地位，同时空间生产理论本身就强调了空间消费的重要性，因此从消费和文化的角度去研究古镇的旅游空间也是对古镇旅游空间生产理论的进一步坚持和实验。

4. 进一步拓展了农牧交错带理论的研究视角

学者们虽然一直宣称农牧交错带就是一条地理的过渡带，更是一条文化交流的地带，但是我们查阅中国知网等，发现绝大部分研究者主要关注的还是地理属性，对其文化内涵研究甚少，既是有一定的研究也是从它的变迁对地域文化影响的角度出发。本书从农牧交错带所包含的农耕和游牧两大文明之间的冲突、交流和融合的角度反过来审视农牧交错带，进一步拓展了农牧交错带理论的研究视角，进而历史地、动态地来研究位于这条地带上古镇的旅游空间，对这些古镇的保护、开发和可持续发展都有重要的理论意义。

（二）现实意义

古镇旅游长期以来是我国旅游市场的一个热点和焦点，热点在于古镇凭借独特的资源优势成为我们与先人跨时空交流的最佳场所；焦点在于古镇本身及其内部古迹遗存在旅游发展过程中面临的保护与开发的矛盾，在具体处理这对矛盾的问题上逐步形成了三种论调：保护绝对重要、保护与开发并举和古镇开发的泛地产化。虽然前两者的出发点不同，但是最终目的都是要实现古镇的保护。在实践中，随着古镇旅游的发展和壮大，资本追求利益的本性逐步体现出来，尤其是近年来城市房地产行业的高速发展和超额利润，古

镇文化地产逐渐成为当下旅游界一个流行的术语。一些资本的拥有者开始打着古镇文化旅游的旗帜，大拆大建，随意改变古镇的格局，使古镇越来越像披着文化外衣的现代城市。不可否认，这样做在短期内对相关利益者都是有力的，政府引入了投资，获得了政绩；开发商实现了追求利润的目标；居民获得了占地补偿等。但从长远来看，政府失去了最为宝贵的文化资源，开发商失去了获得利益的依托，居民失去了祖辈生活的场所，失去了心灵的家园。反过来，如果由于我国的实际国情，古镇的保护和居民生活的改善不可能完全依靠政府，如果一味坚持保护，认为对古镇及古迹的保护就应该像文物一样静态的保护，任何改变现状的做法都是不可接受的。结果就是要么由于空间的限制和古建文物的静态保护而无法利用；没有利用，保护的经费就难落实，结果很快就破败了；要么就是利用了，但由于不能改变现状，很快就没有了市场。

其实出现上述问题的原因主要在于：资本和权力都希望以自身的意志去主导古城镇的发展命运，忽视古城镇自身的发展规律。古城镇旅游发展也一样，外力过度推动和完全不推动，都是不利的。因此，本书引入了列斐伏尔空间生产理论，希望通过对古城镇旅游空间的研究，实现其良性发展循环。

第二章　基础理论研究

第一节　空间生产理论研究

一、列斐伏尔与空间生产理论

1974年，列斐伏尔在《空间生产》一书中正式提出了空间生产的概念。列斐伏尔强调空间，但并不否认时间的重要性，据此他构建了社会—历史—空间的三元辩证法。其核心思想包括以下几个部分：

1. 空间是社会的空间

空间生产理论认为，空间是一种社会关系，但是它内含于财产关系之中，又和生产力息息相关。"就像其他事物一样，空间是种历史的产物"，[1] 虽然自然空间仍是社会空间的起源，但"它真正是一种充斥着各种意识形态的产物"，[2] 任何一种社会生产方式都会生产出属于自己独特的生产空间。

2. 空间是多元的

列斐伏尔对社会空间的区分是多元的，有绝对空间、抽象空间、共享空间、资本主义空间、具体空间、矛盾空间、文化空间、差别空间、主导

---

[1] Henri Lefebvre. The Production of Space [M]. Translated by Donald Nicholson‑Smith. Oxford UK: Blackwell Ltd., 1991.

[2] 包亚明. 现代性与空间的生产 [M]. 上海：上海教育出版社，2003.

空间、戏剧化空间、认识论空间、家族空间、工具空间、休闲空间、生活空间、男性空间、精神空间、自然空间、中性空间、有机空间、创造性空间、物质空间、多重空间、政治空间、纯粹空间、现实空间、压抑空间、感觉空间、社会空间、社会主义空间、社会化空间、国家空间、透明空间、真实空间以及女性空间。①

3. 空间生产是空间本身的生产

空间生产不是对空间内部事物的生产，而是空间本身的生产，也就是说空间成为生产的对象，空间成为获得经济利益的中介和手段。

4. 空间生产的三重性

列斐伏尔认为，空间具有空间的实践、空间的表征和表征的空间三重属性，空间实践是指可感知的物质环境，它包括历史上发生的和现实存在的一切人类成果，包括实物以及实物空间、人类的行为空间；空间的表征是一个概念化和抽象的空间，是处于强势地位的统治者、规划者意识形态中的空间，是处于主导地位的空间；表征的空间是居住者和使用者的现实空间，它是一个空间内部处于强势地位和弱势地位人群之间妥协的结果，同时又是一个不断变化和发展的空间。

5. 空间的同质化和异质化问题

列斐伏尔认为，资本为了追求高额利润，不断向外扩张，消除空间之间设置的壁垒，造成了区域甚至于全球空间的同质化。同时各个地区由于历史传统、民俗文化、宗教信仰、地理特性的不同，空间又呈现出异质化特性。

二、其他学者的空间生产理论

1. 资本与空间生产的论述

美国社会学家卡斯特尔②将空间生产引入消费领域，认为空间生产的动因来自国家资本对于集体消费的投资。哈维认为："在一般的金钱经济中，尤其是在资本主义社会里，金钱、时间和空间的相互控制形成了无法

---

① 包亚明. 现代性与空间的生产 [M]. 上海：上海教育出版社，2003.
② Castells, Manuel. The Urban Questions: A Marxism Approach, MIT Press, 1977.

忽视的社会力量的一种实质性的连接系列。"① 也强调国家对于社会经济生活的干预，过剩的资本在初级循环内很难获取利润，势必寻求新的出路，例如对城市基础设施和劳动者消费环境的建设进行投资。据此，哈维提出资本有三重循环，资本的循环是资本向一般生产资料和消费资料的生产性投入，主要构成生产与消费空间；资本的第二循环是资本转向对城市建成环境的投入，包括生产性和消费性物质环境的投入；资本的第三循环是资本向社会性花费（教育、卫生、福利等方面）的投入，二、三循环主要构成环境空间。

2. 权力与空间生产的论述

法国著名社会学家皮埃尔·布尔迪厄（Pierre Bourdieu，1930~2002）②提出权力空间论，认为社会空间在本质上就是权力空间，这种权力空间形成了具有约束力的场域，可以影响资本的可进入性或流动性。福柯③认为空间就是权力运作的基础，是权力的媒介和途径，而知识体系又为权力提供了合法性。哈维④认为："空间和时间实践在社会事物中从来都不是中立的。他们都表现了某种阶级的或者其他的社会内容，并且往往成为剧烈的社会斗争的焦点。"

3. 空间生产理论在城市社会学中的发展

福柯提出了异质空间，"我们之间是一个关系的总体，不同位置之间的关系是不可消除、不可公约的。"卡斯特尔在其代表作《城市问题：马克思主义方法》中通过对法国、西班牙、拉丁美洲和美国加利福尼亚的田野调查，比较研究了城市社会运动和社区组织，在城市社会学领域产生广泛的影响。哈维在其《社会公正与城市》一书中把空间划分为三个方面：绝对的空间、相对的空间和关联性的空间，认为空间和空间的政治组织体现了各种社会关系，但又反过来作用于这些关系。

---

① See David Harvery. The Limits to Capital Basil Blackwell, oxford. & University of Chicago Press, Chicago. 1982, Spaces of Capital：Towards a Critical Geography. Edinburgh University Press, Edinburgh, 2001.
② ［法］布尔迪厄著. 实践理性：关于行为理论 [M]. 谭立德译. 北京：三联书店，2007.
③ ［法］米歇尔·福柯著. 规训与惩罚：监狱的诞生 [M]. 刘北成，杨远婴译. 北京：三联书店，2007.
④ 大卫·哈维著. 后现代的状况 [M]. 阎嘉译. 商务印书馆，2003.

三、与空间生产相关的其他理论

（一）共生思想

日本著名建筑师黑川纪章①出版了大量的理论著作，1987年出版的《共生思想》一书被公认为是他一生中撰写的影响最大的一部理论著作。其核心思想涉及以下几个方面：

1. 生命原理与共生思想

代表20世纪的机械时代即将结束，21世纪将是生命原理时代，所谓生命时代，就是强调多样性的时代，就是将二元对立转向二元共生的时代。新陈代谢、突然变异、共生思想构成了黑川纪章生命原理的核心部分，其中共生思想则是生命原理中最重要的原理。黑川纪章认为共生思想与协调、妥协、共存、混合和折中有根本差异，共生思想既强调了共生双方存在"圣域"②，[黑川纪章在《黑川纪章城市设计的思想与手法》（中国建筑工业出版社，2004）认为圣域指某一人群特有的生活方式、宗教习俗、自尊心、禁忌或语言等的文化传统根基底韵综合。] 又坚持共生双方需要长期对话和相互交流，努力发现互补要素。

2. 共生的根源

黑川纪章的共生思想来源于大乘佛教三大学识之一的唯识学。唯识学是作为统一佛教"无我"和"轮回"思想产生的。黑川纪章依据唯识学"物质和精神都是各自根源的表现"的思想提出共生双方存在各自的"圣域"；根据唯识学在善、恶中间存在"无善无恶"中间领域，提出共生双方存在中间领域的思想。最终通过将唯识学中的这种"共存"的思想和生物学"共栖"概念重叠组合创造出"共生"的概念。

3. 共生的条件

根据共生思想理念，共生是有条件的。首先，共生双方存在各自的"圣域"，这是共生的前提。黑川纪章认为"共生是指竞争、对立和斗争关系存在

---

① ［日］黑川纪章. 新共生思想［M］. 北京：中国建筑工业出版社，2008.
② ［日］黑川纪章. 黑川纪章城市设计的思想与手法［M］. 北京：中国建筑工业出版社，2004.

的同时，彼此之间仍需要对方。所以'圣域'是必要的。在互相认可彼此神圣领域的同时，在共同的规则下保持竞争、对立关系，从而达到共生。"其次，中间领域是共生的基本条件。

4. 共生的内容

异质文化的共生、人与技术的共生、内部和外部的共生、部分与整体的共生、历史和未来的共生、理性与感性的共生、宗教与科学的共生、人与自然的共生。

（二）场所精神理论[①]

1. 挪威建筑理论家诺伯格·舒尔茨（C. Norberg Schulz）的场所精神理论的核心概念

①场所现象。构成既有世界的具体事物彼此之间都有着复杂的关系。有些现象可能包含其他现象：森林包括了树木、城镇由房子组成。一般来说，某些现象是为其他的现象创造出了一个环境。②场所结构。场所结构需以"地景"与"聚落"进行描述，并以"空间"和"特性"的分类加以分析。场所是具有清晰特性的空间，因此"空间"暗示构成一个场所的元素，是三向度的组织；"特性"一般指的是"气氛"，是任何场所中最丰富的特质。③场所精神。场所精神是罗马的想法，根据古罗马人的信仰，每一种独立的本体都有自己的灵魂（Genius），守护神灵（Guaraian Spirit），这种灵魂赋予人和场所生命，自生至死伴随人和场所，同时决定了他们的特性和本质。场所的"精神"更可能称为"方向感"（Orientation）和"认同感"（Identification）。

2. 抽象空间、实体空间与场所的关系辨析

场所是具有清晰特性（活动）的空间，可通过空间和特性加以表达；实体空间与时间是统一的，是被相互联系的实体物质有限制、有目的地营造出来的；抽象空间是三向度的组织，它可以有大小、边界和形状，它也可以延展或收缩。

[①] [挪] 诺伯格·舒尔茨著. 场所精神：迈向建筑现象学 [M]. 施植明译. 武汉：华中科技大学出版社，2010.

3. 场所的结构与要素

场所理论的本质在于领悟实体空间的文化含义及人性特征。简单地说，空间是被相互联系的实体物质有限制、有目的地营造出来的，只有当它被赋予了来自文化或地域的文脉意义之后才可以成为场所。场所是由含义（The Meanings）、活动（The Activities）和静态的实体设施（Static Physical Setting）构成的。含义是一个非常复杂的层面。首先是人意向和体验的结果，大多数的场所含义起源自人们对场所的实体和功能方面的反应；活动是指建筑物和景观如何被使用，身处其中的人们如何互动，文化习俗如何起到影响作用；静态设施是实体建构；建筑物、景观和美学特征的体现。

4. 什么是场所精神

"场所精神"一词来源于拉丁文，表达的是一种古代人类文明的观念，[①]古代希腊罗马信仰的是泛神教，海洋、天空、太阳、月亮都是崇拜的对象。他们认为，人在一个自然环境中生存，有赖于人与环境在灵与肉（心智与身体）两方面的契合，为此，他必须依靠守护神以体会和确证他生活于其中的环境所具有的确定的特征，即任何事物都有独特而内在的精神和特性。场所精神本来是指每个场所都有自己的守护神灵（Guaraian Spirit）[②]，这种灵魂赋予人和场所生命，自生至死伴随人和场所，同时决定了他们的特性和本质。现在场所精神是一个场所的象征和灵魂，能使人区别场所与场所之间的差异，能使人唤起对一个地方的记忆。场所精神可以表现为方向感和认同感。对于一个场所的感受和认知，取决于场所空间的形态、品质及其对时间、空间联系的反映；同时感知者自身的文化、性情、心理、经验等也对场所的感受和认知有很大的影响。

5. 跳出建筑现象学看场所精神

（1）场所精神的载体是"场所"，表现是"精神"。事实上，场所精神与场所是密不可分的整体，场所是场所精神的载体，场所精神是场所特性的综合体现，场所精神更多地表现为一种感觉和气质。没有场所的存在就不会有场所精神的存在，没有场所精神的场所就不能称其为场所。

[①②] ［挪］诺伯格·舒尔茨著. 场所精神：迈向建筑现象学［M］. 施植明译. 武汉：华中科技大学出版社，2010.

（2）场所可以分解为"空间"和"特性"。空间即实体空间，是构成场所的必备条件，一个场所首先必须是一个空间，其次是一个场所必须具有特性的空间。

第二节 空间生产过程的研究

列斐伏尔认为，空间生产的过程就是一个由空间的实践、表征的空间和空间的表征三重属性构成的螺旋式上升的过程。①

一、空间的实践——空间生产的基础

空间的实践是可感知的物质环境，包括历史上发生的和现实存在的一切人类成果，包括了实物以及实物空间、人类的行为空间等，是空间生产的现实基础。② 在实际应用这一理论概念的时候，人们往往容易陷入以下两个理解误区：①对"实践"这一概念的混淆。主要是将马克思主义哲学中"实践"的概念和空间生产理论中"空间的实践"概念混淆，将空间实践的内涵范围人为地缩小化，仅仅将其理解为实物以及实物空间，而没有看到空间实践中的精神内涵。②将空间实践误解为现实存在。仅仅从字面意义去理解空间实践，认为空间实践就是人类实践活动作用于空间并为我们留存下来的现实存在，而忽略了空间生产理论中所讲的"历史上发生的"这一关键定语。为了避免这样的理解误区，必须对空间生产理论中所指代的空间实践的概念做进一步的剖析。从列斐伏尔和其他研究者有关空间生产理论的阐释中可以看到，空间的实践其实暗含了两个方面的意义：①从实践的空间范围上来讲，空间实践是通过人的实践活动作用于空间所形成的一切文明成果，这些成果既可以表现为物质形态，如空间中的实物、具体的空间形态等，也包含了非物质形态的成果，如空间理念、行为等；②从实践的时间范围上来讲，空间实践既指现实存在的文明成果，也

---

①② Henri Lefebvre. The Production of Space [M]. Translated by Donald Nicholson-Smith. Oxford UK: Blackwell Ltd., 1991.

包含了历史上发生了的文明成果。通过这一阐释为我们明确了有关空间实践的基本内涵,避免出现以上理解误区。

二、空间的表征——空间生产的动力

1. 主要内涵

空间的表征指的是一个概念化和抽象的空间,是处于强势地位的主导者、规划者意识形态中的空间。[①] 其主要内涵为从空间的表征这一具体内涵中我们可以看到以下三层意思:

(1) 空间的表征并不是一个具体的实体空间。空间的表征也并非像空间的实践那样是一个可以被感知到现实空间,而是一个抽象的、理想化的概念空间。但是,这一概念空间的形成并不能脱离可以被感知的现实实体空间,空间实践是空间表征的现实基础,空间表征是通过对历史上发生的和现实存在的一切人类成果,其包括了实物以及实物空间、人类的行为空间客观理解的基础上形成的。同时空间表征是对空间实践进行的概念化改造,为空间实践的变化发展从理论上和规划上提供指导。

(2) 空间的表征是空间生产的主要推动者。空间的表征是空间生产中处于强势地位人群在意识形态上的空间概念,这些人往往是权力和资本的拥有者,在空间的生产中有绝对的话语权。他们不但决定了空间的生产,而且也决定了空间的消费,空间按照他们的意图进行生产,消费者也必须按照这些在空间生产中具有主导地位者的意图进行消费。

同时我们应该看到,空间生产并不是完全按照他们的意图进行生产的,这主要是由于处于弱势地位的大量空间消费者要求空间应该按照他们自己的意图进行生产,进而能够更好地服务于自己,这样空间生产就是在这两股力量的博弈中实现最终的生产的。

(3) 空间的表征是一个历史的动态概念。我们在前文中通过分析,看到空间的实践是一个历史的动态概念,同样,空间的表征也是一个历史的动态的概念,今天作为主导空间生产的意识形态,随着社会历史的发展,将会成为未来

[①] Henri Lefebvre. The Production of Space [M]. Translated by Donald Nicholson-Smith. Oxford UK: Blackwell Ltd., 1991.

空间生产的实践。

2. 核心要素

在列斐伏尔看来,空间并不是与某种意识形态和政治保持遥远距离的科学对象,相反地,它永远是政治的策略的。① 权力就可以保住资本在空间中自由流动,同时也可以设置一系列障碍,阻止或影响资本的流动,形成空间断裂。对于城市空间的征服和整合已成为资本主义赖以维持的主要手段,资本的城市化推动了资本主义的城市化过程。空间是资本赖以生存的基础,资本通过空间获得重生、增值;同时,出于对高额利润的追求,资本要破除空间壁垒,在空间中畅通无阻,这就容易形成空间的不断复制。资本、权力就成为构成空间的表征的核心要素。

三、表征的空间——空间生产的形态

表征的空间是居住者和使用者的现实空间,它是一个空间内部处于强势地位和弱势地位人群之间妥协的结果,同时又是一个不断变化和发展的空间。② 也就是说,表征的空间实际上是包含三层意思的:①表征的空间是以空间的实践为基础的。表征的空间不是无中生有的空间,也不是突然变异的空间,而是依托以原有的空间实践而形成的空间,空间的实践是表征的空间的基础和前提。②表征的空间是一个妥协的空间,是由于空间生产各种动力体系之间相互博弈,最终妥协而形成的空间,但是这种妥协是建立在原有空间实践的基础上的。③表征的空间就是直接面对我们的空间。表征的空间是空间实践表征后的空间,是以空间实践为基础,通过空间的表征后,形成的直接面对我们的生产、生活空间。同时这个形成的空间不是固定不变的,而是随着空间生产动力系统之间相互的博弈,不断变化发展的空间。

---

① 包亚明. 现代性与空间的生产 [M]. 上海:上海教育出版社,2003.

② Henri Lefebvre. The Production of Space [M]. Translated by Donald Nicholson–Smith. Oxford UK: Blackwell Ltd., 1991.

四、古镇旅游空间的生产过程

古镇空间作为空间的一种具体形式，其生产过程也是由空间的实践、表征的空间和空间的表征三重属性所构成的螺旋式上升过程，也就是说，①古镇空间生产的三重属性是一个相互关联的有机统一体，它们之间是可以相互转化的，不能人为地将其中某一属性固化或者绝对化。如古镇修建的时候，当时修建者的意识就是古镇空间的表征，但是到了今天我们再次审视古镇空间生产的时候，这些意识却成了古镇空间的实践，成为进行古镇空间生产的现实基础点和依据。②古镇空间的生产是螺旋式上升的过程，不是简单地重复。即古镇表征的空间依托于且高于古镇空间的实践，是对古镇空间表征的超越。

1. 旅游资源是古镇空间生产的基础

古镇现存的和历史上曾经发生的一切物质的和非物质的文明成果，只要是能够用来进行旅游开发的，为旅游者提供服务的，都可以称为古镇旅游资源，而这些资源恰好是古镇空间生产的前提和基础，因此古镇的旅游资源构成了古镇空间的实践。

2. 资本、权力、社区、市场是古镇旅游空间生产的动力

根据空间生产理论，权力和资本是空间生产的两大动力源[①]，但是具体到古镇，由于其自身的独特性导致社区和市场成了古镇旅游空间生产的重要推动力。这主要表现在：①古镇本身是社区居民的生活空间，而古镇旅游空间生产的就是要对这个生活空间进行生产，并将其提供给外来的旅游者。也就是说，古镇旅游空间生产的主要服务对象不是当地居民，而是外地旅游者，这是与城市空间生产的不同点。②古镇旅游产品及古镇旅游空间生产完成后不能进行异地搬运，只能引导旅游者前来消费，同时古镇旅游空间作为旅游产品又具有生产和消费同时性的特征，这就决定了市场在古镇旅游空间生产中的重要作用。正是基于以上两点，我们认为古镇旅游空间生产的动力是资本、权力、社区和市场。而上述四者在古镇旅游空间生产中的推动作用主要表现在古镇资本循环中的博弈。根据哈维的资本有三重循环理论，资本在古镇中的第一重循环主要是资

[①] 包亚明. 现代性与空间的生产[M]. 上海：上海教育出版社，2003.

本向一般生产资料和消费资料的生产性投入,即古镇旅游产品及其服务设施;资本在古镇中第二重循环主要是资本转向对建设环境的投入,包括生产性和消费性物质环境的投入,如基础设施等;资本在古镇中的第三循环是资本向社会性花费(教育、卫生、福利等方面)的投入,二、三循环主要构成环境空间。

权力空间形成了具有约束力的场域,可以影响资本的可进入性或流动性,[1] 也就是说空间是政治的策略的,[2] 如权力往往会考虑经济社会的发展目标、社区的安全、生态的保护等,脱离开政府的政策是行不通的;同时人们的生活方式、生活品质又和居民、社区不可分割;发展规模、空间布局又离不开专业的城市规划者。总之,古镇空间的生产就是利害各方之间的博弈,使他们之间的多重利益得到平衡和考虑。

3. 现实的古镇旅游空间形态是古镇旅游空间生产的结果

古镇旅游空间生产的结果也就是古镇旅游表征的空间,就是在上述四大动力的推动下,对古镇旅游资源即古镇旅游空间实践的改造,最终形成古镇城域空间、文化遗产空间、自然景观空间、商业经济空间和公共交往空间五大空间形态。

第三节 其他相关理论研究

一、农牧交错带相关理论研究

农牧交错带,赵松乔先生最早将其定义为"农牧交错过渡地带"。这条过渡带跨越12个省(自治区),包括226个县(旗、市),其中内蒙古52个县、四川46个县、西藏38个县、甘肃28个县、黑龙江15个县、吉林11个县、青海13个县、辽宁7个县、河北6个县、陕西6个县、宁夏3个县和山西1个县。[3] 从自然上来讲,农牧交错带就是年降水量400毫米左右,农业

---

[1] [法]布尔迪厄著. 实践理性:关于行为理论 [M]. 谭立德译. 北京:三联书店,2007.
[2] 包亚明. 现代性与空间的生产 [M]. 上海:上海教育出版社,2003.
[3] 薛晓辉. 北方农牧交错带变迁对蒙古族经济文化类型的影响 [D]. 北京:中央民族大学,2007:16.

区和畜牧区过渡地带；从人文或文化上来讲，就是农耕和游牧文明的相互冲突、调和、交融的地带。

而后，相关学者依托宏观地理学、生态学、产业经济学、历史学等理论背景，从自然和人文两个方向对农牧交错带的概念、范围、成因、功能和意义等进行了研究。赵松乔[①]、周立三等[②]、高国力[③]、秦红灵[④]、安萍莉等[⑤]从农业生产配置、农业区划、生态保护等自然的角度出发，对农牧交错带进行了研究并形成一批价值较高的成果。同时，赵松乔、田广金等[⑥]、薛晓辉等从民族关系、历史考古、文化变迁等人文角度出发，对农民交错带进行了研究，但是仅仅处于探索阶段，尤其是对农牧交错带上古镇的研究就更少了。

二、文化消费相关理论研究

（一）消费体验理论

1. Holbrook 的 4Es 观点

对于人们的消费体验维度，Holbrook 由三维发展成为四维。（见表 2-1）Holbrook 在其与 Hirschman 合著的《消费体验观：情绪、幻想与娱乐》中将人们的消费维度归纳为三个方面，即幻想（Fantasy）、感觉（Feeling）、娱乐（Fun），简称 3Fs。后来 Holbrook 在 3Fs 的基础总结除了消费体验的 4Es 观点，即体验（Experience）、娱乐（Entertainment）、表现欲（Exhibitionism）、

---

① 赵松乔. 察北、察盟及锡盟一个农牧过渡地区经济地理调查 [J]. 地理学报，1953；19（1）.

② 周立三，吴传钧，赵松乔. 甘青农牧交错地区农业区划初步研究 [M]. 北京：科学出版社，1958.

③ 高国力. 干旱农牧交错带生态环境的景观生态学探讨 [J]. 干旱区资源与环境，1995（1）.

④ 秦红灵. 北方农牧交错带保护性耕作对农田土壤风蚀影响效应研究 [D]. 北京：中国农业大学，2007.

⑤ 安萍莉，琪赫，潘志华等. 北方农牧交错带不同农作制度对土壤风蚀因子的影响 [J]. 水土保持学报，2008（5）.

⑥ 田广金，史培军. 中国北方长城地带环境考古学的初步研究 [J]. 内蒙古文物，1997（2）.

传递愉快（Evangelizing）。这四个维度每个又包含了三个方面的内容，这样就形成了四个维度十二个方面的消费体验 4Es 理论。①

表 2-1　Holbrook 的消费体验 4Es 观点②

Experience（体验）	Entertainment（娱乐）	Exhibitionism（表现欲）	Evangelizing（传递愉快）
Emotions（情感）	Excitement（兴奋）	Express（表达）	Evince（证明）
Enjoyment（享乐）	Ecstasy（出神入化）	Expose（暴露）	Endorse（背书）
Escapism（逃避现实）	Esthetics（美学）	Enthuse（热忱）	Educate（教育）

2. Schmitt 消费体验的五分法

Schmitt 将消费体验的维度发展为感官体验、情感体验、思考体验、行动体验和关联体验五个维度，并且将感官体验、情感体验、思考体验称作个人体验维度，将行动体验和关联体验划分为共享体验维度。

（二）文化消费理论

1. 文化消费的内涵

（1）什么是文化消费。尹世杰认为文化消费就是"消费领域中人们创造性的表现，是人们各种合理实践活动的升华和结晶。消费文化包括优美的自然环境、人文环境，人们精心创造的实物生活资料和精神文化产品，以及富有创造性的有利于人的身心健康的消费行为"。③ 文化消费是在消费社会的背景下产生的，消费社会又促使文化像产品一样被人们所消费，它与一般消费产品的不同点在于文化消费不但强调文化消费本身的物质活动，而且更加突出消费过程所伴随而来的心理思维和价值取向。④

---

① Holbrook Morris B. The Miillennial Consumer in The Texts of Our Times：Experience and Entertainment [J]. Journal of Macromarketing，2000（2）.
② 晏国祥. 消费体验理论评述财贸研究 [J]. 财贸研究，2006（6）.
③ 尹世杰. 消费文化学 [M]. 武汉：湖北人民出版社，2002.
④ 王乐忠. 中国消费文化探析 [M]. 兰州：兰州大学出版社，2002.

（2）文化消费的内容。文化消费内容由文化产品消费和文化服务消费两部分构成，其中文化产品消费涉及：科技作品、文艺作品、音像作品、影视片、各种出版物、工艺品、文化用品等；文化服务消费涉及：教育、科技培训、艺术表演、互联网、旅游娱乐服务等。①

2. 文化消费的功能

尹世杰从文化消费与个人、文化消费与经济发展和文化消费与社会进步三个方面分析了文化消费的功能。就个人而言，文化消费意味着享受资料、发展资料在消费结构中比重的提高，消费层次和消费质量的提高；就经济发展而言，文化消费能促进消费领域的开拓，消费市场的开拓，因而能促进经济的发展；就社会进步而言，文化消费是社会进步的重要标志，是通过发挥人文因素的作用来协调自然因素与社会因素的关系，来促进社会文明和社会进步。②

3. 文化消费的影响因素

关于文化消费的影响因素欧翠珍在《文化消费研究述评》一文中将其归纳为个人因素、制度及政策因素和市场机制因素三个方面。其中个人因素主要涉及个人收入水平、受教育程度即文化水平、消费时间、职业、年龄、性别、婚姻状况等；③其中对文化消费的主要影响要素是文化水平、消费水平、消费时间、消费方式等④，收入水平、受教育程度和投资水平分别从消费能力、消费意愿和消费机会三方面影响文化消费的水平。⑤制度及政策因素影响文化产业的发展、文化设施的建设，可通过税收优惠、法律法规等多方面措施催化和引导文化消费市场。政府主要通过以下几个方面对文化消费进行宏观调控：①政府、宣传、文化、出版等部门要抓好精神文化产品的生产，并加强对精神文化市场的管理；②要动用税收、投资和信贷等政策手段对精神文化消费与生产进行适当的调节和控制；③要加强对精神文化生产、经营与消费的立法工作。⑥

---

① 曹俊文．精神文化消费统计指标体系的探讨［J］．上海统计，2002.
② 尹世杰．切实加强对精神文化消费的引导［J］．消费经济，1996（6）．
③ 欧翠珍．文化消费研究述评［J］．经济学家，2010（3）．
④ 米银俊，王守忠，孙浩．浅析《资本论》中的文化消费［J］．地质技术经济管理，2002（3）．
⑤ 晓东．"十五"期间上海市文化消费变动因素研究［J］．上海经济研究，2007（6）．
⑥ 黄素梅．精神文化消费现状及与经济发展的关系［J］．财经理论与实践，1995（1）．

4. 文化消费的符号化

马克思的商品二重性理论认为，商品既有使用价值，又有价值，是使用价值和价值的统一体，在实际的市场交换中，价值又表现为交换价值。商品的二重性理论是建立在生产社会的背景下，即人们消费的是商品实体，重视的是商品的功能属性。现代社会已经进入了消费社会，在消费社会中人们又对商品本身的重视转变为对商品内涵意义（符号意义）的重视，商品的功能已经从实用功能转变为名誉、地位、品位、个性等符号功能。因此，在现代消费社会的背景下，文化消费表现出了符号化的趋势。

（三）文化符号学理论

1. 符号学内涵

（1）符号的概念。瑞士语言学家费尔迪南·德·索绪尔（Ferdinand de Saussure，1857~1913）[①] 将符号分成能指（Signifier）和所指（The Signified）两个部分，能指是符号意义指称和指向的载体，即符号的形体；所指是符号的意义或概念，也就是符号能指所传达的思想感情或"意义"。符号的能指和所指的关系就是符号的形式与内容的关系。

（2）符号的功能。法国符号学家皮埃尔·吉罗（Pierre Guiraud，1988）将符号的功能概括为以下六种：指代功能、情感功能、指令功能或表意功能、诗歌功能或美学功能、交流功能、元语言功能，其中符号的基本功能便是认知和交际。[②]

（3）符号的分类。符号分为图像符号、指示符号、象征符号。①图像符号。图像符号的表征方式是符号形体与被表征的符号对象之间的相似性，即图像符号的能指和所指之间是一种相似性关系。②指示符号。指示符号的表征方式是符号形体与被表征的符号对象之间存在一种直接的因果或邻近关系，使符号形体能够指示或索引符号对象的存在，即指示符号的能指和所指是一种因果关系。③象征符号。象征符号的表征方式是建立在社会约定的基础上的，它们的形体与符号对象之间没有相似性或因果相承的关系，象征符号的能指和所指的关系不稳定，具有可变性。

---

① ［瑞］索绪尔著. 普通语言学教程［M］. 高名凯译. 北京：商务印书馆，1980.
② ［法］皮埃尔·吉罗著. 符号学概论［M］. 怀宇译. 成都：四川人民出版社，1988.

2. 文化符号学

（1）文化符号学的逻辑。从物的消费到符号的消费。在消费社会的背景下，人们的消费由追求商品的使用价值转型商品的符号价值，即由功能型消费转向符号性消费。符号消费在于身份的构建。"当我们消费物品时，就是在消费符号，同时在这个过程中界定我们自己。"① 可见从物的消费到符号消费，消费符号已经成为身份建构的象征，它维护着消费社会的秩序，成为构成所有社会成员之间相互关系的基础和纽带。② 符号的消费在于求异。"物和符号在这里不仅作为对不同意义的区分，按顺序排列于密码之中，而且作为法定的价值排列于社会等级。"③

（2）文化消费中的符号学构成。文化消费中的符号学构成涉及文化消费中的能指和所指、文化消费中语言和言语、文化消费中的外延和内涵。

第四节　相关概念的鉴定

一、古镇旅游空间

（一）空间

《管子·宙合》中指出"天地，万物之囊；宙合又囊天地"，意思就是说万物存在于天地之中，天地又包裹在时空之中，这里的"宙"指的就是时间，"合"指的是空间。在中国传统文化中还有以"宇"来表示空间的，如《墨经》中把空间称作"宇"。④ 英文空间"Space"一词是由古法文"Espace"一词演变而来，"Espace"一词则直接源于拉丁文"Spatium"一词，"Spatium"在拉丁文中的最初含义是间歇、距离，比较接近于希腊文的（间隔、空

---

① ［美］乔治·瑞泽尔著. 后现代社会理论［M］. 谢立中等译. 北京：华夏出版社，2003.
② 黄波. 鲍德里亚符号消费理论述评［J］. 青海师范大学学报（哲学社会科学版），2006（3）.
③ ［法］让·鲍德里亚著. 消费社会［M］. 刘成富，全志刚译. 南京：南京大学出版社，2001.
④ 王晓磊. 社会空间论［D］. 武汉：华中科技大学，2010.

隙）一词的意思。①

根据《辞海》的解释，空间是指物质存在的一种客观形式，由长度、宽度、高度表现出来，是物质存在的广延性和伸张性的表现。亚里士多德认为："空间是事物的直接包围者，而又不是该事物的部分"，②"空间是不能移动的容器"，③"空间也有两种：一个是共有的，即所有物体存在于其中的，另一个是特有的，即每个物体所直接占有的"。④康德认为，空间不是独立于人类认识之外的客观对象，而被当作内在于人类认识之中的感性直观形式。⑤黑格尔认为："自然界最初的或直接的规定性是其己外存在的抽象普遍性，是这种存在的没有中介的无差别性，这就是空间。空间是己外存在，因此，空间构成完全观念的，相互并列的东西；这种相互外在的东西还是完全抽象的，内部没有任何确定的差别，因此空间就是完全连续的。"⑥列斐伏尔重视空间的重要性，力图构建"社会—历史—空间"的三元辩证法。认为空间是人类历史生产的产物，空间不仅是一种生产的结果，它本身也是再生产者，不仅是社会生产关系的历史性结果，而且是其本体论基础或前提。⑦

现在，空间由哲学向科学领域的转变。例如地理学上的空间，宇宙中物质实体之外的部分称为空间；数学上的空间，空间是指一种具有特殊性质及一些额外结构的集合。同时也转向了一些全新的领域里，例如网络空间、文学空间等。

（二）旅游空间

全国科学技术名词审定委员会认为旅游空间就是为旅游者参观所划分的自然和社会区域。⑧旅游空间是社会空间的一种表现形式，是旅游者、社区、当地居民、政府、开发商等利益相关者实践活动的产物，反映他们之间的社会关系。具体表现为旅游吸引物及其存在的环境空间，这种环境空间既可以是原生的，也可以是后来人工创造的；还表现为这种物质空间内在所蕴含的

---

①⑤　王晓磊. 社会空间论 [D]. 武汉：华中科技大学，2010.
②③④　[古希腊] 亚里士多德著. 物理学 [M]. 张竹明译. 北京：商务印书馆，1982.
⑥　[德] 黑格尔著. 自然哲学 [M]. 梁志学等译. 北京：商务印书馆，1980.
⑦　张子凯. 列斐伏尔《空间生产》的评述 [J]. 江苏大学学报（社会科学版），2007（9）.
⑧　http://www.cnctst.gov.cn/.

精神空间，即旅游空间是物质旅游空间和精神旅游空间的统一。

（三）古镇旅游空间

1. 古镇

（1）什么是古镇。联合国教科文组织对江南古镇的定义是：一种介于城市与乡村之间的人类集聚地，并在一定的地域形成完善的以水为中心的网络体系，是江南水乡地域文化的集中体现。①

在国内关于古镇的概念主要是指历史文化村庄，《文物保护法》将其定义为"保存文物特别丰富并且有重大历史价值或者革命纪念意义的城镇、村庄"。部分学者将其定义为：是文物特别丰富并且有重大历史价值或者纪念意义的城镇、村庄。②建设部和国家文物局将历史文化名镇定义为："文物特别丰富，且具有重大历史价值或纪念意义的，能较完整地反映一些历史时期传统风貌和地方民族特色的镇"。③

（2）古镇类别。根据建设部和国家文物局在2003年评选出的第一批历史文化名镇和名村的结果可以将我国的古镇按照地域分布划分为太湖流域的水乡古镇群、皖南古村落群、川黔渝交界古村镇群、晋中南古村镇群、粤中古村镇群等；根据文化传统可以划分为乡土民俗型、传统文化型、革命历史型、民族特色型和商贸交通型等类别。

根据陕西师范大学出版社出版的《中国古镇游》将我国的古镇划分为以下八大类：④ ①水乡古村落群：分布地域在浙江、江苏，典型代表为乌镇、周庄，主要特征是小巧精致；②北方大院建筑群：分布地域在山西、北京、河北，典型代表为常家大院、暖泉古镇，主要特征是富贵大气；③徽派古村落群：分布地域在安徽、江西，典型代表为西递、婺源，主要特征是大家风范；④西北古村落群：分布地域在陕西，典型代表为榆林，主要特征是朴实无华；⑤岭南古村落群：分布地域在福建、广东，典型代表为永定、赤砍，主要特征是个性鲜明；⑥湘黔古村落群：分布地域在湖南、贵州，典型代表

---

① 陈冰. 文人清谈"丑陋江南"[J]. 新民周刊，2005（11）.
② 赵勇，张捷，秦中. 我国历史文化村镇研究进展[J]. 城市规划学刊，2005（2）.
③ 来源于建设部和国家文物局在2003年评选中国历史文化名镇时采取的概念.
④《中国古镇游》编辑部. 古镇游[M]. 西安：陕西师范大学出版社，2006. 转引自王莹. 古镇主题化旅游开发初步研究[D]. 成都：成都理工大学，2010.

为凤凰、青岩，主要特征是清秀灵逸；⑦南诏古村落群：分布地域在云南，典型代表为和顺，主要特征是各领风骚；⑧西南古村落群：分布地域在四川、重庆，典型代表为黄龙溪、磁器口，主要特征是另类浪漫。

2. 古镇旅游空间

古镇旅游空间就是由古镇旅游实践活动而形成的旅游空间，主要包括古镇旅游物质空间和古镇旅游精神空间。就古镇旅游空间而言，旅游物质空间主要是古镇旅游实践活动的物质承担者，具体涉及：①古镇物质遗产空间（古镇物质文化遗产以及它们相互之间位置结构关系），②古镇商业空间（古镇商业业态空间位置及相互之间的比例关系），③古镇自然景观空间等形态；古镇旅游精神空间主要是古镇旅游物质空间在精神上的反映，主要涉及权力空间（古镇权力所有者意识形态的空间，主要通过政策、文件、规划等措施来体现）、资本空间（资本在古镇旅游中所追求的空间，即利益最大化空间）、社区空间（社区认为古镇旅游所应该带来的理想空间）、市场空间（旅游者所向往的空间）以及以上空间之间的相互关系。

二、相关空间概念的鉴定

（一）旅游空间与社会空间

1. 社会空间

社会空间的概念是由法国社会学者爱弥尔·涂尔干（Emile Durkheim，1858~1917）在19世纪末提出的，具体指"一个群体居住的区域"。[①] 齐美尔[②]在《空间社会学》指出社会交往使空间变得有意义；对社会空间的研究，法国学者列斐伏尔起到了重要作用，其在1974年出版的《空间生产》

[①] [法]涂尔干著.宗教生活的基本形式[M].渠东，汲品译.上海：上海人民出版社，2006.

[②] [德]齐美尔著.空间社会学[A].林荣远编译.齐美尔.社会是如何可能的：齐美尔社会学文选[C].桂林：广西师范大学出版社，2002.

一书中指出:"空间是社会的空间","空间是社会的产物"。① 布尔迪厄②提出权力空间论,认为社会空间在本质上就是权力空间,这种权力空间形成了具有约束力的场域,可以影响资本的可进入性或流动性。③ 马克思认为"社会空间是人类实践活动的产物"。④ 列斐伏尔的空间生产理论最重要的贡献就是将空间从一个单纯的地理学概念转变为政治经济学概念,使马克思主义生产过程由单纯的时间维度转变为时空结合的二元维度。"马克思经常在自己的作品里接受空间和位置的重要性……但是地理的变化被视为具有'不必要的复杂性'而被排除在外。我的结论是,他未能在自己的思想里建立一种具有系统性和明显地具有地理和空间性的观点,这因此破坏了他的政治视野和理论"。⑤ 因而空间不再是单纯的物质主义空间,而是政治经济的产物,反映的是一种社会经济关系,"空间在其本身也许是原始赐予的,但空间的组织和意义却是社会变化、社会转型和社会经验的产物"。⑥

2. 旅游空间和社会空间

旅游空间是旅游者、社区、当地居民、政府、开发商等利益相关者旅游实践活动的产物,反映他们之间的社会关系。也就是说,旅游空间在本质上反映的是权力和资本作用于旅游目的地,而引起的各种政治经济关系,这些关系只有在这个目的地(旅游地)才能够成立,一旦离开了这个目的地,这些关系也就自然消失了(见图2-1),旅游空间是社会空间的一种表现形式,社会空间是旅游空间的本质特征。

---

① Henri Lefebvre. The Production of Space [M]. Translated by Donald Nicholson-Smith. Oxford UK:Blackwell Ltd., 1991.
② [法]布尔迪厄著. 实践理性:关于行为理论 [M]. 谭立德译. 北京:三联书店, 2007.
③④ 马克思恩格斯选集(第3卷)[M]. 北京:人民出版社, 1995.
⑤ 哈维在评价马克思主义关于空间观点时提出的。转引自 [美] 爱德华·W. 苏贾著. 后现代地理学 [M]. 王文斌译. 商务印书馆, 2004.
⑥ [美] 爱德华·W. 苏贾著. 后现代地理学 [M]. 王文斌译. 北京:商务印书馆, 2004.

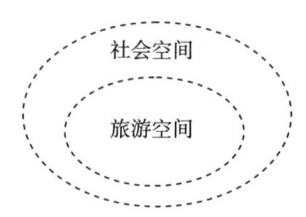

图 2-1　旅游空间与社会空间的关系

(二) 旅游空间与旅游公共空间

1. 公共空间

公共空间，狭义是指那些供城市居民日常生活和社会生活公共使用的室外空间。包括街道、广场、居住区户外场地、公园、体育场地等。广义是指公共空间不仅仅只是个地理的概念，更重要的是进入空间的人们，以及展现在空间之上的广泛参与、交流与互动。这些活动大致包括公众自发的日常文化休闲活动，和自上而下的宏大政治集会。① 全国科学技术名词审定委员会认为公共空间是指一般社会成员均可自由进入并不受约束地进行正常活动的地方场所。②

2. 旅游空间与旅游公共空间

旅游公共空间是那些供旅游目的地居民和前往该地旅游者在旅游目的地的日常生活和社会生活公共使用的室外空间，这些室外空间是由于旅游实践活动而引起的旅游者、旅游者和当地居民以及当地居民之间公共使用空间。

如图 2-2 所示，旅游公共空间和旅游目的公共空间两个是既有联系又有区别的概念，两者在旅游目的地基本是重合的，但也有一定的区别，主要表现在以下两点：

（1）旅游公共空间是一个相对的概念，只要是旅游者或者是当地居民与旅游有关的公共活动的空间，就是旅游公共空间，例如古镇私人民居本身是所有者的私人空间，但是由于发展旅游业，它只要对旅游者开放就会变成旅游公共空间。

---

① http://baike.baidu.com/view/3821706.htm.

② http://www.cnctst.gov.cn/.

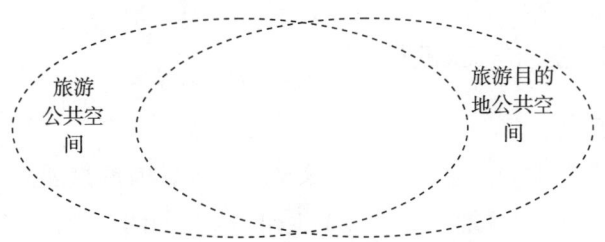

图 2-2　旅游公共空间与旅游目的地公共空间的关系

（2）旅游目的地公共空间是针对当地居民公共活动的空间，在当地开展旅游活动的时候，有一部分公共空间自然会变成旅游公共空间，如当地的广场等公共活动空间；当然也有一部分公共空间不会对旅游者开放仍然是当地居民的专属公共空间，如当地议政议事的公共场所。

（三）旅游空间与旅游物质空间、旅游精神空间

1. 自然空间与精神空间

自然空间是与社会空间相对应的哲学概念，主要指没有经过人类实践活动的天然存在的空间形式，属于排除人类活动的先在空间。

列斐伏尔认为："对精神（心理）空间概念的概括并未给出任何的限定：没有人予以过清晰地阐述，依据个人偶然的阅读，空间概念可以意味逻辑的一致性、实践的连贯性、自组织性、局部与整体的关系、系列场所中相似性的形成、形式的逻辑与内容的逻辑等。我们总是听到这种或那种空间：文学空间、意识形态的空间、梦的空间、心理分析拓扑学等诸如此类的空间。"[①]

2. 旅游空间与旅游物质空间和精神空间

旅游空间是旅游物质空间和旅游精神空间的有机统一体，旅游物质空间和旅游精神空间在旅游实践活动中构成了完整的旅游空间，旅游精神空间是旅游物质空间的反映，旅游物质空间是旅游精神空间的基础和本源。

---

① 王晓磊. 社会空间论 [D]. 武汉：华中科技大学, 2010. 转引自 Henri Lefebvre. The Production of Space [M]. Translated by Donald Nicholson-Smith. Oxford UK：Blackwell Ltd. , 1991.

(四) 旅游空间与文化空间

1. 文化空间

"文化空间"本义是指一个具有文化意义或性质的物理空间、场所、地点。① 而根据2003年联合国教科文组织相关文件的阐释中,文化空间指的是"被确定为一个集中了民间和传统文化活动的地点,但也被确定为以某一周期(周期、季节、日程表等)或是一事件为特点的一段时间。这段时间和这一地点的存在取决于按传统方式进行的文化活动本身的存在"。②

另外,作为联合国教科文组织文化项目官员的埃蒙德·木卡拉认为:文化空间指的就是"某个民间或者传统文化活动集中的地区,或某种特定的、定期的文化事件所选定的时间"。③

这个兼具空间性和时间性的解读与我国官方机构的理解基本上是一致的。在《中国民族民间文化保护工程普查手册》中,文化空间亦被界定为"定期举行传统文化活动或集中展现传统文化表现形式的场所,兼具时间性和空间性"。④ 这种传统的文化的场所,既具有公共性又具有服务性。文化空间是非物质文化遗产保护项目的关键概念,例如庙会活动、传统的节日庆贺活动、民间祭祀与信仰、民间花儿会、人生礼仪活动等都属于文化空间和场所。它首先是活跃文化生活的载体,同时又具有周期性和短期性的特点。因此,从非物质文化遗产的文化空间概念来看,文化空间是可以相互依存、相互渗透、相互促进的。⑤

因此,综合以上几种表述可以理解:一定文化空间的形成既依赖于当下的文化创造,更需要从时间的演进中获得支持和培育。⑥ 人的文化行为与

---

① 向云驹. 论"文化空间"[J]. 中央民族大学学报(哲学社会科学版), 2008 (3): 81-88.
② 巴莫曲布嫫. 非物质文化遗产: 从概念到实践[J]. 民族艺术, 2008 (1).
③ 埃蒙德·木卡拉. 口头和非物质遗产代表作概要[C]//人类口头和非物质遗产抢救与保护国际研讨会论文集. 2002.
④ 中国艺术研究院, 中国民族民间文化保护工程国家中心. 中国民族民间文化保护工程普查手册[M]. 北京: 文化艺术出版社, 2005: 1.
⑤ 王国利. 大"文化空间"的构建与非物质文化遗产保护设想——以青海省大通回族土族自治县"六月六"会为调查个案[J]. 青海师范大学学报(哲学社会科学版), 2011 (1).
⑥ 苗伟. 文化时间与文化空间: 文化环境的本体论维度[J]. 思想战线, 2010 (1): 101-106.

"场所"契合于一体，所谓文化空间才真正具有意义。① 它是一个载体，亦即是有形的群众文化活动和载体，是能够看得见和摸得着的文化环境，是人民大众通过各种实践、表演、技能、表现等形式，共同寻找一种认同感和历史感及情感归宿的"地方"和场所。② 因此，从这个意义上来说，文化空间只是交往空间中，经过时间的积累和历史的洗涤，流传下来比较精华的部分在空间上的体现。

2. 旅游空间与文化空间

非物质文化遗产在本质上是人的文化行为与"场所"契合于一体，是有形的群众文化活动和载体，是人民大众通过各种实践、表演、技能、表现等形式，共同寻找一种认同感和历史感及情感归宿的"地方"和场所。③ 可见文化空间的存在是客观，是在旅游活动开展以前就存在的空间，是旅游实践活动的对象之一，是形成旅游空间所要依托的基础之一。

文化空间和旅游空间两者之间的联系主要表现在，文化空间是旅游实践活动的对象，是旅游空间形成的重要组成部分。旅游者及利益相关者通过旅游实践活动将文化空间纳入旅游空间之中。

文化空间和旅游空间的区别主要表现在，文化空间先于旅游空间所存在，文化空间的主体是人民群众；旅游空间是旅游实践活动的产物，旅游空间的主体是旅游者等利益相关者。

第五节 本章小结

本章主要探讨了空间生产理论，同时对于农牧交错带理论、消费者行为理论、文化消费理论也进行了相关的阐释，以此作为本书撰写的理论基础；同时本书明确了古镇旅游空间的概念，并将其与社会空间、公共空间等相关概念进行了鉴定。

列斐伏尔提出空间生产理论并构建了社会—历史—空间的三元辩证法，无论是以福柯、布迪厄和吉登斯为代表的后现代社会学还是以卡斯特、哈维

---

① 向云驹. 论"文化空间"[J]. 中央民族大学学报（哲学社会科学版），2008（3）.
② 苗伟. 文化时间与文化空间：文化环境的本体论维度 [J]. 思想战线，2010（1）.
③ 苗伟. 文化时间与文化空间：文化环境的本体论维度 [J]. 思想战线，2010（1）.

和戈特德纳为代表的新城市社会学都受到列斐伏尔空间生产理论的影响；马克思人文地理学者苏贾受其影响，提出第三空间的概念。同时列斐伏尔提出了差异空间的概念，强调社会空间是一种特殊的社会产品，这又恰恰是现实城市和旅游规划中保持文化的多样化的重要依据。

  空间的实践、空间的表征和表征的空间是列斐伏尔对于空间生产属性的概括，同时也是对空间生产过程的逻辑概括。空间的实践是可感知的物质环境，它包括历史上发生的和现实存在的一切人类成果，其包括了实物以及实物空间、人类的行为空间，是空间生产的逻辑起点和基础；空间的表征是处于强势地位的统治者、规划者意识形态中的空间，是空间生产的主要推动者；表征的空间是居住者和使用者的现实空间，是空间生产的结果。具体到古镇的空间生产中，其逻辑的起点是古镇的资源，而这些资源恰好是古镇空间生产的前提和基础，因此古镇的旅游资源构成了古镇空间的实践；由于古镇旅游空间服务对象的异地性以及空间是社区居民自身的生活空间这一特质，决定了市场和社区在古镇旅游空间生产中的重要作用，这样古镇空间生产的动力就不是权力和资本二维，而是权力、资本和社区四维动力，古镇空间的生产就是利害各方之间的博弈，使它们之间的多重利益得到平衡和考虑。在上述四大动力的推动下，最终形成古镇城域空间、文化遗产空间、自然景观空间、商业经济空间和公共交往空间五大空间形态。

第三章 古镇空间生产的基础

根据空间生产理论得知：空间的实践、空间的表征和表征的空间构成了空间生产的逻辑过程①，其中包括历史上发生的和现实存在的一切人类成果的空间实践是空间生产逻辑的起点和基础。② 现存的和历史上曾经发生的一切物质的和非物质的文明成果，只要是能够用来进行旅游开发的，为旅游者提供服务的，都可以称为古镇旅游资源，而这些资源恰好是古镇空间生产的前提和基础，因此古镇的旅游资源构成了古镇空间的实践。

为此，本章将在明确古镇空间特征的基础上重点探讨作为古镇空间生产逻辑起点和基础的古镇旅游资源。

第一节 古镇旅游空间的特征

一、古镇旅游空间的共性特征

古镇旅游空间作为社会空间的一种具体表现形式，具有社会空间的一般特性，如旅游空间的实践性、二重性、流动性、多样性、城市化、商品化等。

---

①② Henri Lefebvre. The Production of Space [M]. Translated by Donald Nicholson–Smith. Oxford UK：Blackwell Ltd.，1991.

（一）实践性

实践是人们改造自然和改造社会的有意识的活动，实践性是人类社会空间的本质属性。旅游活动是旅游事业利益相关者[①]从事的旅游实践活动，是旅游空间形成和发展变化的基础，旅游空间就是旅游这一实践活动在空间上的投影。作为社会空间的一种形式，旅游空间的本质属性是旅游实践活动，实践性是旅游空间的本质特征。

表3-1 暖泉古镇旅游实践活动一览

类别	卖点	产品	主要支撑载体
形象旅游产品	塞上民俗	边塞遗韵·体验之旅	庙会活动、社火活动、"树花"广场、入口节庆广场
品牌旅游产品	古镇魅力	古堡水乡·文化之旅	古堡、古泉、古寺庙、古戏台、古书院
	商道集市	繁盛印象·购物之旅	西市街、上街、下街、河滩街、双院街
重点旅游产品	乡村休闲	乡野田园·快乐之旅	古镇旅游接待组团、农田景观游道
	滨湖度假	湖水山色·健康之旅	商业物业、古堡会所、水上乐园
特色旅游产品	苍茫风貌	塞上写生·创意之旅	文化创意组团
	夜色古镇	火树银花·休闲之旅	有夜游服务设施的西古堡主街、上街、下街、河滩街、王敏书院周边区域、"树花"广场等
专项旅游产品	专项拓展	乡村竞技·运动之旅	越野赛场、汽车营地、素质拓展场、乡村竞技场、水上竞技区

注：主要涉及旅游生产实践活动的第5类。

[①] 这里将旅游活动的主体定义为旅游事业利益相关者，而不是单独的旅游者，主要是从旅游空间的形成和发展变化的过程来看，其推动者不仅仅是旅游者，还有政府、企业、社区、居民等利益相关者，他们共同构成了旅游实践活动的主体。

如表 3-1 所示，旅游实践活动既有旅游生产者①的旅游生产实践活动，也有旅游消费者②的旅游消费实践活动。旅游空间是在旅游生产实践活动和旅游消费实践活动的基础上形成的。

表 3-2　暖泉古镇西古堡旅游生产实践活动一览

项目名称	建设内容
西古堡风貌恢复	修复西古堡内的重要历史文化建筑，恢复其历史风貌
临街店铺恢复	恢复西古堡四个临街店铺，分别为豆腐坊、皮坊、木匠铺和铁匠铺
影视展演中心	苑家院落（原二分校）进行风貌改善，形成影视作品拍摄基地及游客参观游览的影视展演中心
地藏寺改造	突出其佛教氛围，修复外侧戏台，开展宗教文化及庙会活动，提升古镇宗教文化氛围，并配以适当的旅游商业业态，修建必要的安全防护设施
西古堡餐厅	将拍摄《鬼子来了》时在西古堡主街上所建的临时建筑改造成为古堡主题特色餐厅
古井恢复	将西古堡主街南侧的古井恢复，复现西古堡整体"国"字形构造的"点"
京西民俗博览中心	位于北官堡南城门外侧，主要展示京西农耕文化、京西民俗饮食文化及京西民俗社火文化
流动摊位	设置风貌统一的流动摊位若干，置于主街、南北瓮城及北瓮城外牌楼附近，以增强游客的体验性
古堡文化展示中心	通过京西古堡、蔚州古堡板块、暖泉古堡板块集中展示古堡文化
基础设施完善	道路交通设施、给排水设施、电力通信设施的完善

注：主要涉及旅游生产实践活动的 1、3、4 类。

---

① 这里的旅游生产者主要是旅游空间生产活动的实施者，如政府、经营管理者、开发者商、当地社区、居民等。

② 旅游消费者主要是指旅游者，同时也涉及当地居民。

如表 3-2 所示，旅游生产者的生产实践活动主要涉及：①古镇历史文化遗存及其生存环境的保护，修缮活动；②道路交通、水电、通信、环境卫生等旅游基础设施的完善活动；③餐饮、住宿、购物、娱乐、会议、康疗等旅游服务设施的修建活动；④旅游资源的产品化活动，如旅游资源的规划、建设等活动；⑤旅游产品的运营等活动。旅游消费者的消费实践活动主要体现在满足其"食、住、行、游、购、娱、康、体、疗"等需求的旅游消费活动。

（二）二重性

旅游古镇的二重性主要表现在旅游空间是旅游物质空间和旅游精神空间的有机统一，旅游生产空间和旅游生活空间的有机统一。

1. 旅游物质生产实践活动推动旅游物质空间的形成、发展变化，旅游精神生产实践活动推动旅游精神空间的形成、发展变化

旅游物质生产实践活动主要是旅游实践活动的主体通过中介作用于旅游客体的过程。旅游实践活动的主体主要表现为：权力、资本、社区、市场；旅游实践活动的中介表现为各种科学方法（主要表现为空间意识和空间规划）、工具以及手段；旅游实践的客体主要是古镇的历史文化遗产及其存在环境、旅游基础设施、旅游服务设施以及旅游产品等。古镇通过旅游实践活动具体形成了遗产空间、景观空间、产业空间、公共活动空间等旅游物质空间。旅游空间形成以后并不是一成不变的，是随着旅游市场、权力、资本以及社区的变动而发展变化的，以上四者恰恰是旅游实践活动的主体类范畴。

旅游精神生产活动，首先，表现在旅游者通过旅游活动逃避令人疲劳的日常生活环境，缓解精神压力，带来身心愉悦；旅游者通过旅游活动彼此之间相遇以及与旅游地居民的相遇，使旅游者社交的精神需求得到满足；旅游者通过旅游活动增加了审美情趣，丰富了知识体系，完善了价值观，增强了自己对社会、自然的判断能力。其次，旅游地的居民通过旅游活动丰富自己的阅历，提升了自己的精神境界。最后，文化类旅游资源只有通过旅游实践活动，其文化价值才能通过旅游者展现出来。通过旅游精神实践活动具体形成了旅游交往空间、旅游管理空间、旅游心理空间等。

2. 旅游空间是旅游生产空间和旅游生活空间的有机统一

（1）旅游空间是旅游生产空间。从投资者的视角来看，旅游空间主要表现为一个产业集聚和业态集中的空间，是一个可以创造经济财富的生产空间。旅游空间是一个以旅游业为纽带的多产业集中布局的空间，又是满足旅游者"食、住、行、游、购、娱、康、体、疗"需求的相关旅游业态集中的空间。

1）旅游空间是一个产业集聚的空间。彼得认为，产业集聚"是指在某个产业中具有相互关系的企业或机构在一定地理空间中进行聚集的现象。这些企业或机构既包括零件、设备、服务等原材料的提供商，还会延伸到互补性产品的制造者及与产业相关的科技、技能等企业和顾客上，还包括政府和能够提供专业培训的相关教育机构和培训中心等"。[①] 邓冰、俞曦和吴必虎认为，旅游产业集聚就是指："旅游核心吸引物、旅游企业及旅游相关的支持企业和部门，彼此存在密切的经济联系，在一定地域空间内集中并协同发展旅游产业之间的集聚联系，可以是垂直和水平方向的，还可以跨越地理和行政区域，依赖于旅游产业链的所有参与者，形成单一或综合的旅游产品。"[②] 在旅游空间内形成以旅游业为纽带的旅游直接产业和旅游间接产业，形成旅游业、加工业、文化产业、教育产业、体育产业、房地产、会议会展等产业的集聚。

2）旅游空间是一个旅游业态集中的空间。旅游业态的集中是源于旅游者需求的多元化和复合化，主要表现在九大旅游要素的集中以及相互渗透、互相促进，形成一个统一的接待综合体。美国黄石国家公园就是一个典型的案例。黄石国家公园的基础设施和旅游服务设施主要沿"8"字形交通线路和主要景点分布，设施健全，分布合理，充分满足生态观光、生态旅游、生态度假等不同的宾客需求，具体表现在以下九点：[③]

a. 食：配有高级餐厅、自助餐厅、旅馆餐厅、快餐店、食品店、各种特色露台烧烤、野炊、高端酒店的特别餐饮活动等。

[①] ［英］彼得·诺兰. 全球商业革命：产业集中、系统集成和瀑布效应［M］. 刘春航，张谨译，天津：南开大学出版社，2007.

[②] 邓冰，俞曦，吴必虎. 旅游产业的集聚及其影响因素初探［J］. 桂林高等旅游专科学校学报，2006（6）.

[③] 根据网络资料整理获得.

b. 住：露营——价最低、量最多。4 大露营场所分布着 11 个露营点，拥有 1400 多个露营位置，6 个露营地。配有帐篷、餐桌、烤炉、冷水冲水公厕、支付式淋浴、投币式洗衣机、洗碗间、投币式冰和苏打水机、垃圾箱、出售的木柴等。附近有高级餐厅、餐馆、食品店、加油站、礼品店、邮局、综合商店、露天剧场等；房车公园（RV Park）——少量。346 个位置提供有硬双面休闲车；供有压力自来水、下水道、供电、投币式洗衣机、支付式淋浴、热水冲洗公厕。附近有维修服务站、野营用品店、食品店、餐厅、快餐店、游客中心、博物馆、书店、邮局、礼品店、诊所、咖啡厅；旅馆小屋。园内有 8 处小屋点，数量较多，价位居中，大约同时可接待 4000 人。配有高端、中端和无障碍客房等，各有特色，人性化、风格化的基础设施和装饰。周边有自动售货机、野餐店、熟食店、咖啡店、骑马游乐设施等；高端酒店。两座高端酒店：老忠实酒店和猛犸温泉酒店，价位高端，服务上乘。设有各类豪华套房、半套房、无障碍客房等、国际餐厅、礼品店、熟食店等。

c. 行：实行差异化门票制度，鼓励自行车、骑马和徒步的生态旅游形式，限制自驾游（自驾门票高，且车辆进入需单独收费）；公园的步道有 1600 多千米，是车道的 8 倍，要了解真正的黄石，就要沿着步道进入原始森林和野岭中；全公园都配有语音导览系统，实现智慧景区。

d. 游：主要有生态观光、水上运动、自行车运动、徒步之旅，并配套相关服务业态。

e. 购：园内有 11 家礼品店，高端酒店也附有礼品店，黄石网上礼品店。

f. 娱：汽车俱乐部、科普生态、探险、摄影、智慧景区（手机、互联网和园内宣传册为一体的导引体系）。

g. 康：度假、体育健身。

h. 体：营地生态观光旅行、日行徒步或美景漫步、自行车、滑雪、攀岩、溜冰、泛舟、漂流。

i. 疗：音乐、艺术休闲，度假疗养。

（2）旅游空间是旅游生活空间。就旅游者的角度而言，旅游空间是以旅游地为单位的旅游生活空间。旅游者外出旅游的主要目的是身心的放松，完善自我，但这一目的是在旅游实践活动中实现的，而旅游实践活动就是旅游者在接近旅游地和在旅游目的地完成的"食、住、行、游、购、娱、康、体、疗"九大活动,这九大活动恰恰构成了旅游者在旅游目的地的生活的全部内容,可见,旅游空间就是旅游者的旅游生活空间。就居民的角度而言,旅游空间就是以家为单位的生活空间。

(三)流动性

当今社会是一个流动的社会,资金流、技术流、人才流、信息流、物资流等流动在社会的各个方面,影响到日常生活的方方面面,现在的社会就是一个流动的空间。流动空间是指信息社会将会关注一种以流动为特征的空间形式——流动空间(Space of Flows),这种空间形式将深切地影响到生产生活,并颠覆传统的空间观念。[1] 流动空间形成的本源是资本的增值目的。对于城市空间的征服和整合已成为资本主义赖以维持的主要手段,资本的城市化推动了资本主义的城市化过程。空间是资本赖以生存的基础,资本通过空间获得重生、增值;同时,出于对高额利润的追求,资本要破除空间壁垒,使资本以及资本获得超额利润所依赖的人流、物流、信息流等在空间中畅通无阻,成为流动的空间。权力意图的转变是流动空间形成的动力。社会空间在本质上就是权力空间,[2] 这种权力空间形成了具有约束力的场域,可以影响资本的可进入性或流动性;空间是权力运作的基础,是权力的媒介和途径。[3] 当今社会是个开放的社会,开放、自由等原则已经成为市场经济背景下各权力主体的共识。资本和权力所形成的有利于空间流动的经济组织形式是流动空间形成的基础和保障。[4] 现代信息技术的发展,是流动空间形成的技术支撑。现代信息技术尤其是网络技术的出现和发展使资金流、技术流、人才流、信息流、物资流可以快速地流动和迅速地组织起来,形成空间生产力和新的经济组织关系,突破传统的空间概念。古镇旅游空间作为社会空间的一种表现形式,是区域旅游流动空间节点,即是古镇所处旅游区域和旅游

---

[1] Castells M. The rise of the network society [M]. Cambridge, MA: Blackwell, 1996. 转引自沈丽珍,甄峰,席广亮. 解析信息社会流动空间的概念、属性与特征 [J]. 人文地理, 2012 (4).

[2][3] Henri Lefebvre. The Production of Space [M]. Translated by Donald Nicholson – Smith. Oxford UK: Blackwell Ltd., 1991.

[4] 沈丽珍,甄峰,席广亮. 解析信息社会流动空间的概念、属性与特征 [J]. 人文地理, 2012 (4).

发展相关的资金、人才、技术、信息等旅游流的集中地,古镇旅游空间是一个流动的空间。

(四) 多样性

旅游实践活动的多样性决定了旅游空间的多样性。古镇旅游实践活动既有旅游物质实践活动,又有旅游精神实践活动;既有旅游物资生产实践活动,又有旅游生活实践活动,这就决定了古镇旅游空间既有物资空间,例如遗产空间、景观空间等,又有精神空间,例如心理空间、意识空间;既有物资生产空间,例如产业空间,也有生活空间,例如公共交往空间,可见古镇旅游空间是一个多样性的空间。

(五) 城市化

旅游空间的城市化主要是指旅游空间功能的城市化,旅游空间的城市化主要体现在以下五点:

1. 优质的服务设施

旅游行业本身就是服务性行业,服务是旅游行业的核心产品。以旅游业为纽带构建的旅游空间当然也要强调服务的重要性。从旅游空间构建和运行的角度而言,这里讲的服务既指软性服务,又指硬质服务。所谓的软性服务就旅游空间而言由三部分构成:主要为满足旅游者"吃、住、行、游、购、娱、体、学、疗、悟"等旅游需求而提供的人性化服务;例如酒店服务员提供的客房服务、餐饮服务,导游提供的讲解服务等;主要为满足当地居民和第二居所旅游者日常生活需求的服务;例如提供的教育服务、医疗卫生服务、社区服务等;既可以满足旅游者旅游需求,又可以满足长住居民日常生活需求的服务,例如大型购物超市提供的购物服务、电话电信服务、邮政服务以及茶吧等休闲娱乐服务等。

与此相应,旅游空间提供的服务设施既有满足游客休闲度假需求的旅游服务设施,例如酒店、旅行社、旅游点、旅游交通等服务设施;又有为当地居民、旅游服务人员日常生活、生产需求的服务设施,例如物业设施、学校、医院等城镇社会服务设施;同时还有满足双方需求的服务设施,例如超市、银行、邮局、电信、商场等。由于旅游空间需要为长住居民和旅游服人员提供城镇社会服务设施，而这些设施又具有公共产品的性质，而私人资本又具有"唯利是图"的特性，为此为避免区域完全私有化，固化一定比例的出租物业和公共接待设施。

2. 便捷的交通

旅游空间是一个以旅游为媒介、多种产业综合发展的集合体，区位对其十分重要。① 良好的区位，既可以保证其旅游发展的充足客源，又为其社会经济的整体发展提供人力资本基础。当然这里良好的区位并不是强调的地理区位，而是对交通条件便利性的要求。即使远离中心城市，只要交通便捷快速，我们认为其区位条件仍然是好的。项目对于旅游中心集散城市和邻近发达城市的依赖度下降，客源层次和类型也更为丰富。

3. 契合的产业

旅游空间内部以旅游业为纽带能形成多产业集合体，不同产业之间由于旅游而发展起来，同时又推动着旅游业的进一步发展。② 旅游空间内部的产业按照与旅游业的关联程度可以划分为三大产业类型：核心产业、基础产业、延伸产业。核心产业指的是旅游业本身，主要指旅游饭店业、旅行社业、旅游交通和旅游景区；基础产业指的是由于旅游发展而直接促生的产业，并随着旅游空间的发展，逐步发展成为基础性产业。这类产业主要包括房地产业、文化产业、康体娱乐业、服务业、商业、新能源产业和信息业等；延伸产业指的是与前两个发展密切相关的第一、第二产业。

4. 多元的人群组合

旅游空间产品体系的多元化和产业的高度复合决定了旅游空间的构建必须以多远人群为目标市场。旅游空间的产品既要满足观光旅游者的需求，又要满足休闲度假旅游者的需求；既要有满足成人需求的旅游产品，又要有适合儿童需求的产品体系；既要有静态的静养类旅游产品，又要有动态的游乐产品；既要满足游客净化心灵的需求，又要适应游客康体健身的需求；既要满足旅游者的需求，又要满足长期居住者日常生活的需求。

---

①② 邓冰, 俞曦, 吴必虎. 旅游产业的集聚及其影响因素初探 [J]. 桂林高等旅游专科学校学报, 2006 (6).

5. 旅居结合

在开发的过程中，旅游空间更加注重对历史文化、风土人情、生态环境等本土特色资源的挖掘和整理。文化的魅力再次被充分利用，并成为区域综合开发和差异化发展的核心竞争力；在重游客"量和质"的基础上，着力构建旅游、文化、健康、宜居、生态的"福利生活方式"，打造丰富多彩的"汇客装置"，用以满足不同阶层、类型的游客需求，实现"流客到留客、游客到驻客、游客向社区居民"的转变。

（六）商品化

根据马克思商品的二重性理论，商品是指用来交换的劳动产品，商品具有价值和使用价值，价值是凝结着商品中无差别的人类劳动，在市场交换中具体表现为交换价值。使用价值是指商品具有供人类使用的价值。[①]

1. 古镇旅游空间具有价值

（1）古镇旅游空间是人类劳动的产物。古镇旅游空间是旅游实践活动的产物，是各种旅游流作用于古镇空间而形成的劳动成果，具体表现在以下两点：①古镇旅游空间本身具有物质空间的属性，其内部各组成部分是人类的劳动成果。古迹空间是历史上遗留下来的先人们的劳动成果，同时对其进行的修缮和保护工作又凝结了今人的劳动成果；古镇的产业空间本身就是今人按照古镇传统业态有选择性地恢复，并按照市场的需求对产业链进行的延伸，进而形成的劳动成果；同样古镇的公共空间、景观空间等也是人类的劳动成果。②古镇旅游空间的形成和发展变化也凝聚了人类的劳动成果。古镇旅游空间内部各组成部分是人类的劳动成果，决定了古镇旅游空间整体也是人类劳动成果的特征。同时，旅游空间是在相关利益相关者的共同推动下所形成的一个既是生产的又是消费的空间，旅游空间本身就是一个可供人们消费的劳动产品。

（2）古镇旅游空间具有交换价值。旅游者前往古镇进行旅游就是要购买古镇的旅游空间，通过古镇旅游空间使用权的暂时购回来与历史进行跨时空的交流，古镇旅游空间具有交换价值，即旅游者可以通过付费进行交换

---

① 许胜利. 马克思主义基本原理概论 [M]. 北京：中国党史出版社，2009.

获得。

2. 古镇旅游空间具有使用价值

古镇旅游空间的使用价值主要是针对旅游者而言的，旅游者通过购买古镇旅游空间可以激发审美情趣、教育启示、情感寄托等，也就是说旅游者购买古镇旅游空间的目的是使用，只不过古镇旅游空间的这种使用功能是通过旅游者各种感官和心理获得的体验。总之，古镇旅游空间是可以为旅游者所使用，是具有使用价值的。可见，古镇旅游空间具有价值和使用价值，是两者的有机统一体，是一种商品。

二、古镇旅游空间的独特性

（一）文化性

古镇旅游是一种文化旅游，文化性是古镇旅游空间的重要特性，具体表现在古镇旅游空间生产的文化性和空间消费的文化性两个方面。

1. 古镇旅游空间生产的文化性

古镇就是保存文物特别丰富并且有重大历史价值或者革命纪念意义的城镇、村庄,[①] 古镇的核心旅游吸引物就是保存的具有重大历史价值的文化遗产，古镇旅游空间的基础是古镇的历史文化遗产，也就是说，古镇旅游空间的生产的基础具有文化性；古镇是在旅游生产实践活动中，通过对物质类历史文化遗迹的保护、修缮、展示，对非物质类文化遗产的保护和传承，对文化资源的产业化以及产业延伸等方式实现旅游空间生产的，也就是说，古镇旅游空间生产的过程具有文化属性；古镇旅游空间这一最终旅游产品具有文化属性，即古镇向游客提供的是文化旅游产品，而不是生态旅游或者其他形态的旅游产品。从旅游空间生产的基础、过程和结果来看，文化属性是旅游空间生产与生俱来的属性。

---

① 来源于百度百科，http://baike.baidu.com/view/150766.htm。

2. 古镇旅游空间消费的文化性

古镇旅游空间的消费实质上是一种文化消费，是对物质文化空间产品以及其所表现出来的精神文化产品的消费，即消费对象是文化产品；同时古镇旅游对旅游者的文化修养也是有一定要求的，需要旅游者具备一定的历史文化知识和相关专业知识（如文物方面、考古方面、建筑方面等专业知识）。

（二）符号化

现代社会已经进入了消费社会，在消费社会中人们又对商品本身的重视转变为对商品内涵意义（符号意义）的重视，商品的功能已经从实用功能转变为名誉、地位、品位、个性等符号功能。① 因此，在现代消费社会的背景下，古镇旅游空间表现出了符号化的趋势。

1. 古镇旅游空间本身的符号化

古镇旅游空间的基础是历史文化遗产，这些遗产是历史遗留下来的并能够反映一定历史事件、历史人物的存在，但不是历史事件和历史人物本身，也就是说旅游空间赖以存在的物质基础本身就是一个符号，一个能够让旅游者去了解其"能指"背后的"所指"，② 这些历史文化遗产既可以是图像符号，也可以是指示符号和象征符号。例如通过对暖泉古镇建筑特点的解读，可以看到暖泉作为古代一个军事要塞的历史使命。暖泉古镇始建于元代，到明清时期形成了"三堡六巷十八庄"基本空间格局。暖泉自古以来便是大同地区通往壶流河盆地、进而通往华北平原的一个军事要冲。为了实现其控制一方的战略部署，统治者出于军事防御目的建立了暖泉古堡，堡墙从设计到施工都严格遵循作战需求。在建筑材料上，堡墙开始用大石围砌，中间夯实泥土，后来随着火器的发明和制砖技术的高度成熟，夯土城墙已经不足以抗御火炮的攻击，青砖在堡墙建筑上得到广泛使用；在空间结构上，堡墙内有瓮城，外有护城河，结合望台、堡门、戎楼等，俨然构成一个多重立体型防御体系。堡墙内部的街巷曲径通幽，错综

---

① ［法］皮埃尔·吉罗著. 符号学概论［M］. 怀宇译. 成都：四川人民出版社，1988.
② "能指"是符号意义指称和指向的载体，即符号的形体，"所指"是符号的意义或概念，也就是符号能指所传达的思想感情，或"意义"。符号的能指和所指的关系就是符号的形式与内容的关系。

复杂。有"干"字形、"井"字形、"丁"字形等。出于防御安全的考虑，主要街巷路窄墙高，有较强的封闭感。

2. 旅游消费的符号化

在消费社会的背景下，人们的消费由追求商品的使用价值转型商品的符号价值，即由功能型消费转向符号性消费。也就是说，古镇旅游空间的消费的目的就是在于求异，使其成为身份建构的象征。例如丽江成为游客心目中古镇旅游的圣地，成为衡量游客对古镇旅游了解多少的标尺，谁去过丽江就等于是发现了古镇的真谛。

三、农牧交错带上古镇的特殊性

堡（古镇）是一种带围墙的防御性建筑，汉武帝刘彻为防御匈奴的不断侵扰，始建堡（镇），后来逐渐成为两汉时期边塞上的主要的防卫及瞭望工事，是黄河流域农牧交错带上边塞防御系统的基层单位。①

（一）聚落选址

由于处于两大文明的交错地带，这些古堡在选址的时候往往着眼于军事上的防卫功能②，使其成为控制一方具有战略意义的据点。因此，地形复杂多变、扼守交通要道的一些要地就成了古堡选址的最佳场所。

（二）历史功能

处于农牧交错带上的古镇历来是兵家必争之地，往往是事故不断、战事频发。因战争而建的这些古堡，军事防御功能就成为其最初的历史功能。后来，随着农耕和游牧两大文明不断接触，双方由"竞立对抗为并驾齐驱"③，调和交流就成了双方接触的必然结果。作为这种接触最前沿阵地的这些古镇，就成为双方交流的中心。由于两大文明在经济上的互补性，双方交流主要表现在商业贸易方面。可见，由于文明的接触，商贸经济功能成为这些古

---

①② 刘青. 河北省蔚县暖泉镇西古堡研究 [D]. 天津：天津大学建筑学院，2005：28.
③ 张宝明. "调和"而非"折中"——李大钊文化思想摭论 [J]. 东南文化，1993（6）：13.

镇除了军事防御功能外的又一重大历史功能,甚至在和平时期超越其军事功能成为主要的历史功能。随着两大文明进一步交流融合,尤其是出于政治上戍边的考虑,大批民众由内地和草原迁徙到这些古镇,加之商业贸易的发展,居住功能的重要作用凸显出来,逐渐成为其主要功能之一。

第二节　古镇旅游空间生产的条件

一、旅游活动

古镇的旅游空间既是人们通过物质活动生产的物质性社会空间,又是反映人们思维、意识活动的精神性社会空间;既有人与人之间的交往活动,又有人与物之间的交往活动,而古镇旅游空间的形成是以旅游者前往古镇进行的旅游活动为基础。

(一)古镇旅游空间形成的物质基础

旅游活动的开展要求具备满足旅游者"食、住、行、游、购、娱、康、体、疗"的基本需求,而这些需求的满足又离不开相应的旅游基础设施和服务设施的建设。传统的古镇为人类留下了了解历史事件,还原先人生产、生活场景的宝贵遗产,但是其固有的空间及设施无法满足旅游者的需求,因此就无法形成古镇的旅游空间。

1. 旅游活动的开展完善了古镇旅游基础设施

传统古镇的基础设施建设是落后的,甚至是缺位的。主要表现如下:

(1)道路交通体系的落后或者是破坏性修建。一方面,传统古镇大多处于经济欠发达地区,即使申请了相关的保护资金,但是高额的后续保养和修缮费用,都是地方政府和社区无力承担的。例如,重庆市石柱县西沱古镇,是2003年11月国家建设部、国家文物局公布的中国第一批历史文化名镇。西沱古镇以云梯街闻名于世,云梯街全长1.25千米,占地面积375000平方米，共有 110 个台阶、1112 步石梯。① 一方面，由于保护资金不足，街面破坏较为严重，一些街巷已经不复存在。另一方面，由于国家实施"城乡统筹"，推进特色城镇化建设，出于改善民生的目的，一些传统古镇的古街、古巷受到了严重的破坏，失去了历史的价值。河北蔚县暖泉古镇的西古堡是国家级文物保护单位，② 当地政府出于改善民生，方便居民出行的目的对西古堡内的街面进行了统一的改造，由原来的青石板路改为平滑宽阔的水泥路面，破坏了古堡的历史感和文化魅力。

（2）水电设施容量的不足和环卫设施的落后。传统古镇水电的容量只能勉强满足当地居民的生活需求，无法为外来旅游者提供服务。尤其是环卫设施的严重缺位，使传统古镇成为"脏、乱、差"的代名词。开展旅游活动就意味着更多的旅游者要进入古镇，他们不但要消费古镇的文化旅游资源，更要完善基础设施为他们旅游活动的开展提供保障。为了满足旅游活动的需求，传统古镇需要引入资金，对其基础设施进行完善和提档升级。清晰、完整的道路体系和历史味道浓厚的路面街巷勾勒出了传统古镇的基本物质空间框架；完善的水电设施和优质环卫设施保证了古镇物质空间的形成和发展。

2. 旅游活动的开展形成了古镇旅游服务设施体系

旅游者从事旅游活动的主要目的是追求身心的"乐"，古镇旅游活动中这种"乐"体现在旅游者与传统历史文化心灵上的沟通，同时要求具备能够满足身体机能需求的旅游服务设施体系。这也说明了为什么未经开发的古镇虽然具有较高的历史文化价值，有的甚至是国家级的，但往往形不成大规模的旅游流，主要是由于其旅游服务设施体系的缺失或不足。这样为了不保证旅游活动的顺利开展，古镇在挖掘其历史文化价值的同时需要完善其旅游服务设施，例如住宿设施、餐饮设施、购物设施、娱乐设施、康疗设施等，而这些设施进一步完善了古镇的旅游空间。

3. 旅游活动的开展推动了古镇建筑的修缮和保护

如果说古镇的街巷是古镇物质空间的骨架，那么街巷两边的建筑就是古镇的血肉。古建的保护需要花费大量的人力和物力，尤其是后续维护工作的花费更是一笔无法估量的数字，因而容易造成古建"保而不护"的现象。旅

---

① 来源于《石柱县西沱古镇云梯阶文物价值评估报告》。
② 来源于《河北蔚县暖泉古镇旅游发展总体规划》。

游活动的开展是解决古建保护和后续维护资金的一种主要手段,同时古建的修缮和保护又是促进旅游活动发展的主要依托。

4. 旅游活动的开展拓展了古镇的生产空间

随着社会经济的发展以及带薪假期的增加,我国已由观光旅游为主迈入以休闲度假旅游为主的多元发展阶段。传统的观光旅游、文化旅游向深度方向发展,新型的生态旅游、特种旅游、康体旅游、极限旅游逐渐受到人们的青睐。旅游发展的多元化主要是由旅游需求的多元化决定的。这种多元化的需求同时也决定了当今古镇旅游的开展必须摒弃传统的单一观光旅游模式,形成以文化休闲为主的同时开展运动、会展、康体等活动,涉及酒店、餐饮、观光农业、文化创意产业等多元旅游发展模式,形成旅游产业集聚,[①]拓展古镇的旅游生产空间。

(二)古镇旅游空间形成的精神基础

旅游者在古镇进行的旅游活动所引发的精神生产活动主要有"为我"和"为他"两大类型。"为我"是旅游者对古镇旅游空间的精神反映,是通过旅游活动,自身在精神上得到的感悟和升华;"为他"是对古镇旅游空间在精神上的完善和提升,是旅游者通过旅游活动,对古镇社区和居民精神生活的影响和改变。

1. "为我"类精神生产活动是古镇历史文化遗产及其空间形态在游客意识中的反映

旅游者通过旅游活动,在思维上对古镇属性和特征进行了总体把握和理解,对古镇的历史文化遗产形成了价值判断,对古镇的空间形态形成了基本的意向概念,这些精神生产活动既可以丰富旅游者的阅历,完善旅游者的知识结构,影响旅游者的价值观念;又可以以旅游者为媒介,向其他旅游者和社会传递,形成整个社会对古镇历史文化价值及其旅游空间的整体看法。

---

① 邓冰、俞曦和吴必虎将旅游产业集聚定义为:旅游核心吸引物、旅游企业及旅游相关的支持企业和部门,彼此存在密切的经济联系,在一定地域空间内集中并协同发展旅游产业之间的集聚联系,可以是垂直和水平方向的,还可以跨越地理和行政区域,依赖于旅游产业链的所有参与者,形成单一或综合的旅游产品。

2."为他"类精神生产活动使古镇的旅游空间在精神上得以提升和拓展

出于满足旅游者"求奇、溯源"的心理需求,古镇里一些即将遗失或已经遗失的民间习俗、民间节庆、民间演绎也被保护起来或挖掘重现出来,对古镇内部的历史文化空间起到了解释和价值提升作用,例如蔚县暖泉古镇的"打树花"项目就很好地解释和拓展了古镇的商业经济空间和历史文化空间;同时,高素质的旅游者会将自己的言谈举止、礼仪习俗通过旅游活动传递给古镇当地居民,久而久之,这种积极的信号会潜移默化地影响到古镇居民的生活习惯和精神面貌,受到影响的居民会以这种全新的精神面貌面对旅游者。

二、社会交往

哈贝马斯认为:生活世界是为行为的角色创造性活动提供相互理解的可能的建构性范围的因素的总和,它作为交往行为过程本身的产生来源;构成生活世界的是一个在社会空间和历史时间中分叉开来的交往行动网络;生活世界不同于客观世界、社会世界和主观世界,它是一个完全不同的独特世界;它不是行为者与三个世界中的任何一个世界的关系,而只是行为者之间通过对三个世界的解释而达致相互理解、取得一致意见的关系。① 根据哈贝马斯的交往理论,生活空间由文化、个性和社会三部分构成。②

(1)文化。文化作为生活世界的一个子结构,起着传统储存器的功能。③ 是交往双方相互理解的"信念储存库",是指可随时动用的知识储备,在该储备中,交往的参与者,当他们对属于某一个世界的事物相互交换看法时,最大限度地做出他们的解释。④ 旅游地的居民由于要参与旅游实践活动或者是受到旅游实践活动的影响,因此他们既要接受家庭的文化和思想,又要受到外来新事物和新思想的影响。

(2)个性,即旅游地的居民,个性是主观世界的组成部分,同时也是生活世界的结构,是主体由以获得言语和行动的功能的那种能力和资格,强调了生活空间参与者的主体的内在条件。⑤

(3)社会。家就是交往理论中的社会、合法秩序,是指由普遍的规范组成

---

①②③④⑤ [德]哈贝马斯. 交往行为理论[M]. 上海:上海人民出版社,2004.

的社会秩序（社会世界），是一种人际关系的总和，规范是它的主要内容，①由于旅游实践活动的影响，他们的这些规范和秩序已经发生了一些变化。

这样旅游空间就成为接受家庭文化和外来新思想的旅游地居民在因旅游实践活动而改变了的家庭规范和秩序的影响下的生活空间。旅游空间就是旅游者、当地居民的旅游生活空间，由旅游生产实践活动和消费实践活动构成的旅游实践是以交往为纽带所从事的改变旅游空间的活动，旅游空间的存在和发展是以旅游者与旅游地和当地居民交往为前提的，交往性是旅游空间的主要特征。

第三节　古镇旅游空间生产的基础

国内的学者对旅游资源的研究主要集中在对其概念、分类、价值评定和具体开发等方面，本书主要从古镇物质旅游资源和精神旅游资源两个角度对古镇旅游资源进行整体概述，并对其在古镇空间生产中的基础作用进行探讨。

一、古镇物质类旅游资源

（一）概念

古镇物质类旅游资源就是指在古镇中或由古镇所引发的周边区域内在历史上所发生和留存下来的，并能作为吸引旅游者来访依据的一切物质形态的空间实践都可以成为古镇的物质旅游资源。② 可以看出，以"古镇""物质"和"旅游"为关键词，从区域界定、形态属性和价值功能三个角度来界定古镇物质旅游资源这一概念的。

1. "古镇"突出了空间属性

这里研究的旅游资源是古镇中的旅游资源，是以古镇这个空间为依托所

---

① ［德］哈贝马斯. 交往行为理论［M］. 上海：上海人民出版社，2004.
② 来源于百度百科，http：//baike.baidu.com/view/150766.htm。

形成的空间实践，古镇界定了它形成、发展和变化的具体范围，也就是说古镇旅游资源是在古镇中以及以古镇为核心的周边范围内历史上所发生和现实中留存下来的空间实践都有可能成为古镇的旅游资源。

2. "物质"体现了形态属性

也就是说，这里研究的古镇旅游资源是能够看得着、摸得着的，是旅游者通过感官直接可以感知的，是以物质形态所呈现出来的旅游资源。

3. "旅游"强调了它的功能属性

资源的功能属性首先强调的是"为谁服务"，同一资源形态由于服务对象的不同，其价值被认可的程度有明显的不同。古镇的物质旅游资源是为古镇旅游者服务并被他们所认可的以物质形态表现出来的古镇资源，也就是说只有那些为旅游者服务并被认可的资源才能是古镇的旅游资源。

（二）特征

1. 实体性

古镇物质旅游资源是通过一定的实物形态表现出来的，例如历史建筑、文化景观、文化小品等具体实物形态，这一特性决定了它们是古镇旅游资源的基础和古镇旅游空间形成的骨架。

2. 文化性

首先，古镇本身就是一个文化综合体。古镇中的建筑是中国传统建筑文化的集中体现，古镇中的商铺和特产又是我国传统商业文化的集中展示，可以说古镇集中了中国现今能够看到的最为杰出的传统文化展示实体。

其次，古镇的形成、发展和变化本身就是在文化影响下的一个动态的过程。例如暖泉古镇就是统治者为了保证京西安全而修建的一个军事堡垒，其遗留下来的城门、城墙、地道等实体形态基本能够反映出来当时军事思想和防御理念，[①] 后来扩大的商业街巷则又成为京西商业文化的展示空间。

最后，从旅游者的动机出发，古镇所反映出来的原真性的传统文化是旅游者前往古镇旅游的根本动力。

---

① 罗德胤. 蔚县古堡 [M]. 北京：清华大学出版社，2007.

3. 唯一性

古镇物质旅游资源的文化性和实体性决定了其的唯一性，实体的旅游资源是历史上形成并留存下来的文化遗产，是不可被复制和重建的，同时这些实物遗存本身又是对其发生和发展地域文化的集中体现，这就决定了其存在的历史性、时间性，因此，古镇物质旅游资源是具有唯一特定的。

4. 地域性

古镇作为一个存在实体不但要受到当时时代条件的限制，同时也要受到地域环境、气候、风俗等影响，体现出地域的特性，正是由于其地域性，我们才在前文有了对古镇按地域特性进行分类的可能。

5. 空间性

古镇物质旅游资源在古镇空间的位置并不仅是一种简单的构图游戏，背后蕴含着某种含义，与其历史、传统、文化、民族等一系列主题密切相关，具有深刻的空间特性。

（三）类别

本书根据古镇物质旅游资源表现形式将其分化为三个类别：以建筑形式出现的建筑类物质旅游资源、以文化遗址形式出现的遗址类物质旅游资源、以自然和人文景观形式出现的景观类物质旅游资源。

1. 古镇建筑类物质旅游资源

古镇的这类物资旅游资源具体涉及①居住建筑，例如民居及其建筑元素①、宫殿及其建筑元素、书院、会馆、商铺、作坊等单体形态和群落、街巷等符合形态两类；②辅助类建筑，例如桥梁、塔、城池、石窟等；③归葬类建筑，例如陵墓、塔林等。

2. 古镇遗址类物质旅游资源

这类物质旅游资源主要是由历史上在古镇中或因其引起的社会经济文化活动所留下来的遗址遗迹。①例如能够反映古镇商业经济活动，但后来被废弃了的古作坊遗址、古商铺遗址和古街区遗址等；②能够反映发生在古镇及

---

① 根据《中国古建筑图解词典》一书，中国传统古建的建筑元素主要包括了台基、柱子、栏杆、梁架、斗拱、雀替、瓦当、屋顶、墙壁、铺地、天花、门窗、匾额、对联、彩画、家具、室内隔断十七个部分。

其周边军事活动,并被废弃了的古战场、废城池等;③能够反映古镇社会生活状况的,并被废弃的聚落遗址和生产生活场景;④还有反映古镇精神文化的废弃寺庙、书院等。

3. 古镇景观类物质旅游资源

古镇景观类物质旅游资源从构成景观主体形成的特点可以划分为自然景观类物质旅游资源和人文景观类物质旅游资源。

(1) 人文景观类物质旅游资源是指构成景观的主体是在人文因素的直接作用下形成并反映了人们价值观的景观资源,主要涉及小品、设施和场所三个部分。[①] ①其中文化小品类景观主要是对古镇建筑的辅助和点缀,起到美化古镇空间环境的作用,例如雕塑、牌坊、亭台、水榭等;②生活服务类景观是出于方便古镇居民生活生产需求的目的而建设,并能够反映古镇所在地域生产生活水平的辅助设施,例如古井、古水利设施、古代集市、栈道等;③精神寄托场所类景观主要是方便古镇居民精神文化活动的场所类景观,主要有戏台、广场等场所空间。

(2) 自然景观类物质资源主要是指构成景观的主体虽然也有人为的因素,但是其主导作用的是自然因素,主要包括了古镇内部及其周边的山、水、田、园等以自然形态存在的景观类旅游资源,它们往往是构成古镇天际线的主体。

二、古镇精神类旅游资源

(一) 概念

古镇精神类旅游资源主要是指古镇在形成、发展演变的过程中所体现出来的精神特质和精神内涵。这种精神特质和内涵的形成,首先,是一个动态的过程,是随着古镇社会经济文化的变化而发展演变的,例如暖泉古镇的精神内涵即"农耕和游牧文化之间的冲突、交流和融合"就是一个动态的发展过程;其次,这种特质和精神内涵不是脱离物质实体而独立存在的,而是和古镇物质类旅游资源相辅相成的。古镇物质类旅游资源是古镇精神类旅游资

---

① 来源于百度百科,http://baike.baidu.com/view/164271.htm。

源形成的基础，也是其表现和发挥精神功能的主要依托；同时古镇精神类旅游资源又指导古镇物质类旅游资源的建设和发展，并赋予了它们独特的文化内涵。用一句话来总结就是，古镇由于其物质类旅游资源及其空间形态而成为"镇"，由于其精神类旅游资源赋予的内涵而成为"古"，古镇是两者的辩证统一体。

（二）特征

1. 整体性

这主要是从古镇精神类旅游资源和物质类旅游资源之间关系的角度来讲的，通过上面的论述，我们知道两者是辩证统一的，精神类旅游资源离不开物质实体这个场所空间，是要与这个场所空间合二为一，形成一个有机统一的整体才能发挥出它的价值和功能。这是基于精神类旅游资源的这一特点，作为其主要组成部分的非物质文化遗产强调"区域性整体保护"① 这一概念。

2. 传承性

通过对古镇精神类旅游资源概念的辨析，得知这类旅游资源是一个动态的过程传承下来的，而这种传承不仅仅是简单的传递，而是以一种"活态"的形式传承下来。我们知道古镇与博物馆的根本区别在于古镇是"活的"，这主要体现在古镇是通过"活的"形式来向游客展示旅游资源的，游客通过参与当地居民鲜活的生产、生活场景来理解古镇物质形态背后的精神内涵，而不是仅仅依靠视觉和听觉对被动地接受。②

3. 多元性

古镇精神类旅游资源的第三个特征就是体现在它的多元性。古镇首先是人们的一个生产生活的场所，正是基于这一点，才使古镇在其形成和发展的过程中受到人们所固有的各种思想和文化的影响，最终使古镇成为一个集地域文

---

① "整体性保护"的原则和方法最早是在1975年欧洲建筑遗产年的阿姆斯特丹大会中提出的，当时主要是针对建筑遗产的保护。随后《华盛顿宪章》又明确了对历史城镇和其他历史城区的整体性保护。整体性保护概念的核心思想是：既是对遗产本身的保护，又是对遗产存在环境的保护；既是对物质遗产的保护，又是对非物质遗产的保护。我国最早应用这一概念主要是在物质文化遗产的保护的领域里，将其和"原真性"作为物质文化遗产保护的最重要的两个原则。区域性整体保护的概念主要是在2011年年初通过的《中华人民共和国非物质文化遗产法》中明确提出的，这里的区域主要是对非物质文化遗产代表性项目集中、特色鲜明、形式和内涵保持完整的特定区域。

② 这一点恰好是我们在古镇旅游规划的过程中坚决反对"空心化"的原因所在。

化、建筑文化、礼制文化和民俗文化等于一体的多元文化集中展示地。

(三) 类别

古镇精神类旅游资源根据其反映内容的不同,可以划分为传统文化类精神旅游资源、地域文化类精神旅游资源和历史类精神旅游资源三个大类。

1. 传统文化类精神旅游资源

这类旅游资源主要是指能够反映我国传统文化中一些精髓的精神类旅游资源,是一般古镇精神类旅游资源的共性,主要表现在建筑及其空间方面的风水学思想和传统礼制观念。

(1) 风水学。风水学,古称堪舆,堪为天道,舆为地道,堪舆就是研究天地之间的事情。① 风水学对古镇旅游空间的形成有重要影响作用,例如蔚县暖泉古镇整体呈现出依山傍水、坐北朝南的背靠凉山、面临壶流河,北高南低,整个古镇空间从北向南逐步形成。我国传统的风水学主要思想有:

1) 分水学地理五诀。②

传统风水学中的地理五诀就是指龙、砂、水、穴、向。①龙,即大环境的地理形势,主要表现在山脉的走势。相对应的活动是"觅龙",即考察山脉的走向、形态、结构;②砂,统指前后左右环抱吉地的群山,相对应的活动是"察砂",即对吉地周边群山的总体判断,根据与吉地的方位关系,砂可以具体分为青龙(吉地左边)、白虎(吉地右边)、朱雀(吉地前边)、玄武(吉地后边)等;③水,吉地周边的水域。相对应的活动为"观水",即对水的考察,涉及对水源、水势和水质的考察;④穴,要选址的吉地。相对应的活动是"点穴",即寻找吉地的过程;⑤向,主要是气流。相对应的活动是"立向",确定"坐与向"通常简称叫"立向",③ 也就是令生气"聚之使不散"的手段和方法。

---

① 来源于百度百科,http://baike.baidu.com/view/187940.htm。
② 转引自http://www.fushantang.com/1012/c/j0019.html。
③ 郭璞在《葬经》中说:"气行于地中。其行也,因地之势。其聚也,因势之止。古人聚之使不散,行之使有止,故谓之风水。"

2)风水学基本原则。

依山傍水原则。依山傍水一词最早出现在宋代叶适的《安集两淮申省状》中,"奔进渡江求活者几二十万家,而依山傍水相保聚以自固者亦几二十万家。"也就是说,位置靠近山岭和水流;坐北朝南原则。最早是出于避免西北风的考虑,后来成为建筑选择、确定方位的原则;适中居中原则。该原则强调的是平衡和居中,"室大则多阴,台高则多阳,多阴则蹶,多阳则接,此阴阳不适之患也"①;顺乘生气原则。风水学认为气是万物本源,顺乘生气就是有利于空气流通。

(2)传统礼制观念。如表3-3所示,《考工记》中的"营国制度"②"象天法地"③ 原则和传统建筑礼制对我国古镇的建设产生了重大影响。例如其中"举折之法""左祖右社""中轴对称"等原则直接影响了我国古代建筑的形制、位置、空间、结构等,同时这些传统礼制对于古镇整体的空间结构也有较大的影响。

表3-3 相关的传统建筑礼制(部分)

重要代表	基本思想
营国制度	方九里,旁三门。国中九经九纬,经涂九轨。左祖右社,面朝后市
象天法地	观天象,看风水,相其地,体现天人合一的思想
营造法式	宋李诚著,全书三十四卷,具体探讨了壕寨制度、石作制度、大木作制度、小木作制度、瓦作制度、彩画作制度等,其中大木作制作为全书最重要部分;同时该书也探讨了建筑工程的预算,提出了工程预算的制度—定额—比类增减三步法
工程做法则例	雍正十二年清代工部制作,全书七十四卷,具体从材之减高、柱径柱高之规定、以斗拱攒数定修广、角柱不生起、梁断面之加宽、举架等方面提出了相应的建筑原则

---

① 出自战国时期吕不韦的《吕氏春秋》。

② 《考工记·匠人营国》载:"匠人营国,方九里,旁三门。国中九经九纬,经涂九轨,左祖右社,面朝后市,市朝一夫。"

③ 《周易·系辞下》中有云:"古者包牺氏之王天下也,仰则观象于天,俯则观法于地;观鸟兽之文与地之宜;近取诸身,远取诸物,于是始作八卦,以通神明之德,以类万物之情。"

续表

重要代表	基本思想
隋唐礼制	中轴对称、里坊制度，官宦私宅制度；王公之居不施重拱藻井。三品堂五间九架，门三间五架；五品堂五间七架，门三间两架；六品七品堂三间五架，庶人四架，而门皆一间两架；贫民小居：三间两柱，二室四橺

2. 地域文化类精神旅游资源

如表3-4所示，地域文化类精神旅游资源主要是通过古镇反映出来的，具有地域特征的文化类旅游资源，涉及古镇及其周边区域民俗、传统、习惯等日常生产生活的各个方面。

表3-4　地域文化类精神旅游资源类别及其主要表现

类别	主要表现
风俗类	饮食文化；婚丧嫁娶类文化；居住文化；岁时节庆；家庭礼仪、家族礼仪、邻里礼仪、书院礼仪等
制度类	行规；不成文的镇规、家规；日常生产生活所必须遵守的基本规范等
信仰类	祖先朝拜、宗教信仰等
技能类	主要表现为传统的手工艺技能
语言类	地方方言文化；口头文学
表演类	传统艺术、戏曲等

3. 历史类精神旅游资源

历史类精神旅游资源主要是通过古镇物质形态资源所反映出来的重要历史事件、历史人物以及历史故事等精神文化旅游资源，是古镇精神文化旅游资源的基础和主体。

（1）历史类精神旅游资源客观记载了古镇的发展历史。我们知道构成一个历史事实的主要组成部分是历史人物、历史时间和历史地点，同时三者通过一定的线索串联起来就形成了一个完整的历史事实。同样，作为一个既成的历史事实，我们现在去研究古镇的形成和发展变化，也需要通过一定的线索将我们能够看到的古镇物质形态资源串联起来，这一线索就是古镇的历史文化，通过对其准确把握，就能够理顺古镇的历史发展脉络。

（2）历史类精神旅游资源能够对其他两类精神旅游资源做出科学的解释。由于古镇受到传统文化和地域文化的影响，往往在发展演变的过程中会出现一些不同寻常的变化，使我们无法对其准确理解，这样就会影响到对古镇其他两类精神旅游资源的客观评价。而历史类精神旅游资源则可以从历史发展的过程中为我们找到满意的答案。

（3）历史类精神旅游资源是古镇旅游发展形象定位的主要依据。历史类旅游资源能够使我们对古镇的发展脉络做出准确的判断，并能够很好地解释其他两类精神旅游资源，因此，在现实的旅游开发过程中，它往往成为规划者对古镇进行解读的"钥匙"。

三、古镇空间生产的基础

文化遗产是古镇旅游资源的核心和基础，因此通过文化遗产在古镇旅游空间生产中的作用来探讨旅游资源在古镇旅游空间生产中的基础作用。文化遗产可以分为有形的文化遗产和无形的文化遗产。根据《保护世界文化和自然遗产公约》[①]有形的文化遗产即物质文化遗产包括历史文物、历史建筑、人类文化遗址，根据《保护非物质文化遗产公约》[②]无形的文化遗产即非物质文化遗产是指"被各群体、团体、有时为个人视为其文化遗产的各种实践、表演、表现形式、知识和技能及其有关的工具、实物、工艺品和文化场所"。

（一）物质文化遗产构成了古镇的基本机理

空间机理具体而言包含了空间的形态、质感色彩、道路网络、建筑形态、建筑尺度以及组合方式，从空间的角度而言涉及点、线、面三个层面。其中"点"的层面涉及建筑尺度、形态、质感色彩，"线"的层面涉及道路网络，"面"的层面涉及空间形态以及点线组合方式。古镇物质文

---

① 联合国教科文组织在1972年召开的第十六届会议上决定制定并通过了该公约。
② 联合国教科文组织在2003年召开的第三十二届会议上决定制定并通过了该公约。

化遗产所涉及的文物古建、历史街区以及由他们按照既有方式组合而成的古镇空间恰好勾勒出了古镇的基本空间机理。具体而言，古镇空间机理的"点"主要表现为传统民居、作坊、寺庙、广场、标志物等物质文化遗产，①"线"表现为街巷和城墙等线性物质文化遗产，"面"表现为整体的空间布局形式。这种点线面三位一体的空间机理成为古镇旅游空间形成和发展变化的前提条件。河北蔚县暖泉古镇②的空间机理就是一个典型的例子。

1. "点"主要表现为古民居、古商铺、古寺庙、古书院

在暖泉镇传统民居中，根据单体之间的围合情况，可以分为三合院、四合院等，根据院落与院落之间的组合情况，可以分为独院式、多进院落以及连环套院等，典型的代表就是董舒知县院、张邦奇故居、董汝翠东西楼房院、刘徽典举人院、九连环院；暖泉把持着南来北往、东奔西走的交通要道，是古代的一处重要的商贸交通枢纽，油坊、钱庄、青砂器店、洗染店、皮毛作坊、铁匠铺、铜匠铺、豆腐坊、古董铺等保存至今；暖泉街市的另一特点是庙宇多，现存白衣庵（观音庙）、天主教堂、魁星楼、灵侯庙、财神庙、观音庙、安养寺、观音殿、地藏寺、老君观、关帝庙（待修复）、华严寺（待修复）等15座；同时还有元代工部尚书王敏的书院一处。

2. "线"主要表现为街巷

古堡墙内部的街巷曲径通幽，错综复杂，有"干"字形、"井"字形、"丁"字形等，出于防御安全的考虑，主要街巷路窄墙高，有较强的封闭感；出于商业贸易的需求，街市相对较宽，两旁店铺林立，交通便捷；基于居住考虑，街巷布局遵循五行、天人合一等古代哲学思想。

---

① 这里主要是指不可移动文物。
② 暖泉位于河北蔚县和山西广灵县交界处的壶流河畔，始建于元代，到明清时期形成了"三堡六巷十八庄"基本空间格局。自古以来就是京西燕京古道上的军事、商贸、文化重镇。暖泉，因《蔚州志·渠道图》中记载："出城西三十里暖泉堡中，泉之源以石瓮分东西流。其水澄清如鉴，三冬不冻，故云"，故世人称为暖泉。

3. "面"主要是由"点"和"线"构成的三堡、六巷、十八庄的空间布局①

（1）三堡。②建造年代最早的北关堡为古代驻军屯兵之地，坚固的堡墙、庄严的歇山顶门楼、大堡套小堡复杂的双层防线、遍布堡内的古粮仓、古地道，无不彰显出一种威严的军事气息。后来又陆续修建了西古堡和中小堡，这样三堡互为犄角，构成了暖泉的基本军事防御体系。

（2）六巷。③既是古时将暖泉各个部分有机联系起来的交通动脉，也是商业的主要活动空间。由于暖泉是从山西广灵通往蔚县的必经之地，自古以来，从广灵的方向过来的商队，源源不断地从"西券门"进入暖泉集市，草原来的皮货、马匹和中原地区的日常生活用品在这里进行交易。绝佳的交通区位，使暖泉古镇很快成为蔚县西部最重要的商业中心。

（3）十八庄。④高度发达的商业和良好的居住环境，使暖泉古镇成为蔚县西部各个民族诗意的栖息之地。

（二）非物质文化遗产进一步解释和完善了古镇的空间机理

非物质文化遗产与物质文化遗产是相互依存、相互联系的，一方面非物质文化遗产是对物质文化遗产在精神层面的解释，物质文化遗产内在的历史文化底蕴通过非物质文化遗产表现出来；另一方面，由于非物质文化遗产需要依托一定的场所展示出来，被赋予了文化内涵的场所在客观上补充和完善了由物质文化遗产所构成的空间机理。暖泉古镇的"打树花"项目就是一个

---

① 另外有"一泉、二街、三堡、五市、六巷、十八庄"说法，见网络资料"蔚州吧"（http://tieba.baidu.com/p/541197452）。一泉：古镇中心的暖泉；二街：上街、下街；三堡：北官堡、西古堡、中小堡；五市：粮市、草市、煤市、麻杆市、东市；六巷：常家巷、皮坊巷、中小巷、油坊巷、乡绅巷、小巷；十八庄：太平庄、西台庄、德胜庄、永盛庄、永安庄、福隆庄、福德庄、福盛庄、东辛庄、西辛庄、永泉庄、东风水庄、西风水庄、东瓦窑庄、西瓦窑庄、西场庄、北台庄、花园庄。

② 即西古堡、中小堡和北官堡。

③ 即常家巷、皮坊巷、柳巷、油坊巷、乡绅巷、小巷。

④ 即太平庄、西台庄、德胜庄、永盛庄、永安庄、福隆庄、福德庄、福盛庄、东辛庄、西辛庄、永泉庄、东风水庄、西风水庄、东瓦窑庄、西瓦窑庄、西场庄、北台庄、花园庄。

典型的代表。作为非物质文化遗产的"打树花"① 项目主要表现出了三个主题"反抗外地—安居—乐业",而这恰好是位于北方农牧交错带上暖泉古镇历史文化发展的缩影。

处于农牧交错带上的古堡历来是兵家必争之地,往往是事故不断、战事频发。因战争而建的这些古堡,军事防御功能就成为其最初的历史功能,暖泉古镇的北官堡就是一个典型的军事古堡;后来,随着农耕和游牧两大文明不断接触,双方由"竞立对抗为并驾齐驱",调和交流就成了双方接触的必然结果。作为这种接触最前沿阵地的这些古堡,就成为双方交流的中心。由于两大文明在经济上的互补性,双方交流主要表现在商业贸易方面。可见,由于文明的接触,商贸经济功能成为这些古堡除军事防御功能外的又一重大历史功能,甚至在和平时期超越其军事功能成为主要的历史功能;随着两大文明进一步交流融合,尤其是出于政治上戍边的考虑,大批民众由内地和草原迁徙到这些古堡,加之商业贸易的发展,居住功能的重要作用突显出来,逐渐成为其主要功能之一。

第四节　本章小结

古镇旅游空间作为社会空间的一种具体表现形式,既有一般社会空间的特征,例如空间的实践性、二重性、流动性、多样性、城市化、商品化等特征,同时又具有自身的独特性,例如旅游空间的文化性和空间的符号化等特征。作为本书主要研究对象的农牧交错带上的古镇由于地理和文化区位独特性,使它们与一般古镇的旅游空间又有所不同,主要表现在聚落选址和历史功能上,由于处于两大文明的交错地带,地形复杂多变、扼守交通要道的一些要地就成了农牧交错带上古镇选址的最佳场所。同时由于两大文明之间的冲突、交流和融合使这些古镇在历史功能上表现出历史性和综合性的特征,即由最初的军事古镇随着两大文化之间的交流逐步向军事和商贸结合型古镇转变,后来在文明之间融合的前提下,居住的功能又凸显出来,因而这些古

---

① "打树花"至今已有300余年历史,是用熔化的铁水泼洒到古城墙上,迸溅形成万朵火花,因犹如枝繁叶茂的树冠而称为"树花",作为一项古老技艺,现已成为河北"省级非物质文化遗产",2010年的央视元宵晚会直播了这一"火树金花"的盛况,更使"打树花"表演名声大振。

镇成为住、商、防一体的综合性古镇。

旅游活动是古镇旅游空间形成的基础，古镇的旅游空间既是人们通过物质活动生产的物质性社会空间，又是反映人们思维、意识活动的精神性社会空间；既有人与人之间的交往活动，又有人与物之间的交往活动，而古镇旅游空间的形成是以旅游者前往古镇进行的旅游活动为基础；旅游空间就是旅游者、当地居民的旅游生活空间，由旅游生产和消费构成的旅游实践活动是以交往为纽带旅游者和当地居民所从事的改变旅游空间的活动，旅游空间的存在和发展是以旅游者与旅游地和当地居民交往为前提的，交往性是旅游空间的主要特征。

现存的和历史上曾经发生的一切物质的和非物质的文明成果，只要是能够用来进行旅游开发的，为旅游者提供服务的，都可以称为古镇旅游资源，而这些资源恰好是古镇空间生产的前提和基础，因此古镇的旅游资源构成了古镇空间的实践。文化遗产是古镇旅游资源的核心和基础，物质文化遗产构成了古镇的空间机理，非物质文化遗产进一步解释和完善了古镇空间机理，古镇旅游资源在空间生产中的基础作用主要是通过文化遗产表现出来的。

第四章 古镇旅游空间生产的动力

根据空间生产理论，空间的表征本质上是一个概念化和抽象的空间，是处于强势地位的主导者、规划者意识形态中的空间，① 是空间生产的动力所在，具体表现为权力和资本所用者对空间生产的推动作用。

旅游产品的独特性即生产与消费的统一性决定了旅游产品只能将旅游者吸引来旅游产品所在地，才能实现产品的交易，同时旅游产品的主体消费群体往往又不是产品所在地，这就使作为旅游产品的古镇旅游空间与传统的城市空间有了明显的区别，传统城市空间的主体消费者是城市市民，而古镇旅游空间的消费者则是外来旅游者，这样能否满足旅游者的需求，并将其吸引来成为古镇旅游空间生产的重中之重。可见，由具体旅游者所构成的旅游需求市场也成为古镇旅游空间生产的主要推动者。

同时古镇旅游空间本身又是当时居民的生活空间，同时原真性的生活空间恰恰又是吸引旅游者前来的主要原因，考虑社区的意见也成为古镇在旅游空间生产中必须重视的问题。因此与城市空间生产不一致的是古镇旅游空间的表征就是资本、权力、社区和市场四者意志的集中体现，古镇空间生产是上述四者在博弈中进行的。

---

① Henri Lefebvre. The Production of Space ［M］. Translated by Donald Nicholson-Smith. Oxford UK：Blackwell Ltd.，1991.

第一节　空间生产的动力

如表 4-1 所示，推动古镇旅游空间生产的动力是资本、权力、社区和市场。四者的对古镇空间生产的态度及其变化，直接决定了古镇旅游空间的生态、发展和演变。

表 4-1　市场、权力、资本、社区对旅游空间发展变化的影响①

市场	政策	资本	社区	旅游空间
GDP：1000 美元 旅游类型：观光旅游 旅游方式：团队	《关于加强旅游业管理的若干意见》（国务院 8 号文件，1991年）、《关于积极发展国内旅游业的意见》（国家旅游局，1993年）	门票	不关心	初级旅游资源占有 典型代表：故宫
GDP：2000 美元 旅游类型：观光为主 旅游方式：团队为主，散客比例增加	《关于进一步做好假日旅游工作的若干意见》（2000 年）、《关于进一步加快发展旅游业的通知》（国务院 9 号文件，2001）	旅游要素价值	经济动力	单一文化主题 典型代表：西递、宏村
GDP：3000 美元 旅游类型：休闲旅游 旅游方式：散客、家庭自助式、自驾游比例增加	《2004~2010 全国红色旅游发展规划纲要》（中共中央办公厅、国务院办公厅联合发布，2004年）、《国家旅游局、农业部关于大力推进全国乡村旅游发展的通知》（国家旅游局、农业部联合发文，2007 年）	产业价值	社区参与	区域综合型：容纳大量旅客的设施和供大型企业举行活动的场所 典型代表：乌镇、丽江

---

① 资料根据国务院、文化部、国家旅游局等相关政府网站整理。

续表

市场	政策	资本	社区	旅游空间
GDP：5000美元 旅游类型：休闲度假 旅游方式：日益增强并多样化休闲度假需求和消费能力	《国务院关于加快发展旅游业的意见》（国务院，2008） 《国家"十二五"时期文化改革发展规划纲要》（中共中央办公厅、国务院办公厅印发，2012年） 《"十二五"时期文化产业倍增计划》（文化部，2012年）	文化价值	文化自觉	社区型：体现人与自然的全面整合与交流，强调游客的参与性、互动性；打破传统的景区概念，把旅游休闲的功能分散到社区的每个角落，从而组合观光、休闲、度假、会展、运动、娱乐、养生、教育、居住等不同功能，共同组成一个配套完善、个性鲜明的旅居结合的旅游社区

一、资本

列斐伏尔[①]认为，空间是资本赖以生存的基础，资本通过空间获得重生、增值。德勒兹认为："资本主义为什么不断地一方面要把它非区域化了的东西重新区域化，另一方面又使之非区域化。"[②] 古镇旅游开发本质上就是资本按照能够便于其流通和增值的空间模式来改造古镇的空间，并在改造的过程中扮演着双重属性，它既是改造的工具又是改造的目的，即资本在改造古镇空间的过程中既要投资（工具）又要增值（目的）。资本是通过改造古镇的物质空间和精神空间来推动古镇的旅游空间的形成和发展变化的。

（一）资本通过三重循环推动古镇旅游物质空间形成和发展变化

1. 资本流向古镇后首先向古镇旅游生产资料和旅游消费资料的生产性投入，形成古镇旅游生产和消费空间

按照哈维的资本三重循环理论，资本通过第一重循环向一般生产资料和

---

① Henri Lefebvre. The Production of Space [M]. Translated by Donald Nicholson-Smith. Oxford UK：Blackwell Ltd.，1991.

② 王民安. 空间生产的政治经济学 [J]. 国外理论动态，2006（1）.

消费资料的生产性投入,主要构成生产与消费空间。① 古镇的旅游生产资料就是指古镇从事旅游活动所应该具备的一切物质条件,即旅游劳动资料和劳动对象的总和。在古镇的旅游活动中,旅游劳动对象主要是指古镇的历史文化遗产和其依存的环境以及由它们所构成的空间机理,资本投向旅游劳动资料就是要对古镇的历史文化遗产和空间机理进行保护和修缮;由于旅游的特殊性使旅游劳动资料既不是工具也不是厂房,而是旅游服务以及决定服务资料的技能,而服务技能又内化于旅游服务人员之中,因此,旅游劳动资料的生产就是对旅游服务人员的培训。

旅游消费资料主要是指满足旅游者和当地居民从事旅游活动所需要的旅游生活服务设施,例如餐饮设施、住宿设施、购物设施等基本旅游消费设施。

2. 资本流向古镇经过第一重循环后向古镇旅游生产性和旅游消费性物质环境投入

资本通过第二重循环转向对城市建设环境的投入,包括生产性和消费性物质环境的投入。② 古镇旅游生产性和旅游消费性环境主要是指能够保证旅游生产活动和旅游消费活动正常开展的物质环境设施,主要涉及古镇的旅游基础设施建设,古镇内部景观体系(包括夜景)美化和优化,满足旅游者高层次消费需求的旅游高端接待设施等,补充和完善了古镇旅游物质空间。

3. 资本在古镇最后流向社会性花费

资本的第三循环是资本向社会性花费(教育、卫生、福利等方面)的投入,③ 即资本流向古镇经过前两次循环以后投向社区建设、民生工程方面,使古镇原著居民生活环境得到改善,同时社区环境的建设,将会吸引更多的旅游者参与古镇的社区活动,这也在客观上拓展了古镇的旅游空间。

---

①②③ [美] 戴维·哈维. 后现代的状况对文化变迁之缘起的探究网 [M]. 北京:商务印书馆,2003.

(二)资本推动了古镇旅游精神空间的发展变化

(1) 资本推动了古镇居民文化修养的变化。资本通过第一重循环投向古镇的旅游劳动资料,即对旅游服务人员的培训,在客观上有利于当地居民的文化知识水平提高,文化素质的提升;同时在第三重循环中投入教育方面,直接推动了当地的教育水平的发展,增强居民的文化修养。

(2) 资本在古镇空间中的第二重和第三重循环构成了古镇的环境空间,例如古镇休闲广场的修建、文化活动中心的新建、夜间照明系统的完善、宗教祭祀场所的修缮等,为社区的文化活动和居民的精神生活提供了物质空间基础。河北蔚县暖泉古镇通过引入河北旅游投资集团的资本,复建国家级文物保护单位华严寺的天王殿、山门、观音庵,恢复原寺庙范围和中轴线布局,砌筑围墙,作为宗教活动场所,提升古镇文化氛围。同时优化佛镜环境,改善水质,佛镜周边修筑碑廊,将拆除粮库建筑后清理出的残碑整理修复,展陈在碑廊中。

二、市场

(一)国内旅游市场是古镇旅游空间形成和发展变化的大背景

表 4-2 2002 年、2004 年、2006 年五省会城市城镇居民出游情况统计数据[①]

单位:%

年份	城市	出游目的							
		观光游览	探亲访友	商务	公务会议	度假休闲	宗教/朝拜	文体科技交流	其他
2002	北京	39.7	23.5	0.8	4.5	27.1	0.1	1.6	2.7
	广州	66.0	16.6	—	1.9	7.8	4.9	1.6	1.2

---

① 表 4-1 和表 4-2 数据来源于相关年份的《中国旅游统计年鉴》。

续表

年份	城市	出游目的							
		观光游览	探亲访友	商务	公务会议	度假休闲	宗教/朝拜	文体科技交流	其他
2002	杭州	40.4	27.1	5.5	12.3	5.5	1.5	1.2	6.5
	成都	46.3	15.5	1.0	2.5	27.7	1.5	0.7	4.8
	西宁	27.1	38.9	1.6	6.7	13.5	—	8.4	3.8
2004	北京	46.9	12.2	1.5	5.8	30.7	0.2	1.2	1.5
	广州	67.9	10.2	0.5	1.3	15.6	1.3	1.9	1.3
	杭州	45.5	34.4	3.2	7.7	3.5	—	2.0	3.7
	成都	19.3	21.0	2.9	4.9	50.8	0.1	0.1	0.9
	西宁	23.0	25.6	2.5	7.6	23.0	—	2.5	15.8
2006	北京	53.0	14.5	0.9	1.9	26.5	0.3	2.0	0.5
	广州	60.5	13.1	0.1	0.5	23.3	0.7	1.3	0.1
	杭州	41.8	34.2	1.2	7.2	10.6	0.6	0.9	3.3
	成都	41.2	18.8	1.6	7.7	25.7	0.2	3.7	0.7
	西宁	15.8	21.4	2.9	1.8	48.7	0.3	—	8.8

表 4-3 2008 年、2009 年、2010 年五省会城市城镇居民出游情况统计

单位：%

年份	城市	出游目的					
		观光旅游	休闲度假	商务出差	探亲访友	健康疗养	其他
2008	北京	36.7	30.8	3.3	26.0	0.5	2.8
	广州	29.9	26.1	2.2	39.6	0.1	2.1
	杭州	36.0	17.2	5.0	37.3	0.6	3.9
	成都	24.2	41.9	2.0	22.5	0.8	8.6
	西宁	10.3	44.4	8.7	28.3	0.2	8.2
2009	北京	38.1	28.5	3.5	26.4	0.8	2.7
	广州	35.9	30.8	2.1	28.4	0.3	2.5
	杭州	34.0	13.3	5.4	44.7	2.2	0.4
	成都	24.9	38.0	1.7	26.5	0.3	8.5
	西宁	18.9	38.4	2.5	29.3	2.8	8.1
2010	北京	41.2	25.4	5.3	25.7	0.8	1.6
	广州	35	35.5	1.5	25.5	0.7	1.9
	杭州	43.4	13.9	1	39.2	0	2.4
	成都	31.1	53.7	0.6	11.7	0.2	2.8
	西宁	25.4	25.7	2.9	27.3	0.6	18

如表 4-2、表 4-3 所示，本书选取北京、广州、杭州、成都、南宁这五个基本能够代表中国城镇经济发展水平情况的省会城市作为研究对象，依据 2001~2011 年《中国旅游统计年鉴》中的相关数据，[1] 利用灰色关联性理论对国内城镇居民出游目的作一个简单的研究，结论如下：

---

[1] 来源于《国家旅游统计年鉴》(2001~2011)。

1. 城镇居民出游目的呈现多元化和深度化趋势

多元化和深度化是城镇居民出游目的随着社会发展所体现出来的两个相互关联的特征。首先，出游目的的多元化是以其深度化为基础的，即多元化是每个出游目的的深度发展的多元化，没有深度化，出游目的之间就会此消彼长，出现单一化的趋势；其次，深度化是以多元化为前提的，深度化并不是强调出游目的的唯一性，而是强调在多元旅游目的的竞争中实现自身的深度发展。

（1）出游目的多元性趋势是由需求和供给共同决定。从旅游需求上来讲，城镇旅游者在整体需求上表现出多元化的趋势，现代城市旅游者已经远远超出了"食、住、行、游、购、娱"的基本需求，"康、体、疗"等新型旅游产品更加受到城镇旅游者的青睐；同时，就是在具体旅游过程中城镇旅游者也不会满足于单一旅游目的，而是希望通过一次旅游获得多种体验。从旅游供给的角度来讲，传统意义上旅游业的概念已经不能概括现在为旅游者提供服务和产品的行业了，尤其是产业的高度聚集和城市房地产发展的受限以及旅游房地产的兴起，使现代旅游业无论从内涵还是外延上都体现出了极大的不同，呈现出旅游企业综合体的发展趋势，旅游者通过旅游综合体可以购买多种旅游产品，获得多种体验。

（2）城镇居民出游有向深度化发展的趋势。观光旅游在城镇居民出游目的结构中的地位逐步下降，但是通过相关年份的《中国旅游统计年鉴》中发现，在同期城镇居民出游花费结构中，用于观光旅游的费用比例不但没有减少，反而有所增加，并且增加的幅度明显高于同期的休闲度假旅游和探亲访友，这说明城镇居民国内出游有向深度化方向发展的趋势。

2. 决定城镇居民出游目的变动的主要因素是旅游者的偏好

经济的发展并不与城镇居民出游目的的变动严格成正比，这主要是因为经济条件和闲暇时间决定着城镇旅游者能否去旅游，而旅游者具体的旅游倾向是由其旅游偏好决定的。当社会整体的经济水平和闲暇时间达到一定水平时，个人收入（主要以人均 GDP 来衡量）的增加并不会带来出游目的的明显变动，这从上面对五省会城市城镇居民出游目的的变动的灰色关联分析中可以看到，决定城镇居民出游目的的变动的主要因素就是个体的旅游偏好。

（二）主要客源市场游客的需求直接拉动了古镇旅游空间的形成和发展变化

古镇旅游产品符合主要客源市场的需求，就会形成古镇旅游实践活动，进而拉动古镇旅游空间的形成；同时由于经济发展水平和主要客源市场游客旅游偏好的改变，都会影响到古镇旅游空间的发展变化，这种变化既可能是积极的，也可能是消极的，积极的变化将会促进古镇旅游空间的进一步完善和优化。

三、权力

在列斐伏尔看来，空间并不是与某种意识形态和政治保持遥远距离的科学对象，相反地，它永远是政治的策略的。[①]布尔迪厄[②]提出权力空间论，认为社会空间在本质上就是权力空间，这种权力空间形成了具有约束力的场域，可以影响资本的可进入性或流动性。权力可以保住资本在空间中自由流动，同时也可以设置一系列障碍，阻止或影响资本的流动，形成空间断裂。古镇旅游空间是社会空间的一种形式，社会空间在本质上就是权力空间，这种权力空间形成了具有约束力的场域，古镇旅游空间的生产离不开资本的注入，但资本如何进入古镇旅游空间，进入后如何运作都要受到权力的制约和规范，可以影响资本的可进入性或流动性，即权力通过对资本的鼓励和限制来影响古镇旅游空间的发展变化方向。

权力对市场同样具有约束和规范的作用，权力通过采取行政的、经济的措施来引导和规范市场活动。首先，古镇旅游市场的形成、发展壮大都离不开权力的推动和规范，权力通过行政、经济的手段对古镇旅游发展的六大要素及其比例的调整来影响古镇旅游市场的流向和流量，通过社会舆论的力量来培育和引导旅游市场；其次，旅游者进入古镇后的行为活动也会受到权力的规范和约束，例如文物保护单位对于文物的保护措施，就是通过权力来规范和约束旅游者在古镇的具体旅游行为；最后，古镇旅游者个人权利的保障

---

① 包亚明.现代性与空间的生产［M］.上海：上海教育出版社，2003.
② ［法］布尔迪厄著.实践理性：关于行为理论［M］.谭立德译.北京：三联书店，2007.

也离不开权力,权力通过事前舆论的手段、事中行政和经济的手段,事后法律、经济的手段来维护古镇旅游者的具体权利。

权力同样会对古镇社区居民的生产和生活发挥引导和约束功能。①权力是古镇社区和居民利益的保护者,他们通过法律的、行政的手段维护古镇居民的既得利益,并保护他们在旅游空间的生产中的获得收益;②权力是古镇社区和居民行为活动的引导者和约束者,由于社区居民在古镇旅游空间生产中的特征地位,使权力为了保证古镇旅游产品的质量,必须对古镇社区居民的行为活动进行合理的引导和约束。

(一)古镇旅游空间生产过程中权力体系构成

这主要涉及权力体系"由谁构成和构成什么"两个问题,第一个问题回答的是古镇旅游空间生产过程中权力体系的构成主体问题,第二个问题回答的是古镇旅游空间生产过程中权力体系的中介问题。

1. 古镇旅游空间生产中的权力主体

这里的权力主体主要是指古镇旅游空间的形成、发展变化中掌握权力和行使权力的人及其归属的权力部门。由于古镇旅游空间的生产是一个涉及古镇各个方面的综合性过程,对其起到规范和制约作用的权力体系也会相应地涉及各个权力归属部门(见表4-4),本书根据他们与古镇旅游空间生产关系的密切程度,将权力体系的主体划分为直接主体和间接主体两大类。

表4-4 古镇旅游空间生产中的权力主体及其特征[①]

		表现形式	主要手段	权力中介	主要特征
权力主体	直接权力主体	直接作用于古镇旅游空间规划设计、发展建设、监督管理的政府部门。如直接负责规划设计的部门、建设施工的部门、监督管理的部门等	行政手段 经济手段 法律手段	政府文件 法律法规 规章制度	强制性 惩罚性 权威性

---

① 根据相关政府部分网站资料整理。

续表

权力主体		表现形式	主要手段	权力中介	主要特征
权力主体	直接权力主体	直接作用于古镇旅游空间的非政府人士和组织，主要包括古镇旅游空间的规划者、古镇文化空间的解读者、古镇旅游空间的建设者等	舆论手段 技术手段	规划方案 权威解释	建议性 权威性
	间接权力主体	间接参与古镇空间生产的政府部门，如政协、人大、公检法等	法律手段 咨询手段 行政手段	政府文化 规章制度	建议性 监督性
		主要通过舆论的压力影响古镇旅游空间生产的非政府人事和组织，他们并不直接作用于古镇事业的发展	舆论手段	个人魅力	建议性 非强制性

（1）直接权力主体。如表4-4所示，这类主体主要是指他们通过国家宪法所赋予的部门权力以及自己所掌握的科学知识体系，在其职责范围内直接作用于古镇旅游空间生产的过程，对其起到规范、约束作用的个人及组织。这类主体根据其行使权力的方式又可以分为国家权力部门和非政府权力人士及相关社会组织。①

其中，国家权力部门主要是指直接作用于古镇旅游空间生产的政府部门，具体有旅游空间的规划、建设和监管部门，例如旅游局、规划局、文物局、建设局、交通部门等直接相关的政府部门；非政府权力人士和相关的社会组织指的是在古镇旅游空间生产过程中直接起到规划设计、建设指导和文化咨询等作用的规划师、科学家、工程师以及相关的社会规划单位、咨询单位等。②

---

① 国家政府部门能够成为古镇旅游空间生产中的权力主体，主要是由于国家赋予了他们相应的权力，如旅游局对于古镇旅游的指导、管理和监督权力，文物局对于文物的保护权力，建设局对于历史文化街区等空间保护和利用的权力；非政府权力人士和相关社会组织虽然没有被国家赋予以上的权力，但是由于他们掌握的知识体系，为其权力提供了合法性。
② 这里需要强调的是，作为古镇空间生产过程的直接权力主体，这些非政府权力人士和相关的社会组织是指能直接作用于古镇旅游空间的生产的人群或单位，如规划师对古镇的规划，权威人士对古镇文化空间的解释，而不是借助于其他的主体作用于古镇的旅游空间生产。

(2)间接权力主体。作为间接权力主体的政府权力部门在这里主要是指通过其国家宪法及相关法律法规赋予的权力对古镇旅游空间生产起到指导、建设和监管的部门,例如人大、政协、国家发改委、法院、检察院、公安部门,虽然他们不直接作用于古镇的旅游空间,但是他们可以应用自己手中的合法权利作用于古镇旅游空间生产的其他权力主体、资本、市场和社区,进而影响古镇旅游空间生产;作为间接主体的非政府人士以及相关组织主要是通过自己掌握的知识体系,通过舆论的手段去影响古镇旅游空间的生产。

2. 古镇旅游空间生产中的权力中介

对古镇旅游空间生产中权力手段的研究,主要是对其具体表现形式的探讨。无论是直接权力主体还是间接权力主体,都是通过借助于一定的手段作用于古镇旅游空间的生产的。也就是说,古镇旅游空间的形成和发展变化必然是在权力允许的范围内进行的,权力是古镇旅游空间形成和发展变化的规范。在古镇的旅游发展中,权力主要表现为:①各级权力机关的意志,并以法律法规、政策文件的形式表现出来。例如在《河北省蔚县暖泉古堡旅游发展总体规划中》明确提出"对西古堡、华严寺、老君观等区域进行严格保护",这样就通过规划的形式限制了资本对这些区域的开发力度;《河北省蔚县旅游业发展总体规划(2009~2020)》提出暖泉镇古堡组团,与壶流河水库、玉泉寺和南山等形成组合;《暖泉镇古堡旅游专项规划》明确提出:充分发挥暖泉古堡的历史和文化优势,发挥壶流河湿地的生态优势,逐步改善和提升暖泉生态环境、卫生环境和人文环境,提升旅游基础设施和接待设施水平,使暖泉古镇成为蔚县旅游发展的一个重要支撑点,成为京津地区知名旅游休闲度假区。②非政府人士及相关社会组织思想、知识、价值观的体现,并以口头和文字的形式表现出来,影响古镇旅游空间的生产。

（二）古镇旅游空间生产过程中权力的转向

表 4-5　权力在古镇空间生产中的转变

转变的方向		角色的转变	方式的转变	内容的转变
主要表现	转变前	古镇旅游空间生产的主体、决策者和主导者	直接管理绝对权威	涉及各个方面，例如行政管理、制度建设、经济控制、人事把握、监督执法
	转变后	古镇旅游空间生产的辅助者和服务者	间接参与服务型政府	执法监督、舆论引导

如表 4-5 所示，权力是在古镇旅游空间生产动力体系中各方博弈的过程中实现的转变，这种转变具体是从角色的转变、方式的转变和内容的转变三个方面来表现的。

1. 权力在古镇旅游空间生产中角色的转变

古镇旅游空间的生产本身就具有双重的价值取向：①旅游的价值取向，即古镇的旅游空间应该是能够为旅游者提供旅游服务的空间，因而古镇旅游空间生产应该是旅游者目的地空间的生产；②社区居民的价值取向，即古镇的旅游空间本身就是我国城镇化建设的一种形式，是通过发展旅游来概述当地居民的生产和生活空间，因此古镇旅游空间的生产又成为古镇居民生活空间的生产。这样的双重价值取向，使古镇旅游空间生产不会也不可能脱离权力的影响范畴。

如表 4-5 所示，像其他类型旅游发展一样，在发展的初期，由于资本市场的弱小以及古镇旅游发展涉及关系的复杂，权力自然而然地成为古镇旅游空间生产的主体、决策者和主导者；后来随着资本市场的成熟和旅游需求市场的发展变化，尤其是古镇社区居民旅游意识的提高，使权力的这种角色受到极大的挑战，同时权力本身缺乏市场灵敏性的弊端也体现了出来，这样，在外部和外部的压力下，资本在古镇旅游空间生产中的角色发生了变化，即由主体变成辅助，由主导者变成服务者。

2. 权力在古镇旅游空间生产中方式的转变

如表4-5所示，随着角色的转变，权力在古镇旅游空间生产发挥作用的方式也相应地发生了改变，主要表现在由发展初期的大包大揽、无所不能，逐步淡化其经济方式，突出法律的方式和舆论的方式，由原先直接管理向现在间接参与的方式转变，由原先绝对权威向现在服务型政府转变。

3. 权力在古镇旅游空间生产中内容的转变

这主要是探讨权力在古镇旅游空间的生产中，主要是通过什么样的中介手段发挥作用的。如表4-5所示，同样在古镇旅游发展的初期，由于其独特的角色地位，决定了权力在古镇旅游空间的生产中必然是以一种全能的形象出现，而这种形象主要是通过其一整套中介手段体现的，例如行政管理、制度建设、经济控制、人事把握、监督执法等。同样随着这种角色地位的变化，其发挥作用的中介手段也逐渐变成以执法监督、舆论引导为主。

（三）权力在古镇旅游空间生产中的作用

权力角色地位的转变，并没有使其在古镇旅游空间生产中的作用被弱化，相反由于其权力方式和手段的更加科学化和人性化，使它能够被资本更好地执行，被市场更好地理解，被社区更好地接受，因而权力在古镇旅游发展和空间生产中的作用得到进一步加强，现阶段权力主要发挥指导作用、监督作用和服务作用的功能。

1. 指导作用

（1）通过制定政策、方案，引导资本按照其意志进行空间生产。权力通过制定各种优惠政策和补偿政策来引导资本投向权力理想的发展方向，为了避免资本发展出现不可接受的偏差，权力又会通过出台各种规划方案[①]、政策文件来控制资本的流向。

（2）通过舆论和宣传的形式来影响旅游者的决策，指导其按照权力的意图进行流动。

（3）权力同样会通过制定相关政策，提供优惠条件来指导古镇社区居民参与古镇旅游空间生产。

---

① 政府部门主要通过旅游发展战略规划确定方向、通过总体规划确定空间、通过详细规划确定具体内容和指标。

2. 监督作用

主要是通过对资本的监督，保护社区居民能够正常、合法地参与古镇旅游开发中：

（1）通过这种参与获得合理的收益。

（2）通过对资本和社区居民的监督，保证古镇旅游产品的质量和旅游者的权益。

（3）通过对社区居民的监督，保证资本的合法利益所得。

（4）通过对旅游者的监督，保证社区的正常生产生活环境，保证资本的合法收益。

3. 服务作用

（1）权力成为古镇旅游空间生产的服务者，为资本提供投资和经营管理环境的营造，为旅游者提供咨询、权益维护等旅游服务；

（2）权力还承担改善居民生活空间、提高居民生活质量、教育水平、医疗保障等服务。

四、社区

（一）社区居民对古镇物质旅游空间的形成和发展变化的影响

1. 社区居民是古镇物质旅游空间的生产者

首先，古镇社区居民以古民居和古商铺等建筑形式参与古镇旅游空间的生产。"点、线、面"三位一体的古镇物质旅游空间是建立在古民居、古寺庙、古商铺等"点"的基础上，古镇社区居民通过自己所拥有的古民居和古商铺等直接参与古镇物质旅游空间的生产过程。

2. 社区居民是古镇物质旅游空间的使用者

如表4-6所示，古镇的物质旅游空间本身就是社区居民的日常生活空间，古镇的民居是他们的居住空间，古镇的街巷是他们的活动空间，古镇的公共空间是居民的交往空间，因此，社区居民是古镇的物质旅游空间的使用者。

表 4-6　暖泉古镇西古堡民居建筑（部分）基本情况[①]

编号	户主	保存现状
1	钟太等	正房六间单坡屋顶，圆椽子，青砖墙裙。西厢房两开间，木构件开裂、闪斜状况严重；南房土坯夯筑；院内乱石铺地；急需要修缮
2	刘大爷等	正房三开间单坡屋顶，两侧耳房；大小木作完好，窗棂步步锦及雕刻细致；正门梁部木刻精美，门扇略有破损；青砖墙群。正房西半部分正脊脊兽、冰盘檐存，东部毁；正脊有少量砖雕
3	不详	正房为五开间卷棚，约建于200年前；大小木作保存完好，仅有轻微开裂；斗拱、构架、窗棂精美，堂屋内有佛龛，保存完整，雕刻精美，规模罕见
4	赵有福	正房三开间卷棚，大小木作尚好。西厢房一开间单坡屋顶。正房东侧土坯房，用作厕所、畜圈
5	侯姓、张姓	正房五开间卷棚，木构架年代较早，呈深褐色，略有裂纹，檐下有少量雕刻。东厢房两开间单坡屋顶，有明显修补痕迹。西厢房三开间红砖单坡房
6	郭姓[②]	北房为三开间卷棚，大小木作完好，因废弃显陈旧，斗拱小巧精致。东厢房两开间单坡屋顶，双层窗，有门簪。西厢房两开间单坡屋顶，与东厢房几乎完全对称。瓦当部分缺失。南面贴墙修廊，雕刻精美
7	冯大马	正房三开间半卷棚（右边有一小间），老屋毁于火，20年前重修，大小木作尚可。其余房屋均破败或为新修。街门和院墙完整，门楼砖雕精美，正脊雕刻栩栩如生，部分毁损；雕花石敢当，龙头有彩绘，砖雕云文替木
8	王贵生	正房三开间卷棚，西厢房两开间卷棚与之相连，大木作较好；屋顶有修缮痕迹；正间门扇两侧窗格步步锦精美，略有破损；木板壁斑驳
9	戎茂林	街门形制较高，保存完整，唯脊兽毁。檐下有斗拱与替木；影壁尚存，影壁上砖雕被毁。正房五开间卷棚，明间与两次间出廊，尽间开侧门
10	曹玉等10户	房屋建于清朝同治年间。入口小院；街门大木作完好，小木作及脊部雕刻毁损严重；檐下雕刻精美，替木斗拱上有少量彩绘；柱础、门磴完好，门板破损。此院原有二道门和影壁，均已倒塌

（二）社区居民对古镇精神旅游空间形成和发展变化的影响

（1）社区居民通过对旅游者思维的影响，进而影响古镇旅游精神空间的形成和发展变化。社区居民通过与旅游者的交往，影响他们古镇旅游空间的看法和判断，进而影响古镇精神旅游空间的形成和变化发展。

[①] 资料来源于《河北省蔚县暖泉镇保护规划》，由当地政府提供。
[②] 保护规划只表明郭姓一家，其实5号建筑是分属两家的。

（2）古镇旅游活动的开展，对古镇原有的文化氛围、社区居民的价值观都会产生影响，并且这种影响随着旅游的发展会不断的地强。这种变化直接推动了古镇精神旅游空间的发展变化；同时受到这种影响的社区居民会以一种全新的精神面貌与旅游者进行交往，旅游者获得与以往不同的感受，进而影响他们对古镇物质旅游空间的固有看法，推动古镇精神旅游空间的发展变化。

第二节　古镇资本循环中的博弈

通过上述对古镇旅游空间生产动力因素的分析，以资本在古镇旅游空间生产中的三重循环过程为主线，根据各个动力因素对资本循环过程中所主动关注对象的相似性，将古镇旅游空间生产中的四维动力系统具体划分为两个类别，即Ⅰ类，关注的是资本循环的全过程，这类主要包括了政府和社区居民；Ⅱ类，重点关注其中某个过程，例如资本对第一重循环的重点关注，旅游市场对第一、第二重循环的关注。那么，古镇意识形态空间体系研究的重点就集中在了Ⅰ类动力体系和Ⅱ类动力之间关系以及其内部各自关系博弈，进而形成最终的古镇旅游空间生产的思维空间。

一、对资本循环过程关注的研究

根据事物关注的积极性以及关注动力的来源，可以将其划分为主动关注和被动关注，主动关注是一种发自内心、积极关注的心理状态，被动关注是由于外部压力而导致的被动关注的心理状态。Ⅰ类动力体系，即权力和社区居民对资本在古镇旅游空间生产中的三重循环都是发自内心的、积极主动的关注，而Ⅱ类动力系统中，资本所积极主动关注的其实就是资本的第一重循环，对第二重和第三重循环是在外在压力的干预性被动进行的，旅游市场所主动关注也是第一重循环，即旅游产品空间体系的构建。

（一）古镇旅游空间生产中权力对资本循环的关注

在古镇的旅游空间生产中，权力所关注的重点是与要履行的职能相一致，正是这种职能内在的驱动力促使它们去关注与其职能范围相符的事物和过程。

1. 权力在古镇旅游空间生产中的职能及其关注点

权力在古镇旅游空间生产中的职能主要体现在政治、经济、社会、文化等方面。其中政治职能体现在行政管理、政策制定等方面，经济职能体现在土地配置、税收、直接投资等方面，社会职能体现在公共产品供给、生态保护、权益维护等方面，文化职能主要体现在文化教育、文化遗产资源保护等方面（见表4-7），权力的这些具体职能决定了他们在古镇旅游空间生产中所关注的主要方面为：旅游发展对区域经济的贡献，即应对所在区域的经济发展、就业增加、居民生活水平改善有明显的帮助；对区域社会的责任，即应对所在区域的环境生态保护、社会公益事业和消费者权益保护有明显贡献；对区域文化的贡献，即对所在区域社会文化事业发展的促进作用；对区域旅游的贡献，即对区域旅游收入增加、游客量增加、旅游产业完善、区域旅游形象提升的贡献。

表4-7　权力在古镇旅游空间生产中所关注的对象

对象	二级对象	关注要点
对区域经济发展的贡献	对经济发展的贡献	政府能够获得直接效益；政府获得的在直接效益中未得到反映的间接效益；随着投资的到位，对所在区域经济的可持续发展做出贡献[①]
	对社会就业效果的贡献	就业效果以就业成本和就业密度两项指标来进行描述，并可与当地的相应指标进行比较[②]

[①] 政府能够获得直接效益：出让国有土地使用权所得的收益；因土地使用权转让而得到的收益，例如土地增值税等；所在区域的工商企业缴纳的税费，例如房产税、土地使用税、车船使用税、印花税、进口关税和增值税、营业税、城市维护建设税及教育费附加、消费税、资源税、所得税等；所在区域内基础设施的收益，例如供电增容费、供水增容费、排水增容费、城市增容费、电费、水费、电信费等。政府获得的在直接效益中未得到反映的间接效益，例如，优化了所在区域的产业结构，繁荣地区商贸服务。

[②] 就业成本。就业成本＝项目开发总投资（万元）÷项目范围内总就业人数。范围内就业总人数包括（下同），核心产业（旅游地产）的就业人数、特征产业的就业人数和旅游经济就业人数。就业密度。就业密度＝项目范围内总就业人数÷项目占地面积（平方米）。

续表

对象	二级对象	关注要点
对区域经济发展的贡献	对居民生活水平的贡献	对所在区域居民物质生活水平、生活环境和社会福利的贡献①
对区域社会责任的贡献	环境生态保护责任	从生态环境的角度考察古镇旅游空间生产的合理性②
	对消费者责任	对消费者权益的保护③
	对公益事业的贡献	对所在区域内社会福利事业发展是否有推动作用；参加社会捐助和公益活动的记录
对区域文化事业的贡献	对文物古迹保护的贡献	应该对所在区域文物古迹等人类物质遗产进行保护工作；进一步发挥这些物质遗产的文化、旅游价值作用
	对非物质文化传承与发展的贡献	注重对非物质文化遗产的保护工作；进一步发挥这些非物质遗产的文化、旅游价值作用
	对社区文化发展的贡献	应该对原有社区文化进行有效的保护；应该对原有社区文化进行创新和发展，以丰富所在区域居民的文化生活，同时进一步增强旅游者对所在区域民俗文化的认知
对区域旅游发展的贡献	旅游收入的贡献	应该有利于促进所在区域直接旅游产业的收入和间接旅游产业的收入
	游客量增加的贡献	增加了所在区域游客数量；提高了所在区域游客停留时间和过夜游客的比重

---

① 有利于区域内居民人均收入和消费水平的提高，同时不会引起区域内物价水平波动幅度的不正常；可以美化所在区域公共环境、完善公共和生活服务设施；有利于完善所在区域社会保障体系，可以提高区域内的医疗卫生条件和文化教育水平；有利于增强所在区域居民幸福感和安全感。

② 有利于减少或保持所在区域的空气质量，不会引起区域内水资源的短缺或污染，有利于区域内森林植被的保护和培育；新建、在建、维修等项目的建筑节能率；新建、在建项目对风能、太阳能等新型能源的利用情况。

③ 明确有无消费者投诉以及投诉的对象和严重性；对消费者的承诺是否实现；是否存在虚假宣传。

续表

对象	二级对象	关注要点
对区域旅游发展的贡献	促进旅游产业结构完善	促进了食住行游购娱六大产业发展，同时有利于住宿、购物和娱乐的比重增加；促进了康体疗等新型旅游产业的产生，并随着旅游的发展产业的比重逐步增加
	提升所在区域的旅游形象	对区域旅游知名度提升的贡献；对区域旅游美誉度提升的贡献

2. 权力职能推动下对资本在古镇空间生产循环过程的关注

由以上分析可以看出，由于权力职能范围和内容的特点，决定了权力对古镇旅游空间生产的关注是全面的，涉及经济、社会、文化、旅游等多个方面的内容，而这些关注点如何实现、实现得如何，则是需要借助资本的三重循环。权力借助资本的第一、第二重循环，主要集中关注经济问题，实现古镇旅游发展的经济效益；借助资本的第二、第三重循环，集中关注文化、社会问题，实现古镇旅游的全面效益。

（二）古镇旅游空间生产中社区对资本循环的关注

社区居民对古镇旅游空间生产的关注同样是多方面的，这主要由古镇旅游空间的特殊性决定的。

1. 古镇旅游空间既是社区的生产空间又是社区的生活空间

古镇旅游空间与一般旅游空间的区别在于它是城镇空间与旅游空间的结合体，是两者的有机统一（见表4-8），古镇旅游空间作为城镇空间，就要求具备一般城镇空间所拥有的功能，即能够满足城镇居民日常生活所需的生活服务设施条件；同时古镇作为旅游空间，又为古镇居民提供了生产工作的场所，成为他们的生产空间。

表4-8 社区对古镇旅游空间生产的关注点

关注对象	二级对象	关注要点
生产空间	工作内容	是否熟悉、能否体现自身价值
	工作环境	与工作相关的配套设施、工作时间
	工作收益	与自己纵向收入的比较，和周边人群的横向比较

续表

关注对象	二级对象	关注要点
生活空间	商业物业	提供丰富的商业物业配套设施，满足社区工作生活、休闲娱乐、康体健身、购物消费的需求
	金融邮电通信配套	含银行、储蓄所、电信支局、邮电所、邮政服务配、电讯服务配套等
	市政公用配套	含供热站、变电室、开闭所、路灯配电室、燃气调压站、高压水泵房、公共厕所、垃圾转运站、公交始末站、消防站、燃料供应站、生态停车场、废弃物管理、餐饮服务管理、吸烟区管理、生态厕所、消防、救护、防盗、警示、医疗等
	行政管理及其他配套	含街道办事处、市政管理机构、派出所等
	康体娱乐配套	主要包括康体健身服务中心（体育馆等）、少儿康乐中心、老年康体中心和相关康体娱乐建设设施等
	应急配套	主要包括紧急救援中心、应急指挥中心、应急集结场所、应急发电站、应急通讯中心等
	绿地配套	绿地配套，应包括公共绿地、宅旁绿地、配套公建所属绿地和道路绿地

2. 古镇旅游空间生产中社区对资本循环的关注

古镇旅游空间的二重性决定了古镇居民对其空间关注的二重性，即生产性和生活性。古镇社区居民对古镇旅游空间关注的焦点，决定了他们对资本在古镇旅游空间生产中的关注，即通过对资本第一、第二重循环的关注，来实现他们将古镇作为生产空间的意图；通过对资本第二、第三重循环的关注，来实现他们理想中生活空间的意图。

（三）古镇旅游空间生产中市场对资本循环的关注

从根本上来讲，旅游市场是将古镇旅游空间作为旅游产品而进行关注的，也就是说，他们关注的是能够给其带来旅游体验的旅游产品，而这些旅游产品的生产则是通过资本第一重循环实现的。但是在现实的古镇旅游空间中，这些旅游产品如何实现和实现得如何又有赖于古镇基础设施的完善程度，这样无论旅游市场愿意与否，他们又不得不对古镇的基础设施进行关注，因而，需要对资本在古镇旅游空间生产中的第二重循环进行关注。

1. 旅游市场对古镇旅游空间的关注

如表 4-9 所示，通过以上分析，可知旅游市场对古镇的关注是可以从两个角度进行分析的：①积极的关注，即旅游市场由于其内在驱动力而形成的对旅游空间的关注，这种内在驱动力就是由于对古镇文化的追求和古镇空间的向往所形成的古镇旅游空间体验需求，这种需求是发自内心的、主动的、积极的需求；②为了实现第一种需求而不得不对古镇旅游空间进行的关注，主要是对旅游基础设施等关注。

表 4-9　旅游市场对古镇旅游空间的关注

关注视角	关注对象	关注要点
主动的关注	常规旅游产品	古镇旅游空间以及其内含的食住行游购娱等具体旅游产品及其相应的服务①
	升级旅游服务	与古镇旅游相关的，满足旅游市场新型需求的旅游服务产品②
被动的关注	市政公共配套	如给排水、电力电讯、防洪、垃圾处理等方面的设施配套
	行政管理配套	具体的管理机构及措施

2. 古镇空间生产中市场对资本循环的关注

由于旅游市场对古镇空间关注的重点是旅游产品空间，因此在古镇的空间生产中，旅游市场对资本的第一重循环的关注是主动积极，但是为了更好地实现这种主动的关注，他们又不得不对资本的第二、第三重循环进行关注，但是这种关注是被动的。

---

① 旅游交通配套，主要关注的是可进入性、交通设施（道路交通、交通工具等）、生态停车场等；游览配套主要关注的是游客服务中心、导引标识标牌、公众信息资料、导游及相关工作人员、游客公共游憩设施等的关注；旅游购物配套主要关注的是旅游购物场所配套、旅游购物管理配套、旅游商品等。

② 利用信息化和物联网技术实现景区（旅游区）智能化的装置和设施设备的总和。将传感器技术、RFID 技术、定位技术等物联网技术运用到旅游景点信息管理、商场酒店信息管理、智能导游、电子地图等领域，为消费者提供更为便捷、安全的服务。主要涉及智能酒店管理系统、智能导游系统、智能旅行社系统和智能物联网监控与管控系统。

二、Ⅰ类动力系统内部的博弈

Ⅰ类动力体系主要研究的是权力和社区的博弈以及通过博弈在意识形态上所达成的一致。通过对我国古镇旅游发展历程的回顾得知，无论是权力还是社区他们最初关注的都是经济效益，后来逐步开始关注社会、环境、文化等社会效益。

（一）权力和社区在古镇旅游空间生产中关注的共同点

1. 关注的对象一致

权力关注古镇旅游空间生产的目的是多元化的，具体体现在经济、社会、文化和旅游等多个方面，同样古镇社区在对古镇空间生产的关注也是从经济、社会、文化和旅游等几个方面入手的；同时对上述对象关注的发展历程也是具有相似性的，权力对古镇的关注首先的出发点是经济效益，希望通过发展古镇旅游，带动当地的经济发展，改善民生，促进社会、文化的发展，实现城乡统筹发展，社区关注古镇空间生产的首先是从经济的角度出发的，希望通过发展旅游提高经济收入水平，在此基础上进一步推动自身生活质量的提升和社会地位的提高。

2. 对资本在古镇空间生产中循环过程的主动关注具有一致性

正是由于权力和社区在古镇旅游空间生产中关注对象的一致性，决定了在古镇旅游空间生产中，对资本循环过程的关注也具有相似性，即都是主动关注资本在古镇空间生产中的三重循环。

（二）权力和社区在古镇旅游空间生产中关注的不同点

权力和社区在古镇空间生产中的关注点也是具有不同的，主要体现在关注对象的空间范围、长远利益和出发点不一致。

1. 关注的空间范围不一致

权力是从区域空间的角度来关注古镇旅游空间生产的，是从区域经济、社会、文化和旅游的角度来关注古镇旅游发展的；而社区则是从古镇内部，甚至是居民个体的角度来关注和审视旅游发展的。正是由于关注的空间范围的不一致，导致两者在古镇旅游空间生产中会出现一系列的矛盾和问题，例如家庭利益和古镇整体利益的矛盾；古镇利益和区域整体利益的矛盾等。

2. 关注的时间范围不一致

权力是从长期战略的角度，关注的是长远的利益，关注的是五年、十年甚至是更长时间的效益，而社区和居民更多关注的是近期的利益，关注的是近期自身的经济效益增加和社会地位的提升。这就使两者在发展方向、进程等方面存在一系列的矛盾。这是古镇旅游空间生产中的一个主要矛盾。

（三）权力、社区在古镇空间生产中的博弈

1. 文化遗产保护上的博弈

权力从文化遗产不可再生性和古镇旅游发展长远利益的视角，强调古镇文化遗产保护的重要性，因此希望加大文化遗产的保护力度，保护其原真性和完整性，进而为古镇旅游的长远发展奠定基础；社区同样也看到了保护遗产给自身带来的利益，也会积极主动地进行保护，但这种保护是有利益临界点的，即社区居民如果通过保护遗产的原真性和完整性，可以获得或超过期望收益的时候，那么这种保护工作就会被继续下去，一旦达不到这种期望效益，他们就会努力需求新的途径，利用资源实现自身利益的最大化，当然这些途径包括了对资源本身及其周边环境的破坏。① 这就使权力和社区在资源的保护上存在了一个利益的矛盾，这种矛盾不能简单地归结为谁对谁错，居民在不违法的前提下为实现自身的利益而对文化遗产资源的消极保护和不合理利用，从理论上来讲是不对的，但是从法律的角度来讲，他们是没有错误的。

这种矛盾其实在背后是暗含了一个博弈规律，即权力与社区居民之间的利益博弈，文化遗产归谁所有，应该谁去保护、谁对其具有使用权和收益权。回答这个问题之前，必须要明确三个观点：①古镇是当地社区居民日常生产生活的空间，不能因为任何原因而剥夺了他们对这个空间的使用权利；②由于发展旅游，必然会给社区居民带来收益的增加，那么社区居民应该为给他们带来收益的空间提供更多的保护义务；③权力的作用是平衡这种收益

---

① 当然，这里说的破坏不是违法行为的破坏，而是通过消极保护、随意搭建、改变周边环境等方式进行的间接破坏。

以及保证收益和保护义务的对等。这样，上述问题就可以看成是权力和社区居民在对古镇旅游发展中遗产保护和收益之间的博弈。

2. 经济上的博弈

资本和社区在古镇旅游空间生产中的博弈主要体现在土地转让和旅游收益上的博弈。居民转让或转租部分土地，就要获得相应的收益，而收益的多少则是要在和权力的博弈中实现的。由于我们国家实施的是城镇土地国有制度，因此政府可以代表国家对某些土地在合法的情况进行转让或者是转租，但具体到古镇中，如果这些土地的使用权为私有，则在转让或者是转租的过程中，社区居民就要相应的利益补偿，同时由于古镇中的一些遗产资源（尤其是民居、祠堂等）本身的使用权就归居民所有，那么就会涉及一个转租问题，那么权力和社区居民在这个方面的博弈就是如何处理补偿数额以及租金的权益问题。同时经济上博弈还反映在由于古镇旅游发展所带来的产业升级和产业集聚，所带来收益上的博弈。

3. 管理上的博弈

管理上的博弈主要是体现在社区居民参与古镇旅游发展的程度的范围。古镇社区居民参与旅游发展的方式有：以旅游资源所有者的身份参与、以旅游产品生产者的身份参与、以经营管理者的身份参与，这三种参与方式的程度和范围是逐步加大的，双方在管理上的博弈就是体现在古镇社区居民是以何种方式参与。

4. 空间上的博弈

主要表现在旅游空间的扩大化和生活空间的缩小化之间的博弈。由于旅游的发展，往往会是为旅游者服务的旅游空间逐渐压缩为古镇居民服务的生活空间，这往往会引起社区居民对旅游的排斥心理，这种排斥心理随着旅游的发展逐渐加深，这就会使权力和社区居民就空间的使用上形成一个博弈，这种博弈的结果就是古镇过渡空间带的形成，所谓的古镇旅游过渡带空间就是指古镇的空间由于旅游的发展，根据其主要使用群体的不同可以具体划分为三种空间形态，即完全的旅游空间、完全的社区空间和中间的过渡空间带。①

---

① 严格意义上完全的旅游空间和完全的社区空间都是不存在的，这里对其划分的依据主要是使用主体，如果主要的使用主体是旅游者，那么我们就会将其划分为旅游空间。

三、Ⅱ类动力系统内部的博弈

这类博弈主要是集中在资本和旅游市场之间的博弈,也是从双方关注的共同点、不同点和博弈三个方面来探讨。

(一) 资本和市场在古镇旅游空间生产中关注的共同点

1. 双方都积极主动地关注古镇旅游空间生产中的资本第一重循环

资本进入古镇的主要目的是获益,而在古镇空间生产中真能够给资本带来利益的是资本的第一重循环,因为通过资本的第一重循环,生产出了古镇旅游空间及其内含的具体旅游产品形式,而这恰好也是旅游市场关注的焦点。

2. 双方都被动地关注古镇旅游空间生产中的资本第二、第三重循环

资本为了实现古镇旅游空间的价值升值和长远利益,就需要通过资本的第二重循环,完善古镇的基础设施及环境,同时也需要通过资本的第三重循环进一步完善古镇的社区公共设施,提高社区服务质量,进而争取古镇社区居民更大程度的合作和人力资本。旅游市场也需要古镇进一步提升可进入性和旅游服务水平,同时也需要进一步加强当地居民的配合,提高旅游的体验经历。就这个角度而言,资本和旅游市场在资本的第二重和第三重循环上达成了共识。

(二) 资本和市场在古镇旅游空间生产中关注的不同点

1. 资本和旅游市场在古镇旅游空间生产中关注的视角不同

资本追求超额价值的本性决定了在古镇旅游空间生产中的视角是活的利润,即通过资本的三重循环在古镇旅游空间中实现利润;旅游市场对古镇旅游空间生产关注的视角是为了实现其旅游的体验,当然这种体验是要付出一定的报酬才能够获得的。

2. 资本和旅游市场在古镇旅游空间生产中关注的范围不同

资本为了实现其超额价值,将主要的精力集中在古镇旅游空间的生产上,而旅游市场为了实现其最佳旅游体验价值,其关注的范围不但是古镇旅

游空间，而且还会涉及古镇周边的旅游目的地，不但会关注此古镇，也会关注彼古镇。双方在关注的范围上有一定的差距。

（三）资本和旅游市场在古镇旅游空间生产中的博弈

通过以上对双方在古镇旅游空间生产中关注的相同点和不同点的分析，可以看出资本和旅游市场的博弈主要集中在旅游价格和旅游空间上。

1. 资本和旅游市场在旅游价格上的博弈

价格的提高就意味着会有更多利润的增加，因此高价格成为资本在旅游空间生产中追求的目标，但是过高的价格也可能会失去旅游市场的青睐；同时由于旅游市场具有较大的选择空间，这使旅游者对于古镇旅游产品的报价有了一个可比较的区间，在这个区间内他们可以争取到最低的价格，这样双方在旅游价格上就会形成一个博弈的局面。

2. 资本和旅游市场在旅游空间上的博弈

一方面，出于成本的考虑，资本希望旅游者按照既定的旅游空间进行消费；另一方面，旅游者为了实现旅游产品效用的最大化，希望能够在更加广阔的空间获得旅游感受。同时这种博弈还反映在旅游市场希望以古镇为核心形成一个完整的旅游经历，这就会产生一个不同旅游地之间在产品质量、服务态度、产品价格等方面的比较，从而影响到旅游者对古镇旅游的评价，为此，资本从维护自身利益的角度出发，不希望旅游者将自己的旅游产品和其他投资者的产品形成一个整体，因此，双方就会在旅游空间范围上进行一个博弈。

四、Ⅰ类和Ⅱ类动力系统之间的博弈

由于上述四类动力系统对资本第一重循环的态度是相似的，而对资本的第二、第三重循环表现出了不同的态度，因此我们将会分别从两个方面来分析Ⅰ类和Ⅱ类动力系统在古镇旅游空间生产中的博弈。

（一）Ⅰ类和Ⅱ类动力系统在资本第一重循环中的博弈

虽然双方在资本的第一重循环中都表现出了积极的态度，但是由于各自视角的不同，在利益分配方面形成了博弈。

古镇旅游空间生产Ⅰ类动力系统追求的是区域整体经济效益和当地的社区收入，即追求的是地区利益最大化；而古镇旅游空间生产的Ⅱ类动力系统则追求的是旅游投资者和旅游者利益的最大化，即追求的是非地域利益最大化。这样就会在利益的分割上产生分歧和进行博弈，这种博弈的结果就是旅游发展阶段的演变。

首先，这种博弈是有前提的，即双方都有利可图，只要一方失去了可分割的利益，这种博弈就会停止，古镇旅游的发展也会停止。因此，在保护双方有利可图的情况下，对中间利益的争夺成为双方博弈的重点。

其次，随着古镇旅游发展，通过不断的争夺，双方在利益分割的比例上会基本达成一致，但是双方出于利益最大化的考虑，就会希望通过增加总的利润来提高自身的收益，这样就会促使古镇旅游的发展向着满足双方利益最大化的方向发展，即通过提升旅游产品的附加值和升级旅游产业来实现，这样的结果就是古镇的旅游发展阶段由最初的观光为主、以休闲度假为主的旅游发展阶段。

（二）Ⅰ类和Ⅱ类动力系统在资本第二、第三重循环中的博弈

Ⅰ类和Ⅱ类动力系统在资本第二、第三重循环中的博弈，主要表现在双方在旅游空间方位和旅游经营管理模式上的博弈。

1. 双方在旅游空间范围上的博弈

一方面，古镇旅游空间生产的Ⅰ类动力系统希望尽可能地保证古镇居民的生活空间，限制旅游空间的无限制发展；另一方面，出于追求效益的最大化[1]，古镇旅游空间生产的Ⅱ类动力系统希望进一步扩大古镇旅游空间的范围。当然，如果古镇生活空间被无限制地压缩，那么就会引起权力的干预和社区的反抗，最终古镇的旅游空间范围也会被压缩甚至消亡；同时，如果无限制地扩展生活空间，压缩旅游空间，那么古镇旅游的发展就会受到极大限制，Ⅰ类动力系统也会无法获得极大利益。这样在古镇的空间范围上就会形成一个博弈的局面。这种博弈的结果就是古镇旅游地产的兴起与发展。双方

---

[1] 这里的利益最大化主要体现在资本经济效益的最大化，旅游市场旅游体验效益的最大化。而这种最大化效益的实现，是以古镇旅游空间的延伸为前提的。

出于维护自身利益的角度考虑,都希望获得更多的空间范围,这样就会使古镇过渡空间地带的增加,但是由于古镇内部既有空间是固定的,同时由于古镇文化遗产资源及其环境的保护,即使在过渡空间地带也无法形成满足上方对空间产品的不断需求,这样就会促使古镇向外围空间扩展,形成既能满足Ⅰ类动力系统生活空间需求,又能满足Ⅱ类动力系统旅游空间需求的旅游地产项目。

2. 双方在管理模式上的博弈

Ⅰ类动力系统内部博弈的结果是推动社区参与古镇旅游的发展,Ⅱ类动力系统出于自身利益的考虑,则会尽量排斥社区直接参与古镇旅游的经营管理,这样双方就会在经营管理问题上形成分歧。同时双方也会在权力对管理过程的是否要干预以及干预的方式和程度上形成博弈。一方面,如果Ⅱ类动力系统激励地排斥Ⅰ类动力系统对古镇旅游经营管理的参与,则会削弱Ⅰ类动力系统发展旅游的积极性,Ⅱ类动力系统也会最终丧失旅游发展的红利;另一方面,如果Ⅰ类动力系统不改变原有的对古镇旅游发展的干预模式,他们同样也会丧失最终的旅游发展红利,这样双方就会在古镇旅游经营管理这个问题上形成一个以管理权力争夺为核心的博弈局面。这种博弈局面的最终会导致双方作出让步,一方面,Ⅰ类动力系统权力由直接关于变成监督和引导,社区则积极参与到了古镇旅游发展的经营管理中来;另一方面就是资本作出让步,将古镇的经营管理权分享给社区一部分,同时古镇的经营管理会更加尊重市场的发展规律。这样,由于这种博弈的存在,使古镇的经营管理模式发生了变化,即由权力、资本主导型,演变成权力引导、多元参与的经营管理模式。

第三节 本章小结

空间生产理论主要探讨的是权力和资本对于城市空间生产的推动作用,也就是说城市空间的表征从本质上来说是资本和权力意识形态中的空间。但是由于古镇本身的独特性,使社区和市场在古镇空间生产中的推动作用有多么重要,因此,古镇空间生产的推动力由城市空间生产中的权力和资本二维动力转变为权力、资本、社区和市场四维动力,进而古镇空间的表征也转变为权力、资本、社区和市场意识形态的空间。

资本是古镇旅游空间生产动力系统中的推力。古镇旅游开发本质上就是资本按照能够便于其流通和增值的空间模式来改造古镇的空间，并表现出改造的工具和改造的双重属性，即资本在改造古镇空间的过程中既要投资（工具）又要增值（目的）。资本是通过改造古镇的物质空间和精神空间来推动古镇的旅游空间的形成和发展变化的。

市场是古镇旅游空间生产动力系统中的拉力。古镇旅游空间只有按照主要客源市场需求进行生产，才能形成古镇旅游实践活动，进而拉动古镇旅游空间的生产；同时主要客源市场游客旅游偏好的改变，也会影响到古镇旅游空间的发展变化，促进古镇旅游空间的进一步完善和优化。

权力是古镇旅游空间生产动力系统中的规范者。权力通过影响资本的可进入性或流动性来影响古镇旅游空间的发展变化方向；同时权力通过采取行政的、经济的措施来引导和规范市场活动；权力同样会对古镇社区居民的生产和生活发挥引导和约束功能。

社区居民是古镇旅游空间生产动力系统中的生产者。作为古镇空间的原有者，他们既是古镇空间的生产者，又是古镇空间的使用者，他们从物质和精神两个方面对古镇旅游空间的生产和发展演变产生影响。

古镇的旅游空间的生产正是在资本、权力、市场和社区四种力量的推动下进行的，但是这四种力量在古镇空间的生产过程中的意图并不是完全一致的，这就导致他们为了实现自己的目的而推动古镇旅游空间向着自己想象中的空间形态生产，从而导致相互之间在古镇空间生产中的矛盾和合作。这种矛盾和合作主要表现在资本、权力、市场和社区四者在古镇资本三重循环中的博弈。本书根据各个动力因素对资本循环过程中所主动关注对象的相似性，将古镇旅游空间生产中的四维动力系统具体划分为两个类别，即Ⅰ类动力系统，关注的是资本循环的全过程，这类主要包括了政府和社区居民；Ⅱ类动力系统，重点关注其中某个过程，如资本对第一重循环的重点关注，旅游市场对第一、第二重循环的关注。这样这种博弈就表现在Ⅰ类动力系统和Ⅱ类动力系统自身内部的博弈以及它们之间的博弈。

Ⅰ类动力系统中，权力和社区在古镇空间生产中关注点的不同主要体现在关注对象的空间范围、长远利益和出发点不一致，进而导致他们在文化遗产保护、经济效益、古镇管理、古镇空间上进行博弈；Ⅱ类动力系统，由于资本和旅游市场在古镇旅游空间生产中关注视角和范围的不同，导致他们之间在古镇旅游价格和空间上进行博弈。

Ⅰ类和Ⅱ类动力系统在资本第一重循环中的博弈。双方在利益分割的比例上会基本达成一致，但是双方出于利益最大化的考虑，就会希望通过增加总的利润来提高自身的收益，这样就会促使古镇旅游的发展向着满足双方利益最大化的方向发展，即通过提升旅游产品的附加值和升级旅游产业来实现，这样的结果就是古镇的旅游发展阶段由最初的观光为主、以休闲度假为主的旅游发展阶段。

Ⅰ类和Ⅱ类动力系统在资本第二、第三重循环中的博弈。主要表现在双方在旅游空间方位和旅游经营管理模式上的博弈，形成一个以管理权力争夺为核心的博弈局面。一方面，Ⅰ类动力系统权力由直接参与变成监督和引导，社区则积极参与到了古镇旅游发展的经营管理中来；另一方面就是资本做出让步，将古镇的经营管理权分享给社区一部分，同时古镇的经营管理会更加尊重市场的发展规律。这样，由于这种博弈的存在，使古镇的经营管理模式发生了变化，即由权力、资本主导型，演变成权力引导、多元参与的经营管理模式。

第五章　古镇空间生产的完成

表征的空间是居住者和使用者的现实空间，它是一个空间内部处于强势地位和弱势地位人群之间妥协的结果，同时又是一个不断变化和发展的空间，是古镇空间生产的完成形态。

现实的古镇旅游空间形态也就是古镇旅游表征的空间，就是在上述四大动力的推动下，对古镇旅游资源即古镇旅游空间实践的改造，最终形成古镇城域空间、文化遗产空间、自然景观空间、商业经济空间和公共交往空间等五大空间形态体系。

第一节　古镇旅游空间生产坐标系的构建

空间生产的过程就是空间实践的表征化所形成的表征后的空间[①]，就古镇旅游空间的生产过程而言，也就是资本、权力、市场和社区通过博弈在古镇旅游资源开发和保护方面达成一致，形成古镇旅游空间的现实形态，即古镇表征的空间，最终完成古镇旅游空间的生产。

本节正是基于古镇旅游空间生产过程的内涵和所表现出来的特征，分三步走形成古镇旅游空间的现实形态，完成古镇旅游空间的生产。第一步，依据四维动力体系在古镇旅游空间生产中关注点的不同，进而对资本、权力、市场和社区在古镇空间生产中博弈的结果进行判断；第二步，在第一步的基

---

① Enri Lefebvre. The Production of Space [M]. Translated by Donald Nicholson‐Smith. Oxford UK: Blackwell Ltd., 1991.

础上，依据资本、权力、市场和社区在 14 个小的方面所形成关注的共同点，构建古镇旅游空间生产四维动力综合评价体系，形成他们对古镇旅游资源保护和发展的基本态度；第三步，从资源的完整性、现有空间基础以及未来发展余地三个角度对古镇旅游资源的现状基础进行综合判断，并结合古镇旅游空间生产四维动力综合评价体系对于古镇旅游资源的评估，构建古镇旅游空间生产坐标系，对古镇旅游资源的开发和保护做出一个综合判断，为古镇现实旅游空间形态的形成奠定基础。

一、四维动力博弈结果判断

依据上一章关于古镇旅游空间生产中四维动力体系相互博弈的分析，如表 5-1 所示，从经济效益、社会效益、文化效益和旅游效益四个角度对资本、权力、市场和社区的博弈结果进行判断。

表 5-1 古镇空间生产四维动力系统博弈

关注对象		权力关注点	社区关注点	资本关注点	市场关注点	博弈结果
经济	收入增加	财政、税收	个人收入	资本增值	基本不关注	共同受益
	就业效果	区域整体	个体	一般关注	基本不关注	整体就业水平增加
	投资	可持续性	收入增加	风险—收益平衡	基本不关注	投资的良性发展
社会	生态环境	生态可持续	空气、水、植被	生态的经济效益	绿色旅游原生态	生态可持续、绿色旅游
	社会公益	社会福利	社会捐助	社会捐助		增强社会责任感
	消费者权益	保护消费者权益	个人诚信	企业诚信	权利的维护	投诉及时处理
	生活水平	社会公共产品供给	生活环境改善、社会福利增加	旅游基础设施和服务设施的价值增值	整体的旅游体验	便捷、舒适的服务设施；有利于增强所在区域居民幸福感和安全感

续表

关注对象		权力关注点	社区关注点	资本关注点	市场关注点	博弈结果
文化	古迹保护	全面的价值	注重文化和经济价值	经济价值优先	文化、社会价值	保护和利用的协调发展
	非物质文化	文化传承	文化传承和经济价值	文化传承的经济价值	文化的魅力	区域型整体保护
	社区文化	丰富	丰富	增强社区的合作	公共交往空间的延伸	社区文化生活的丰富
旅游	区域旅游形象	树立区域旅游整体形象	一般关注	与其利益相关区域	关注区域整体形象	古镇区域旅游整体形象的树立
	旅游收入增加	区域整体	个人收入	企业的效益	基本不关注	收益的平衡
	旅游产业结构的完善	区域产业结构	个人或家庭工作机会的增加	资本的进一步增值	旅游空间的延伸	完善旅游产业结构,增加旅游收入水平
	游客数量增加	区域整体数量	古镇的游客量	能够带来资本增值的游客量	作为对目的地口碑了解的一个途径	古镇游客数量增加,推动区域整体的就业水平

（一）资本、权力、市场和社区在经济效益方面的博弈判断

如表 5-1 所示,古镇旅游空间生产所带来的经济效益主要表现在收入、就业和投资三个方面。

1. 四维动力在收入方面博弈结果的判断

就收入而言除了市场表现出基本不关注以外,其他三者都较为关注,但是关注的视角不同,权力关注的整体地区的整体效益,例如税收、财政的增加,而社区和资本关注的个体的利益增加,例如社区关注的个人和家庭收入的增加,而资本关注的是自身的增值问题。这样四维动力体系在收入方面的博弈就表现在资本、权力和社区之间整体和个体利益的博弈,最终博弈的结果是:一方面,三方达成一个利益合理分配的比例;另一方面,为了进一步增加各自的收益,在分配比例一定的情况下,都希望通过增加整体收入来实

现共同收益。

2. 四维动力在就业方面博弈结果的判断

通过对表5-1的分析，我们可以看到，资本对就业表现出来的关注度较低，它们只是在可以带来更多资本增值的情况下，才对就业表现出关注。市场对于就业基本不关注，因此四维动力在就业方面的博弈主要表现在权力和社区之间。权力希望的是区域整体就业水平的增加，而社区关注的是古镇居民个人和家庭就业水平的增加，这样双方就存在一个整体和个体的博弈，最终博弈的结果是：在增加古镇自身就业水平的基础上实现区域整体就业水平的增加。

3. 四维动力在投资方面博弈结果的判断

通过对表5-1的分析，我们可知市场对于投资的基本不关注。因此，在投资增加方面的博弈主要表现在资本、权力和社区之间的博弈。资本对于投资增加基本会考虑两个问题：①通过增加投资，可以带来自身资本的增值；②这种资本的增值必须是在可控的风险范围内活动。权力对于投资的关注主要表现在能够为地区带来持续的资本投资，进而推动地区经济的繁荣，尤其是资本能够流向第二、第三重循环。社区对投资的关注表现为两个方面：①社区自身的投资，即社区直接参与古镇旅游的开发，这时候它们关注的重点和资本是一致的；②他们对资本投资的关注，主要是希望这种投资能够为他们带来收入的增加、居住环境的改善，这时候他们的关注点基本和权力保持一致。这样三方在投资方面博弈的结果就是：实现投资的良性发展，即投资是在可控范围内逐步增加，并且向第二、第三重循环流动。①

（二）资本、权力、市场和社区在社会效益方面的博弈判断

依据表5-1，古镇旅游空间生产所带来的社会效益主要表现在生态环境、社会公益、消费者权益和生活水平四个方面。

1. 四维动力在生态环境方面博弈结果的判断

如表5-1所示，资本、权力、市场和社区对于生态环境都表现出了极大的关注，但是他们彼此之间关注的焦点不同。其中权力、社区和市场对于生

---

① [美]戴维·哈维. 后现代的状况对文化变迁之缘起的探究网 [M]. 北京：商务印书馆，2003.

态环境的关注点基本一致,都希望保护好生态环境,实现生态的可持续发展。资本由于自身的本性决定了他们对于生态环境的关注的前提是通过生态环境的保护能够为其带来经济上的收益,并且这种收益要明显大于投入,这样四维动力在生态环境上的博弈就表现为资本和权力、市场、社区之间的博弈,这种博弈的结果是:生态旅游、绿色旅游的兴起和发展。一方面,可以促进生态环境的保护;另一方面,则可以带来相应旅游收入的增加。

2. 四维动力在社会公益方面博弈结果的判断

如表 5-1 所示,虽然资本、权力、市场和社区对于社会公益都表现了关注,但是他们之间的视角还是有所不同的。资本和市场更多的是从社会捐助的角度去关注社会公益事业的发展,即通过社会捐助增加企业和个人的社会责任感。权力和社区是从社会福利的角度去关注社会公益事业的,即他们希望通过古镇旅游的发展,增加地区的社会福利。这样在公益事业方面博弈的结果就是地区福利的增加和社会责任感的提升。

3. 四维动力在消费者权益方面博弈结果的判断

在消费者权益的维护方面,权利和市场表现得最为积极。消费者权益维护的直接利益相关者就是旅游者,因此,他们的关注度最高,希望自己的权益能够得到保护。出于提升区域整体旅游形象的考虑,权利对于消费者权益的维护也表现出了极大的兴趣,希望通过维护消费者的合法旅游权益,提高古镇所在区域在旅游客源市场的美誉度,进而增加区域的整体旅游人数。相比较权利和市场,资本和社区对于消费者权益的关注主要是从自身出发,希望通过增加企业诚信和个人的诚信来保护消费者权益,进而带来自身利益的提高。这样四维动力在消费者权益方面的博弈结果就是:一方面,及时处理相关投诉,保护消费者的合法权益;另一方面,古镇星级和诚信企业及个体经营者的出现,即权力和市场达成一致,通过星级和诚信企业及个体经营者的评定来保护消费者的合法权益。

4. 四维动力在生活水平方面博弈结果的判断

依据表 5-1 可知,古镇社区生活水平的提升主要是通过资本的第二重和第三重循环的结果。[①] 在生活水平的提升方面,旅游市场相对关注较弱。资

---

① [美] 戴维·哈维. 后现代的状况对文化变迁之缘起的探究网 [M]. 北京:商务印书馆, 2003.

本希望通过改善古镇旅游基础设施和服务设施，获得资本的增值，即通过增加资本在第二重和第三重循环的投入，提升资本在第一重循环中的超额利润。权力关注的焦点是社会公共产品的供给，即区域整体生产和生活服务设施的提升。社区则主要希望生活环境得到改善，社会福利有相应的增加。这样在生活水平方面的博弈主要集中在权力、社区和资本之间，即资本第一重循环、资本第二重循环和资本第三重循环之间的博弈。博弈的结果是：区域整体生活生产设施更加便捷、舒适，社区居民的幸福感和安全感有所提升，同时资本在第一重循环中的利益得到提升。

（三）资本、权力、市场和社区在文化方面的博弈判断

依据表 5-1 可知，资本、权力、市场和社区在文化方面的博弈主要表现在古迹保护、非物质文化遗产传承和社区文化繁荣三个方面。

1. 四维动力在古迹保护方面博弈结果的判断

由表 5-1 可知，资本、权力、市场和社区对于古迹的保护都比较关注，但是他们的出发点有所不同，这种不同点集中表现在古迹价值的博弈上。权力对于古迹保护的关注是从其全面价值的角度考虑，既注重其文化、社会价值，同时也强调其通过发展旅游所带来的经济价值。资本对古迹保护的目的则是开发，即发展古镇旅游，并获得资本增值的回报。由于古迹本身是社区日常生活空间的组成部分，因此社区对于古迹的保护既有文化、社会方面的需求，又有通过发展旅游业获得经济增值的需求，就这点而言，社区和权力在古迹保护的态度上基本能够达成一致。由于古迹本身是古镇吸引旅游市场的依据和基础，因此市场对于古迹的保护情有独钟，比较注重其文化和社会价值。这样，四者在古镇古迹保护上博弈的结果是：古镇古迹的保护和开发之间关系的有效处理，即可持续地利用古镇的古迹资源。

2. 四维动力在非物质文化遗产传承方面博弈结果的判断

如表 5-1 所示，在古镇非物质文化遗产传承方面，权力比较注重的是如何创造条件使非物质文化遗产能够更好地传承，也就是说，注重的是对非物质文化遗产的保护，以及通过对其保护进而发挥其社会和文化价值。由于非物质文化遗产本身是古镇社区居民生产和生活中的技能或者是习俗，即对社区具有极大的依赖性，因此社区对于非物质文化遗产的保护，首先，考虑到

的是文化的传承；其次，在传承的基础上更好地发挥其经济价值。资本对于非物质文化遗产的保护主要是出于其能够带来更多的经济价值，即非物质文化遗产实现经济效益的能力。和古迹资源一样，非物质文化遗产也是古镇吸引旅游市场的依据和基础，因此，市场对非物质文化遗产的保护主要看重的是它的文化和社会价值。这样四者在古迹保护方面博弈的结果是：对非物质文化遗产进行区域性整体保护①，既要保护好非物质文化遗产，又要发挥其经济价值。

3. 四维动力在社区文化繁荣方面博弈结果的判断

通过对表5-1的分析，我们可以看出，资本对于古镇社区文化繁荣的关注是被动的，即希望通过对社区文化的关注，增加与社区的合作关系。在社区文化繁荣方面，权力和社区的态度是一致的，繁荣社区文化生活就是权力提升区域整体形象的手段，同时又是权力构建和谐社会的目标。对于社区而言，社会文化生活的繁荣，是提升他们兴奋感的重要措施。市场对于社会生活繁荣关注，主要是从旅游空间延伸的角度出发的，即繁荣的社区文化生活，往往能够增强旅游者对古镇旅游空间的理解，增加他们的旅游体验。这样四者在于社区文化生活方面博弈的结果是：社区的文化生活逐渐丰富起来，并作为吸引旅游者的重要旅游产品被推向旅游市场。

（四）资本、权力、市场和社区在旅游效益方面的博弈判断

依据表5-1可知，资本、权力、市场和社区在旅游效益方面的博弈主要表现在区域旅游形象、旅游收入、游客数量和旅游产业结构四个方面。

1. 四维动力在区域旅游形象方面博弈结果的判断

就区域旅游形象的关注方面，如表5-1所示，权力和市场最为关注。权力希望通过古镇旅游的发展，将古镇及其所在区域好的一方面向外界传播，

---

① 就整体性而言，非物质文化遗产保护工作不但涉及非遗本身，而且要考虑非遗赖以存在环境的保护。就区域性而言，非物质文化遗产的范围往往跨越了行政区域的界限。现在我国对于非物质文化遗产区域性整体保护的主要措施就是建立文化生态保护区。文化生态保护区是指以保护非物质文化遗产为核心，对历史积淀丰厚、存续状态良好，具有特殊价值和鲜明特色的文化形态进行整体性保护，以促进经济社会全面协调可持续发展而划定的特定区域，文化生态保护区建设是实现非物质文化遗产活态传承、整体性保护、可持续性保护的重要方式，是当前我国非物质文化遗产保护工作的重要内容。

树立区域良好的整体形象，从而带动区域社会、经济、文化的全面发展。区域的整体形象往往是旅游者选择旅游目的地的重要评价标准，一个资源禀赋极高，但是社会治安很差的古镇是很难获得旅游者青睐的。社区居民和权力比较而言，他们更多关注的是与自身关系较为紧密的区域即古镇的形象，希望通过树立古镇的良好形象，提升自身的自豪感和增加旅游经济效益。资本增值的本性决定了其对于区域形象的关注和社区一样，也是集中在古镇范围，即与其利益相关区域的形象。这样四者之间在区域旅游形象方面博弈集中表现在区域范围的博弈，其博弈的结果是：通过树立古镇良好的旅游形象，进而促进区域形象的提升。

2. 四维动力在旅游收入增加方面博弈结果的判断

依据表5-1我们可以看到，市场对于古镇旅游收入的增加基本上是不关注的。权力将其关注的焦点放到了区域整体旅游收入的增加上。社区关注的是居民个人和家庭通过参与古镇旅游所带来的直接收益。资本关注的是通过发展古镇旅游，自身增值的能力。在古镇旅游收入增加方面的博弈主要集中在资本、权力和社区三者之间，其博弈的结果是：为了使自身收益得到最大化和持续化，居民收入、企业效益和区域整体效益之间会实现一个平衡。

3. 四维动力在旅游者数量方面博弈结果的判断

旅游者数量是衡量古镇旅游发展水平的重要指标，因此，受到资本、权力、社区和市场的共同关注，但是由于自身出发点的不同，因此四者之间在旅游者数量方面也存在博弈的情况。具体表现在：权力注重的是通过古镇旅游所能够带来的区域所有旅游者数量的增加；资本则关注的焦点是能够使其资本增值最大化的旅游者数量；社区对旅游者数量的关注呈现出来一个变化的过程，即古镇旅游发展初期，社区希望旅游者能够大量涌入古镇，进而促进他们收入的增加，后来，随着旅游者数量的不断增加，社区居民的日常生活受到极大干扰，因此，他们又希望对旅游者的数量进行限制；[①]而市场将目的地旅游者数量作为对目的地口碑了解的一个重要途径。[②] 以上四者在旅

[①] 通过国内外对比研究，我们可以发现，越是成熟的旅游目的地，当地社区居民对于旅游者数量增加的关注度越低。

[②] 这种现象在旅游学上称为从众心理，即越是旅游者多的目的地，越会受到旅游者的青睐，这种现象在旅游客源市场成熟度较低的时候表现得越突出。

游者数量方面博弈的结果是：古镇旅游者数量保持到一个相对平衡的状态，即社区居民能够忍受的状态，或者是旅游生活新区的建立，这也是推动古镇旅游房地产发展的重要因素。

4. 四维动力在旅游产业结构方面博弈结果的判断

在就古镇旅游产业结果的关注上，通过表5-1我们可以看出，权力主要是希望通过古镇旅游的发展，推动区域旅游产业结构的升级，进而实现区域经济结构的完善。资本则是希望通过古镇旅游产业结构的调整和完善，进一步扩大资本增值的空间，这也是推动古镇旅游房地产发展的重要因素。社区居民则是希望通过古镇产业结构的调整，增加自己的就业机会和提高自己的就业水平，进而提高自己和家庭的收益。旅游市场则是希望通过古镇旅游产业结果的升级和扩大，进一步延伸自己在古镇的旅游活动空间。这样四者在旅游产业结构方面博弈的结果是：旅游空间进一步扩大，旅游整体效益增加。

二、四维动力综合评价体系的构建

通过对资本、权力、市场和社区四维动力博弈结果的判断，我们可以知道它们在古镇旅游空间生产中在经济效益、社会效益、文化效益和旅游效益四个方面进行了博弈并达成了一致，据此我们构建四维动力对于空间实践即古镇旅游资源的综合评价体系。

表5-2 四维动力综合评价体系二级评价指标

一级指标	经济效益			社会效益			文化效益			旅游效益		
二级指标	收入水平	就业效果	投资水平	生态环境	社会公益	生活水平	消费者权益	非物质文化遗产传承	社区文化	古迹保护	旅游形象	旅游收入	旅游人数	旅游产业结构

如表5-2所示，这一体系首先包含了四个一级指标即经济效益、社会效

益、文化效益和旅游效益；其次每个一级指标下面又包含了若干二级评价指标。如表5-2所示，经济效益一级指标包含了收入水平、就业效果、投资水平三个二级指标；社会效益一级指标包含了生态环境、社会公益、生活水平、消费者权益四个二级指标；文化效益一级指标包含了古迹保护、非物质文化遗产传承、社区文化三个二级指标；旅游效益一级指标包含了旅游形象、旅游收入、旅游人数和旅游产业结构四个二级指标。

同时依据四维动力博弈结果的判断（见表5-3），本书又在每个二级指标下构建了若干三级指标，包含了利益分配、整体收益、整体就业、本地居民就业比例、投入持续增加、资本流向第一重循环与第二、第三重循环的比例、生态环境保护、生态旅游发展、社会福利、社会责任感、投诉的处理、诚信评价制度[①]、生活设施、幸福感、安全感、教育水平、古迹保护、古迹利用、社区认同（古迹）、传承能力、开发程度、社区认同（非物质文化遗产）[②]、社区文化生活水平、旅游者参与程度、古镇旅游形象、区域旅游形象、旅游收入的增加、增加的期望、游客数量的平衡、旅游新区的建立、整体效益增加、产业升级、旅游空间扩大等33个三级指标。这样就构成了一个涉及4个一级评价指标、14个二级评价指标和33个三级评价指标的古镇空间生产四维动力综合评价体系。

表5-3 古镇空间生产四维动力综合评价体系

一级指标	二级指标	三级指标
经济效益	收入水平	利益分配
		整体收益
	就业效果	整体就业
		本地居民就业比例
	投资水平	投入持续增加
		资本流向第一重循环与第二、三重循环的比例

[①] 古镇星级和诚信企业及个体经营者的出现，即权力和市场达成一致，通过星级和诚信企业及个体经营者的评定来保护消费者的合法权益。

[②] 第一个社区认同是指对古迹的社区认同，第二个社区认同是指对非物质文化遗产的社区认同。

续表

一级指标	二级指标	三级指标
社会效益	环境保护	生态环境保护
		生态旅游发展①
	社会公益	社会福利
		社会责任感
	消费者权益	投诉的处理
		诚信评价制度
	生活水平	生活设施
		幸福感
		安全感
		教育水平
文化效益	古迹保护	古迹的保护
		古迹的利用
		社区认同
	非物质文化遗产的传承	传承能力
		社区认同
		开发程度
	社区文化	社区文化生活水平
		旅游者参与程度
旅游效益	旅游形象	古镇旅游形象
		区域旅游形象
	旅游收入	旅游收入增加
		增加的期望②
	游客数量	游客数量平衡③
		旅游新区的建立
	旅游产业结构	产业升级
		整体效益增加
		旅游空间扩大

---

① 这里的生态旅游是指广义的生态旅游，即依托良好自然环境开展的旅游活动，主要包括生态旅游和绿色旅游。

② 这里增加的期望主要是指权力、资本和社区通过发展古镇旅游获得了旅游收入，同时他们在收入的分配上达成一致。

③ 古镇旅游者数量保持到一个相对平衡的状态，即社区居民能够忍受的状态。

本书应用灰色系统理论来确定表5-3中各级旅游评价指标的权重。

1. 灰色系统

灰色系统是指"部分信息已知,部分信息未知"的"小样本","贫信息"的不确定性系统,[①] 通过对"部分"已知信息的生成、开发去了解、认识现实世界,实现对系统运行行为和演化规律的正确把握和描述。[②]

灰色系统和概率统计、模糊数学都是以不确定性为研究对象,与后两者不同之处在于灰色系统关注的是"小样本"和"贫信息"的研究对象。

2. 灰色系统理论

灰色系统理论是由邓聚龙教授创立的,邓教授是在借鉴信息论和控制论的观点,综合应用数学的方法实现对"小样本","贫信息"的不确定性系统的综合研究。该理论具体包含了灰色系统建模理论、灰色系统控制理论、灰色关联分析方法、灰色预测方法、灰色规划方法、灰色决策方法等。[③] 灰色关联分析方法就是在系统信息不完全的情况下,找到系统中各要素对目标值的重要性,为决策提供精度较高的数据分析依据。[④] 灰色关联分析的方法是对一个系统发展变化态势的定量描述和比较的方法,通过确定参考数列和相关数列之间的关联系数和关联度,对系统发展态势的进行比较分析。

3. 灰色关联分析具体步骤

(1) 确定灰色分析数列。灰色分析数列是由参考数列和相关数列构成的,参考数列就是系统中的目标值数列,相关数列是影响目标值的各个相关要素数列。设系统的参考数列为:

$$Y_0 = \{Y_0(1), Y_0(2), \cdots, Y_0(n)\} \tag{5.1}$$

相关数列为:

$$Y_\iota = \{Y_\iota(1), Y_\iota(2), \cdots, Y_\iota(n)\} \text{ 其中,} \iota = 1, 2, \cdots, m \tag{5.2}$$

那么,数列 Y_0 和数列 Y_ι 就是系统的灰色分析数列。

(2) 灰色关联系数的计算。

记 $\Delta_\iota = |Y_0(k) - Y_\iota(k)|$ 其中,$k = 1, 2, \cdots n; 1 \leq \iota \leq m$ (5.3)

[①] 邓聚龙. 灰色控制系统 [M]. 武汉:华中工学院出版社,1985.
[②] Liu Sifeng. On Measure of Grey Information [M]. The Journal of Grey System, 1995.
[③] 邓聚龙. 灰色控制系统 [M]. 武汉:华中工学院出版社,1985.
[④] 刘思峰等. 灰色系统理论及其应用(第三版)[M]. 北京:科学出版社,2004.

那么参考数列 Y_0 在 K 点的灰色关联系数为：

$$R(Y_0(k), Y_\iota(k)) = \frac{\min_\iota \min_k \Delta_\iota(k) + a \max_\iota \max_k \Delta_\iota(k)}{\Delta_\iota(k) + a \max_\iota \max_k \Delta_\iota(k)}, \quad (5.4)$$

其中，$a \in [0, 1]$，称为分辨率系数，这里取 a=0.5。

对于两个系统或系统中两个因素之间，随时间或不同对象而变化的关联性大小的程度，称为关联度。相关数列 Y_ι 对于参考数列 Y_0 的灰色关联度的计算公式为：

$$R_\iota = R(Y_0, Y_\iota) = \frac{1}{n} \sum_{k=1}^{n} (R(Y_0(k), Y_\iota(k))) \text{ 其中, } \iota = 1, 2, \cdots, m = 1.5$$

4. 相关数据的获取

首先，通过对专家访谈、实地调研的方式，明确了四维动力对于以上各级指标的关注程度；其次，结合四维动力博弈的结果，对于四维动力体系中的三个级别指标分别赋分，四维动力达成的一致性越高①，该指标的分数就越大，其中各级指标的分值范围是大于 0，小于或等于 10。

5. 灰色关联度的计算

依据获得的古镇旅游空间生产四维动力评价体系中三级指标体系的分值来计算相对于二级指标的关联度，即权重。将二级指标作为参考数列，分值为 10 分，将各二级指标相应的三级指标作为相关数列，这样就形成了两组灰色数列。由式（5.1）得到的参考数列：

$Y_i = \{Y_i(1), Y_i(2), Y_i(3)\} = \{10, 10, 10\}$

其中，$i=1, 2, 3, 4$（表示三级指标对应的二级指标）。

由式（5.2）可以得到一组灰色数列的相关数列，即：

$Y_a = \{Y_a(1), Y_a(2), \cdots, Y_a(i)\}$

其中，Y_a 表示灰色相关数列。

如表 5-4 所示，根据式（5.3）和式（5.4），可以求得相对于二级指标的各三级指标的灰色关联度，即权重。

---

① 这里的一致性表现在两个方面：一是四维动力关注的角度类似，分歧小；二是四维动力关注的程度，如四者全部关注要比三者关注，其中一者不关注的权重要高，依次类推。

表 5-4 古镇空间生产四维动力评价体系三级指标相对于二级指标的关联度

二级指标	三级指标	关联度	二级指标	三级指标	关联度
收入水平	利益分配	0.6	古迹保护	古迹的保护	0.4
	整体收益	0.4		古迹的利用	0.3
就业效果	整体就业	0.4	非物质文化遗产的传承	社区认同	0.3
	本地居民就业比例	0.6		传承能力	0.4
投资水平	投入持续增加	0.5		社区认同	0.3
	资本流向第一重循环与第二、第三重循环的比例	0.5		开发程度	0.3
环境保护	生态环境保护	0.6	社区文化	社区文化生活水平	0.7
	生态旅游发展	0.4		旅游者参与程度	0.3
社会公益	社会福利	0.6	旅游形象	古镇旅游形象	0.7
	社会责任感	0.4		区域旅游形象	0.3
消费者权益	投诉的处理	0.5	旅游收入	旅游收入增加	0.4
	诚信评价制度	0.5		增加的期望	0.6
生活水平	生活设施	0.4	游客数量	游客数量平衡	0.8
	幸福感	0.2		旅游新区的建立	0.2
	安全感	0.2	旅游产业结构	产业升级	0.4
	教育水平	0.2		整体效益增加	0.4
				旅游空间扩大	0.2

同理，可以求得二级评价指标相对于一级评价指标的关联度，即权重，这样就可以获得整个评价体系的权重数值，如表5-5所示。其中一级指标的权重是由专家直接给出，即四个一级指标相对于古镇旅游空间的重要程度近似一致，因此它们的权重都取0.25。

表 5-5　古镇空间生产四维动力综合评价体系各级指标的权重

一级指标	权重	二级指标	权重	三级指标	权重
经济效益	0.25	收入水平	0.3	利益分配	0.6
				整体收益	0.4
		就业效果	0.3	整体就业	0.4
				本地居民就业比例	0.6
		投资水平	0.4	投入持续增加	0.5
				资本流向第一重循环与第二、第三重循环的比例	0.5
社会效益	0.25	环境保护	0.3	生态环境保护	0.6
				生态旅游发展①	0.4
		社会公益	0.2	社会福利	0.6
				社会责任感	0.4
		消费者权益	0.3	投诉的处理	0.5
				诚信评价制度	0.5
		生活水平	0.2	生活设施	0.4
				幸福感	0.2
				安全感	0.2
				教育水平	0.2
文化效益	0.25	古迹保护	0.4	古迹的保护	0.4
				古迹的利用	0.3
				社区认同	0.3
		非物质文化遗产的传承	0.4	传承能力	0.4
				社区认同	0.3
				开发程度	0.3
		社区文化	0.2	社区文化生活水平	0.7
				旅游者参与程度	0.3

---

① 这里的生态旅游是指广义的生态旅游，即依托良好自然环境开展的旅游活动，主要包括生态旅游和绿色旅游。

续表

一级指标	权重	二级指标	权重	三级指标	权重
旅游效益	0.25	旅游形象	0.3	古镇旅游形象	0.7
				区域旅游形象	0.3
		旅游收入	0.2	旅游收入增加	0.4
				增加的期望①	0.6
		游客数量	0.2	游客数量平衡②	0.8
				旅游新区的建立	0.2
		旅游产业结构	0.3	产业升级	0.4
				整体效益增加	0.4
				旅游空间扩大	0.2

三、古镇空间生产坐标系的构建

本书在古镇空间生产四维动力综合评价体系的基础上，结合古镇旅游资源的现状基础，③ 构建古镇旅游空间生产坐标系，即古镇空间的实践—空间的表征坐标系，④ 从而为古镇旅游空间形态的形成奠定基础。

如图 5-1 所示，坐标系的横轴为空间的实践，共有五个档次：①0~2 档表示古镇旅游资源的现有基础极差，基本没有发展空间，进一步旅游开发难度较大，只能够进行保护性开发；②2~4 档表示古镇旅游资源的现有基础较差，有一定的用地空间，但是发展空间不大；③4~6 档表示古镇旅游资源的现有基础一般，发展空间和前景一般，投入一定的力量，有发展起来的可

---

① 这里增加的期望主要是指权力、资本和社区通过发展古镇旅游获得了旅游收入，同时他们在收入的分配上达成一致。
② 古镇旅游者数量保持到一个相对平衡的状态，即社区居民能够忍受的状态。
③ 在综合分析对比国内外古镇旅游发展的经验的基础上，并运用头脑风暴法将现状资源的完整性、资源赖以生存的空间基础状况和未来空间发展余地三个指标的权重分别确定为 0.5、0.3、0.2。同时为了与古镇旅游空间四维动力综合评价体系在评价过程中取得一致，对资源类别的赋分也采用十分制，即每种资源的分值区域为 0~10。
④ 这里空间的实践主要是古镇旅游资源的现状，空间的表征是指古镇空间生产四维动力综合评价体系对于空间实践的评价结果。

能；④6~8档表示古镇旅游资源的现有基础较好，发展空间和前景较为乐观；⑤8~10档表示古镇旅游资源的现有基础极好，有充分的用地空间，是古镇旅游近期开发的主要方向。

坐标系的纵轴表示四维动力综合评价指标体系对于古镇旅游资源的评价结构，也有五个档次：①0~2档表示空间动力系统中基本没有关注，即使有关注，也很难在博弈上形成一致；②2~4档表示至少有两维动力关注，有达成一致的可能性；③4~6档表示有三维动力关注，达成一致的可能性较大；④6~8档表示有四维动力关注，基本能够达成一致；⑤8~10档表示四维动力全部关注，并且能够达成一致。

这样整个坐标系就构成了25个分区，其中，A分区（X≤6，Y≥6）表示旅游资源基础较弱，但是空间表征关注度高，这类要素要选择价值大的再现；B分区（X>6，Y>6）表示旅游资源基础较好，同时空间表征关注度高，这类是重点再现；C分区（X≥6，Y≤6）表示旅游资源基础较好，但是空间表征关注度不高，这类是中后期考虑的发展空间；D分区（X≤4，Y≤4），即两者条件都较差，为舍弃区域；E分区（4≤X≤6，4≤Y≤6）为中间区域。

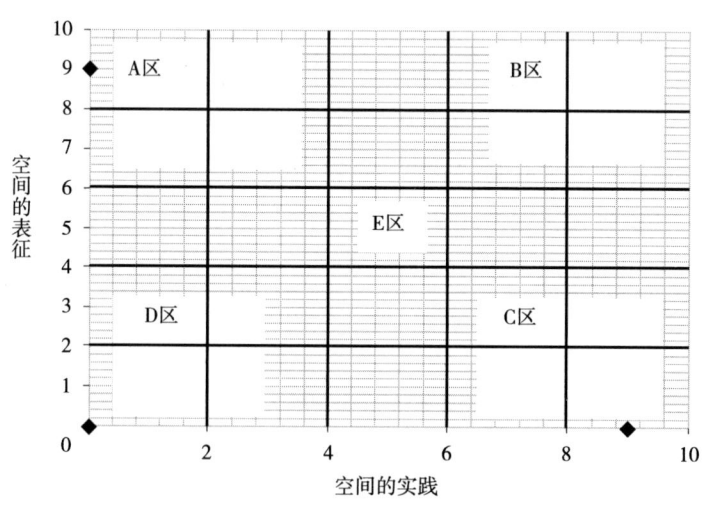

图5-1　古镇旅游空间生产坐标系

第二节　古镇的旅游空间形态

空间的实践在空间的表征推动下，最终形成了表征的空间，即古镇旅游资源在四维动力的推动下，通过古镇旅游空间生产坐标系形成古镇的旅游空间形态。古镇旅游空间形态是一个涉及古镇各个方面的立体式的综合概念，不仅仅是通常所熟知的空间形式、空间结构等物质形态内容，还涉及物质性形态的精神内涵，即古镇旅游空间的精神空间内容。通过对古镇旅游资源类别的界定以及古镇空间生产四维动力的关注点分析，古镇旅游空间的形态主要是指古镇的城域空间、文化遗产空间、自然景观空间、商业经济空间和公共交往空间及其之间的相互关系，是一个以"实体空间为本、文化空间为魂、业态空间为基、交往空间为脉"的空间形态。下面从古镇旅游空间元素系统、功能和相互关系三个方面来阐释古镇旅游空间形态的基本内涵。

一、古镇旅游空间形态的元素系统

古镇旅游空间的组成元素系统主要包括两大类：古镇物质旅游空间和古镇精神旅游空间两个部分。其中古镇物质旅游空间元素主要包括古镇现存的和历史上存在的并且可以复原的，以物质形态存在的空间形态元素，例如古镇的城域空间形态元素、古镇的商业经济空间形态元素、古镇的自然景观空间形态元素、古镇的文化遗产空间元素以及古镇的公共空间形态元素等物质形态元素。

古镇的精神旅游空间形态元素主要是通过上述物质空间形态元素所体现出来的古镇空间的精神内涵。通过古镇城域空间形态元素可以看到地域文化特征、古代的建筑设计理念[①]和传统的风水学思想等。例如暖泉古镇通过城域空间形态所表现出来的农牧交错带上农耕文明和游牧文明之间的冲突、交

---

① 古镇城域的空间结构和内部的建筑设计理念往往在反映当地地域文化特征的时候，还会体现出中国古代流传下来宝贵的建筑思想、建筑形制等，例如，关于都城建设的《营造法式》和古镇建设的法天象地思想以及传统的风水学思想等。

流和融合的关系。①

二、古镇旅游空间形态元素的功能

如表 5-6 所示，古镇旅游空间形态元素的功能主要涉及使用功能和价值功能两个部分。

表 5-6　古镇旅游空间元素的使用功能和价值功能

古镇空间	使用功能	价值功能
城域空间	居住、交通、生活	礼制和地域文化特征
自然景观空间	美化、休闲、游憩和环境保护	天人合一、对自然界的认知和价值观
商业经济空间	商品的生产、交易和消费	商业文化特征、行业规范和经济发展水平
文化遗产空间	记忆、休闲	精神寄托、文化认同、价值观
公共交往空间	生活、交流	人与人之间的各种关系，价值观

（一）古镇旅游空间元素的使用功能

1. 城域空间的使用功能主要是居住、交通、生活（见表 5-6）

根据史料记载，暖泉古镇在尧、舜时期属冀州，商周时期属代国，战国时期为赵、秦等国角逐之地，秦、汉、三国、两晋时，均属代郡，暖泉属平舒县治，镇西现存高大的封土汉墓群，便埋葬着当年的官僚显宦。唐宋时期是汉族与少数民族争夺之地。元朝建镇，明清时发展为"三堡、六巷、十八庄"，从此暖泉成为蔚县西部交通枢纽和商业交流、居住生活的重要集聚地。

2. 自然景观空间的使用功能是美化、休闲、游憩和环境保护（见表 5-6）

暖泉镇旧时水资源丰富，水文化独特。古时，暖泉有"水过凉亭八角

---

① 例如上文所阐述的暖泉古镇的城域空间在整体形态上是由三堡、六巷和十八庄所构成的，三堡尤其是北官堡（西古堡和中小堡在一定程度上反映了文明之间的冲突）反映的是两大文明之间的冲突；六巷则通过其历史上繁荣的商业形态反映的不同文明之间的交流；十八庄则成为不同文化、种族、地域人群的共同栖息之地。

井，大诗前面佛爷镜"的美誉。清光绪版《蔚州志》中曾有记载"出城西三十里暖泉堡中，泉之源以石瓮分东西流"，① 又说"其水澄清如鉴，三冬不冻，故云"。② 当时，暖泉镇之泉水，四季水温如一，寒冬腊月，水面积气如蒸；三伏盛夏，泉水清凉，有冬暖夏凉之感，暖泉之名正源于此。逢源池是边长约二十七公尺的方形池，而"佛镜"则是直径约十五公尺的圆形池，除此之外，镇北部还有一海子，三处主要水源汩汩环村绕街而过，洋溢着一派小桥流水的江南水乡风韵。

3. 商业经济空间的使用功能是商品的生产、交易和消费功能（见表5-6）

西市、上街、下街与"河滩"共同组成暖泉最主要的集市和街道，呈现出西边狭长、东边宽敞的三角形布局。这是从暖泉的交通和地理特点发展而来的，属于典型的"马路经济"，因过往商旅众多而自然形成此格局。可以说暖泉古镇是因军事而立，因商贸而兴。

4. 文化遗产空间的使用功能是记忆、休闲（见表5-6）

暖泉古镇历史悠久，由壶流河谷地发现的旧石器和众多的新石器时代遗址等考古资料可以推溯，早在两万年前的旧石器时代晚期，已有人类在暖泉一带定居生活。

5. 公共交往空间的使用功能是生活、交流等功能（见表5-6）

即古镇的空间既是古镇原著居民生活、交流的空间，也是古镇旅游者生活交流的空间以及古镇旅游者与当地居民交流的空间。

（二）古镇空间元素的价值功能

如表5-6所示，人们的精神寄托和价值观念即空间价值功能反映的是其空间的使用功能，例如城域空间的价值功能反映的是礼制和地域文化特征；自然景观空间价值功能反映的是天人合一、对自然界的认知和价值观；商业经济空间价值功能反映的是商业文化特征、行业规范和经济发展水平；文化遗产空间价值功能反映的是精神寄托、文化认同、价值观等；公共交往空间价值功能反映的是人与人之间的各种关系、价值观等内容。

---

①② 罗德胤. 蔚县古堡 [M]. 北京：清华大学出版社，2007.

三、古镇旅游空间形态元素之间的相互关系

（一）互补关系

不同的旅游空间元素之间并不是相互独立、互不相干的，而是相互补充、相互促进的。例如地域空间元素、自然景观空间元素、文化遗产空间元素及公共交往空间元素之间在生活和休闲方面的互补性，自然景观空间元素、文化遗产空间元素、公共交往空间元素之间在价值观方面的互补性，商业经济空间元素、文化遗产空间元素和城域空间元素之间在地域文化特征方面的互补性。

（二）统一关系

主要是在不同空间元素之间不仅是互补的，而且还是相互重叠、互相统一的。重叠关系主要反映为使用功能上的重叠，城域空间元素的居住功能很大一部分也就是文化遗产空间和自然景观空间的功能，例如一些古镇的历史民居既是当地居民居住生活的空间，也是古镇历史文化集中体现的空间。

第三节　本章小结

表征的空间是空间的实践在空间的表征推动下形成的，标志着空间生产的完成。古镇表征的空间（古镇旅游空间形态）是古镇空间的实践（古镇旅游旅游资源）在古镇空间的表征（古镇空间生产动力体系，即资本、权力、市场和社区）推动下形成的，是古镇空间生产完成的标志。古镇空间形态的形成是建立在古镇空间生产动力体系对古镇旅游资源综合评价的基础上的，即通过构建古镇空间生产坐标系形成古镇旅游空间形态，完成古镇空间的生产。

首先，依据四维动力体系在古镇旅游空间生产中关注点的不同，进而对资本、权力、市场和社区在古镇空间生产中博弈的结果进行判断，寻找他们对于古镇旅游资源关注的共同点。即从经济效益、社会效益、文化效益和旅

游效益4个大的方面分别对上述四位动力关注点进行判断，进而形成他们在4个大的方面，14个小的方面关注的共同点，作为构建古镇空间生产四维动力综合评价体系的基础。

其次，依据资本、权力、市场和社区在14个小的方面所形成关注的共同点，构建古镇旅游空间生产四维动力综合评价体系，最终形成一个涉及4个一级评价指标、14个二级评价指标和33个三级评价指标的古镇空间生产四维动力综合评价体系。

最后，在古镇空间生产四维动力综合评价体系的基础上，结合古镇旅游资源的现状基础，构建古镇旅游空间生产坐标系，即古镇空间的实践—空间的表征坐标系，对古镇旅游资源的开发和保护做出一个综合判断，为古镇现实旅游空间形态的形成奠定基础。

古镇旅游资源在四维动力的推动下，通过古镇旅游空间生产坐标系形成古镇的旅游空间形态。古镇旅游空间形态是一个涉及古镇各个方面的立体式的综合概念，具体包括了古镇的城域空间、文化遗产空间、自然景观空间、商业经济空间和公共交往空间及其之间的相互关系，是一个以"实体空间为本、文化空间为魂、业态空间为基、交往空间为脉"的空间形态。

第六章 暖泉古镇旅游空间生产实证研究

第一节 暖泉古镇作为实证研究对象的缘由

本书选择暖泉古镇作为农牧交错带上古镇旅游空间生产的实证研究对象，主要是考虑到以下三点原因：一是从地理、文化区位上来看，暖泉古镇是农牧交错带上古镇的典型代表；二是从本身资源的禀赋上来看，暖泉古镇是"中国历史文化名镇"，其中西古堡和华严寺是国家级文物保护单位，资源禀赋较高；[①] 三是从古镇保护的紧迫性上来看，由于历史的和现实的原因，暖泉古镇的保护现状不容乐观，出于方便当地居民的考虑，当地政府对西古堡内部街巷的路面采取水泥硬化处理，原先的石板路已经荡然无存，北部的夯土堡墙也被镶了砖面；华严寺的用地空间被极大地压缩，四周被商业街区所包围，因此，采取必要措施加强暖泉古镇的保护已经刻不容缓。正是基于以上三点，本书选取暖泉古镇作为具体的实证研究对象。

一、暖泉古镇概述

暖泉镇位于河北蔚县境内西部，东经114026′，北纬39048′，向西3千米即是河北与山西的省界线。全镇16个行政村，16649人，镇域面积57.3平方千米，其中镇区内8个行政村，10411人，居民区面积1.3平方千米。[②]

[①] 这一部分和第二节暖泉古镇旅游资源综合分析是一致的，所以统一归结到第二节进行分析。
[②] 来源于网络资料，http：//baike.baidu.com/view/670057.htm。

清光绪版《蔚州志》中曾有记载"出城西三十里暖泉堡中,泉之源以石瓮分东西流",又说"其水澄清如鉴,三冬不冻,故云"①暖泉。暖泉古镇历史悠久。由壶流河谷地发现的旧石器和众多的新石器时代遗址等考古资料可以推溯,早在两万年前的旧石器时代晚期,已有人类在暖泉一带定居生活。有史料记载,古镇在尧、舜时期在冀州的管辖范围内,商周时期归属于代国,战国时期是秦、赵等国角逐之地。秦、汉、三国、两晋时,均属代郡,在平舒县治下,镇西现存高大的封土汉墓群,埋葬着当年的官僚显宦。唐宋时期是汉族与少数民族的争夺之地。元朝建镇,明清时发展为"三堡、六巷、十八庄",从此暖泉成为蔚县西部的交通枢纽和商贸中心。1958年成立暖泉人民公社,1984年恢复镇建制至今。②

二、暖泉古镇的地理、文化区位的特殊性

(一)暖泉古镇的地理区域

中国有一条非常著名的地理分界线——400毫米等降水量线,它分开了中国的干旱区和湿润区,同时也产生了两种截然不同的生产方式——游牧和农耕。赵松乔先生最早将其定义为"农牧交错过渡地带"。是指年降水量400毫米左右,农业区和畜牧区过渡地带。这条过渡带跨越12个省(自治区),包括226个县(旗、市),其中内蒙古52个县、四川46个县、西藏38个县、甘肃28个县、黑龙江15个县、吉林11个县、青海13个县、辽宁7个县、河北6个县、陕西6个县、宁夏3个县和山西1个县。③

壶流河畔,扼守"太行八陉"之一飞狐陉的暖泉古镇恰好位于这条过渡带上。壶流河正好位于我国北方自西向东通往燕山地区以及自南而北从华北平原通往蒙古大漠的两条交通要道的交汇之处;飞狐陉既是人们穿越太行山脉的主要通道,也是北方农业区和畜牧区的重要过渡带。

---

① 罗德胤. 蔚县古堡[M]. 北京:清华大学出版社,2007.
② 来源于网络资料,http://baike.baidu.com/view/670057.htm。
③ 薛晓辉. 北方农牧交错带变迁对蒙古族经济文化类型的影响[D]. 北京:中央民族大学经济学院,2007:16.

（二）暖泉古镇的文化区位

在中国历史上这条分界线以北的游牧民族由于生产力的不稳定和军事上的强大，经常南下侵扰分界线以南的中原农耕民族。如图6-1所示，明代北京西北方向用于抵御蒙古侵扰的防线是由内外两层构成的长城防线，紫荆和倒马是内长城的关隘，蔚州（现在的蔚县）是两关的屏障。

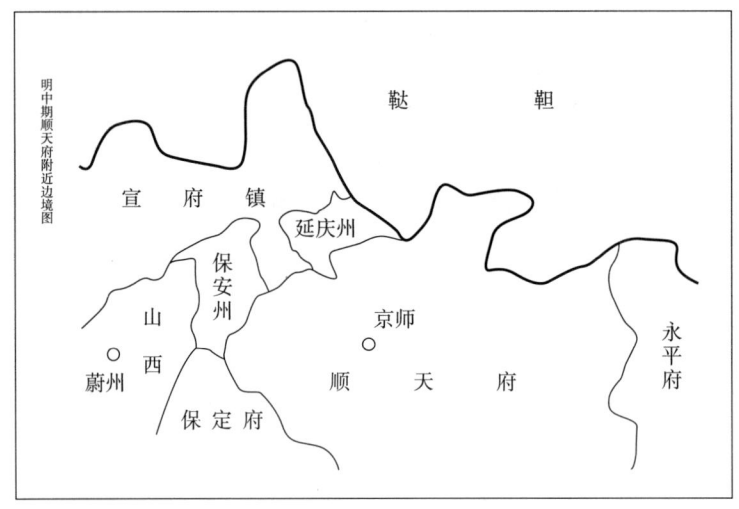

图6-1　明代京西边防图①

蔚县地形分为南中北三部分，南北和北部是山区，中部是由壶流河冲积成的盆地，暖泉古镇位于壶流河畔，扼守"飞狐陉"，自古以来就是两大文明之间冲突、交流和融合的地带，这从暖泉古镇"三堡、六巷、十八庄"这种"住、商、防"三位一体的空间格局就可以看出。

1. 文明的冲突——三堡

暖泉古镇因战争而建，军事防御功能就成了其最初的历史功能。建造年代最早的北关堡为古代驻军屯兵之地，坚固的堡墙、庄严的歇山顶门楼、大堡套小堡复杂的双层防线、遍布堡内的古粮仓、古地道，无不彰显出一种威

---

① 来源于《蔚州志》，由蔚县政府提供。

严的军事气息。后来又陆续修建了西古堡和中小堡，这样三堡互为犄角，构成了暖泉的基本军事防御体系。①

2. 文明的调和——六巷

后来，随着农耕和游牧两大文明不断接触，双方由"竞立对抗为并驾齐驱"，调和交流就成了双方接触的必然结果。② 作为这种接触最前沿阵地的这些古堡，成为双方交流的中心。由于两大文明在经济上的互补性，双方交流主要表现在商业贸易方面。可见，由于文明的接触，商贸经济功能成为这些古堡除了军事防御功能外的又一重大历史功能，甚至在和平时期超越其军事功能成为主要的历史功能。六巷是古时将暖泉各个部分有机联系起来的交通动脉，也是商业的主要活动空间。由于暖泉是从山西广灵通往蔚县的必经之地，自古以来，从广灵的方向过来的商队，源源不断地从"西券门"进入暖泉集市，草原来的皮货、马匹和中原地区的日常生活用品在这里进行交易。绝佳的交通区位，使暖泉古镇很快成为蔚县西部最重要的商业中心。

3. 文明的融合——十八庄

随着两大文明进一步的交流融合，尤其是出于政治上戍边的考虑，大批民众由内地和草原迁徙到这些古堡，加之商业贸易的发展，居住功能的重要作用凸显出来，逐渐成为其主要功能之一。十八庄：高度发达的商业和良好的居住环境，使暖泉成为京西各民族人民的诗意栖息之地。

可见，作为农牧交错带上典型代表的暖泉古镇，其历史功能有一个逐步演变的过程，即由军事防御功能逐步向商业贸易功能和居住功能演变，而这种功能上的演变恰好反映了农耕文明和游牧文明之间由相互冲突，逐步转变为调和、交融的过程。

三、暖泉古镇保护工作的紧迫性

由于旅游业没有发展起来，暖泉古镇文化遗产保护资金主要来源于专项拨款、财政支出和居民自发投入三个方面。专项拨款主要是"国家历史文化名镇"专项保护资金、国家级文物保护单位专项保护资金以及省市县文物保

---

① 刘青. 河北省蔚县暖泉镇西古堡研究 [D]. 天津：天津大学建筑学院，2005：28.
② 李彪，郭奇斌. 古民族战争遗址主题旅游开发模式研究 [J]. 求索，2009 (11)：88.

护单位专项保护资金；财政支出主要是蔚县和暖泉镇两级财政对于古镇保护的支持；居民自发投入主要是对于一些产权属于个人的古民居、古商铺、古寺庙①等维修投入。由于居民自身能力的限制，未被列入各级政府保护名单的文化遗产保护资金严重不足，即使被列入了各级政府保护名单的文化遗产后续保护资金严重不足。正是由于保护资金的不足，导致暖泉古镇文化遗产保护工作严重滞后。

图 6-2　西古堡、中小堡、北官堡街巷现状

如图 6-2 所示，暖泉古镇中以西古堡和中小堡保存最完好，北官堡保存较差。三堡中有相当一批住宅目前无人居住，废弃或坍塌后平整建起新房。另外古镇内电线布置杂乱，缺少统一规划管理；大多电线直接钉在建筑的墀头上，甚至钉在砖雕花板上，严重破坏了建筑墙体和构件，使古镇的面貌受到严重影响。

第二节　暖泉古镇空间生产的基础

空间的实践是可感知的物质环境，包括历史上发生的和现实存在的一切人类成果，包括了实物以及实物空间、人类的行为空间等，是空间生产的现实基础。现存的和历史上曾经发生的一切物质的和非物质的文明成果，只要是能够用来进行旅游开发的，为旅游者提供服务的，都可以称为古镇旅游资源，因此古镇的旅游资源构成了古镇空间的实践，是古镇空间生产的前提和基础。

---

① 暖泉古镇现存古寺庙的产权，很大一部分属于古镇居民个人所有。

本书主要从物质类旅游资源和精神类旅游资源两个角度对暖泉古镇的旅游资源进行分析。

一、暖泉古镇物质类旅游资源分析

古镇物质旅游资源就是指在古镇中或由古镇所引发的周边区域内在历史上所发生和留存下来的,并能作为吸引旅游者来访依据的一切物质形态的空间实践都可以成为古镇的物质旅游资源。根据古镇物质旅游资源表现形式将其分化为以建筑形式出现的建筑类物质旅游资源、以文化遗址形式出现的遗址类物质旅游资源、以自然和人文景观形式出现的景观类物质旅游资源三个类别。

（一）暖泉古镇遗址类物质旅游资源

暖泉古镇现存的遗址类旅游资源主要是能够反映暖泉古镇商业经济活动的废弃古瓷窑和能够反映古镇社会生活状况的壶流河谷地人类活动遗址。

（二）暖泉古镇建筑类物质旅游资源

暖泉古镇有国家级重点文物保护单位西古堡和华严寺两处,县级保护重点文物有暖泉书院、北官堡、汉墓群和古瓷窑4处。镇保重点文物有朝阳楼、关圣庙、苍竹轩古院、"九连环"套院、古花厅和古当铺门店等6处。如表6-1所示,暖泉古镇现存建筑类物质旅游资源共有八大类,镇内保存较好并有独特风格的古寺庙、古民居、古店铺、古城堡等有200余处,其中古居民宅院180余处,这些民居大多为砖木结构,青基石条。

表6-1 暖泉古镇现存建筑类物质资源一览

类别	现存资源
宗教与祭祀活动场所	白衣庵（观音庙）、天主教堂、魁星楼、灵侯庙、财神庙、观音庙、安养寺、观音殿、地藏寺、老君观、关帝庙、华严寺等
军事观光地	北官堡城门、西古堡瓮城

续表

类别	现存资源
城堡	北官堡、西古堡、中小堡
人工洞穴	北官堡地道
名人故居与历史纪念建筑	董钅予知县院、张邦奇故居、董汝翠东西楼房院、刘徽典举人院、九连环院
书院	王敏书院
特色店铺	油坊、钱庄、青砂器店、洗染店、皮毛作坊、铁匠铺、铜匠铺、豆腐坊、古董铺
墓（群）	张家坟园、汉墓群

（三）暖泉古镇景观类物质旅游资源

1. 暖泉古镇自然景观类物质旅游资源

自然景观类物质资源主要是指构成景观的主体虽然也有人为的因素，但是其主导作用的是自然因素，主要包括了古镇内部及其周边的山、水、田、园等以自然形态存在的景观类旅游资源，往往是构成古镇天际线的主体。

表6-2 暖泉古镇自然景观类物质旅游资源一览

主类	亚类	基本类型	旅游资源
A 地文景观	AA 综合自然旅游地	AAD 滩地型旅游地	壶流河水库滨岸滩地
	AC 地质地貌过程遗迹	ACH 沟壑地	凉山及其北面一带
		ACN 岸滩	壶流河岸滩
B 水域风光	BA 河段	BAA 观光休憩河段	壶流河
	BD 泉	BDA 冷泉	逢源池、佛镜
C 生物景观	CA 树木	CAC 独树	古柳树、红豆树
	CD 野生动物栖息地	CDC 鸟类栖息地	壶流河水库
D 天象与气候景观	DB 天气与气候现象	DBB 避暑气候区	壶流河、壶流河水库、暖泉古镇

如表 6-2 所示，根据国家标准《旅游资源分类、调查与评价》，可知暖泉的自然景观类物质旅游资源涉及地文、水域、生物、天象与气候四个主类、七个亚类、八个基本类型，自然景观类旅游资源十分丰富。暖泉古镇所处的区域地跨丘陵、河川，北高南低，平均海拔 940 米，位于衡山、燕山、太行山脉的环抱之中，河滩布有草甸土和水稻土，属东亚大陆性季风气候中温带亚干旱区，年降水量 390.9 毫米，平均气温 6.50℃，七月平均气温 22.00℃，年均有效积温 29670℃，年均日照时数 2921.1 小时，无霜期 131 天。良好的气候水文条件，使暖泉古镇获得了"塞上水乡"的美誉。①

2. 暖泉古镇人文景观类物质旅游资源

人文景观类物质旅游资源是指构成景观的主体是在人文因素的直接作用下形成并反映了人们价值观的景观资源，主要涉及建筑小品、设施和场所三个部分。

暖泉古镇把持着南来北往、东奔西走的交通要道，是古代的一处重要的商贸交通枢纽。历史上从广灵的方向过来的客商都必须从暖泉的"西券门"进入集市，如表 6-3 所示，西市、上街、下街与河滩街共同组成暖泉最主要的集市和街道。由于商业的发展，推动了古镇精神寄托场所类景观的兴旺，如表 6-3 所示，暖泉古镇街市的另一大特点就是乐楼（戏台）众多。同时，暖泉镇历史上水资源丰富，水文化独特素有"水过凉亭八角井，大诗前面佛爷镜"的美誉。

表 6-3　暖泉古镇人文景观类物质旅游资源一览

类别	现存资源
水景	逢源池、佛镜
古井	八角井、西古堡水井
文化活动场所	"打树花"广场、暖泉书院广场
古集市	西市街、上街、下街、河滩街、米粮市街
乐楼	西古堡戏楼、老君观戏楼等多处

---

① 来源于网络资料，http://baike.baidu.com/view/670057.htm。

二、暖泉古镇精神类旅游资源分析

古镇精神类旅游资源主要是指古镇在形成、发展演变的过程所体现出来的精神特质和精神内涵。

（一）暖泉古镇历史类精神旅游资源

历史类精神旅游资源主要是通过古镇物质形态资源所反映出来的重要历史事件、历史人物以及历史故事等精神文化旅游资源，是古镇精神文化旅游资源的基础和主体。这种精神特质和内涵的形成首先是一个动态的过程，是随着古镇社会经济文化的变化而发展演变的。

暖泉古镇的精神内涵即"农耕和游牧文化之间的冲突、交流和融合"就是一个动态的发展过程。

1. 文化的冲突

从文化的定义不难看出，文化是有界限的。这种界限既可能是由地缘空间造成的，也可能是由于经济生活、语言或心理造成的。在这种界限的内部，人们有共同的感受和看法，而随着社会的发展和生存环境的改变，这种界限会被打破。那么界限内部和外部的感受与看法就会冲突。塞维斯认为："人类早期社会组织的演化一般要经历族群、部落、民族和文明国家四个阶段。"① 而文化的冲突恰恰是这种由低到高社会组织形态演进的起点和重要推动力，这种社会组织形态的演进直接推动了人类文明的发展进步。

由于文化的冲突可能会引发一系列政治冲突、经济冲突、非物质层面冲突（非物质层面包括观念层面、行为层面、心理层面等广阔领域），② 最终可能导致战争的发生。在这一系列的冲突中，战争是最激烈、最高形式的冲突。农牧交错带上的古镇就是这种冲突的直接产物。但其背后却隐藏着农耕和游牧两大民族在政治、文化、非物质层面等全方位的冲突，并且文化的冲突是其起源。

暖泉古镇自古以来便是大同地区通往壶流河盆地、进而通往华北平原的

---

① 张岩. 从部落文明到礼乐制度·序言 [M]. 北京：三联书店, 2004.
② 谢子平. 秦汉之际区域文化的冲突与融合 [J]. 人文杂志, 2002 (1): 118.

一个军事要冲。为了实现其控制一方的战略部署，统治者出于军事防御目的建立了暖泉古堡，堡墙从设计到施工都严格遵循作战需求。在使用建筑材料上，堡墙开始用大石围砌，中间夯实泥土，后来随着火器的发明和制砖技术的高度成熟，夯土城墙已经不足以抗御火炮的攻击，青砖在堡墙建筑上得到广泛使用；在空间结构上，堡墙内有瓮城，外有护城河，结合望台、堡门、戎楼等，俨然构成一个多重立体型防御体系。堡墙内部的街巷曲径通幽，错综复杂。有"干"字形、"井"字形、"丁"字形等。出于防御安全的考虑，主要街巷路窄墙高，有较强的封闭感。

2. 文化的交流

李大钊在《调和之法则》一文中对交流做了归纳：肇于两让，保于两存；新旧之质性本非绝异；唯有两方，而无第三者；涵纳有容的并举精神。① 可见交流的实质是文化冲突双方的"竞立对抗为并驾齐驱"。即冲突双方共存，而非一方将另一方消灭。这是符合辩证的哲学思维的，冲突和融合就如一次质变，但是要完成这次质变需要调和这一漫长的量变过程。因此，农牧交错带上古镇所折射出的更深层次的文化内涵是交流。

作为两大文明最前沿阵地的古镇，暖泉古镇成为双方交流的中心。由于两大文明在经济上的互补性，双方交流主要表现在商业贸易方面。有迹可循的手工作坊有油坊、钱庄、青砂器店、洗染店、皮毛作坊、铁匠铺、铜匠铺、豆腐坊等。民俗火花，由于不同文化的碰撞和交融，在长期的历史生活中形成了独具特色民风民俗。流传较为久远的有丰富的庙会民俗、饮食民俗和独具特色的社火民俗。"打树花"更是登上了2010年央视元宵节晚会。

3. 文化的融合

文化融合是指外部文化和内部文化具有的不同特质的文化通过相互接触、交流进而相互吸引、渗透、融为一体的过程。可以说文化融合是文化冲突、调和的必然结果。文化融合和调和的最大区别在于调和是双方的"并驾齐驱"，而融合是双方的"合二为一"。农牧交错带上古镇所反映出来的最深层次的文化内涵就是冲突双方的融合。历史上民族文化融合的主线是"用夏变夷"，就是将少数民族文化融入汉文化。"用夏变夷"最早见于《孟子·

---

① 张宝明."调和"而非"折中"——李大钊文化思想撷论[J]. 东南文化，1993（6）：13.

滕文公上》，孟子曰："吾闻用夏变夷者，未闻变于夷者也"。① 同时也有汉文化融入少数民族文化的现象，也就是"夏变于夷"的说法，自战国经秦汉至南北朝，迁居云南的汉族大部分"变于夷"。②

随着两大文明进一步交流融合，高度发达的商业和良好的居住环境，使暖泉古镇成为京西各民族人们诗意的栖息之地。

（二）暖泉古镇传统文化类精神旅游资源

这类旅游资源主要是指能够反映我国传统文化中一些精髓的精神类旅游资源，是一般古镇精神类旅游资源的共性，主要表现在建筑及其空间方面的风水学思想和传统礼制观念。

1. 暖泉古镇建筑空间表现出来的风水学思想

暖泉古镇北高南低、背山面水的地形格局决定了其从北向南的空间发展轴线。古镇最早的定居点应该是在镇北的凉山上，后来由于军事战略上的需要，修建了北官堡。如图6-3所示，北官堡背靠凉山，面临壶流河，依山傍水、坐北朝南。同时北官堡在修建的过程中因势利导，顺应地形的走势，居于壶流河冲积的中心位置，符合中国传统风水学上适中居中和顺乘生气的原则。这些风水学上的思想一直被沿用到后来西古堡、中小堡的修建中。

2. 暖泉古镇建筑空间表现出来的传统建筑礼制

无论是先前的北官堡（见图6-3），还是后来修建的西古堡和中小堡都有明显的中轴线布局意识。如图6-4所示，西古堡有两座南北对称的堡门，南北堡门外各建一座瓮，两瓮城平面形制大小基本相当，建置布局对称。连接南北瓮城的是古堡的主街，主街两边各有三条小巷，民居建筑沿街巷两侧对称分布，建筑形制基本符合明清建筑规范。西古堡的空间布局明显符合我国传统建筑礼制中的"中轴对称"原则，这种"中轴对称"的原则直接影响到古堡内建筑的形制、位置、空间、结构等。

---

① 张以文. 四书全译[M]. 长沙：湖南大学出版社，1989：359.
② 刘弘浍."夏变于夷"的爨——汉文化与云南少数民族文化的融合[J]. 创造，1999（1）：47.

第六章 | 暖泉古镇旅游空间生产实证研究

图 6-3　暖泉古镇北官堡空间布局

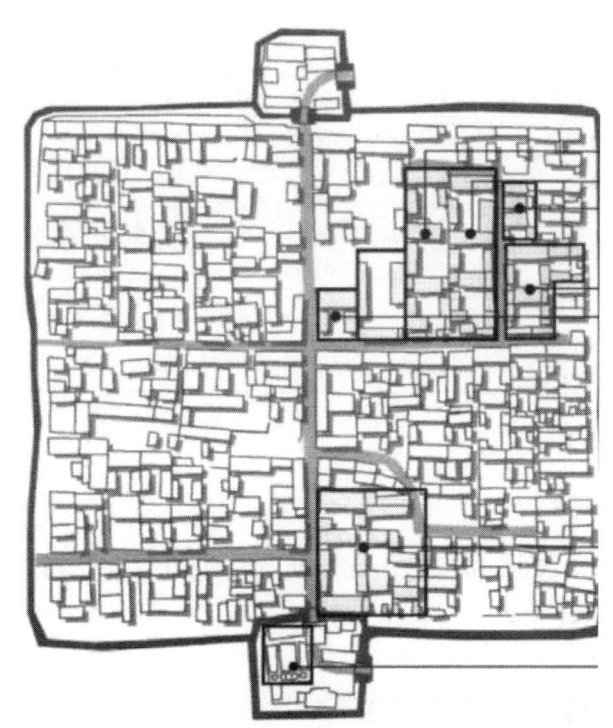

图 6-4　暖泉古镇西古堡空间布局

(三）地域文化类精神旅游资源

地域文化类精神旅游资源主要是通过古镇反映出来的，具有地域特征的文化类旅游资源，涉及古镇及其周边区域民俗、传统、习惯等日常生产生活的各个方面。如表 6-4 所示，暖泉古镇地域文化类精神旅游资源主要有菜品饮食、农林畜产品与制品、水产品与制品、传统手工制品与工艺品、历史人物事迹、民间节庆、民间演艺、庙会与民间集会等。

表 6-4　暖泉古镇地域文化类精神旅游资源一览

类别	现存资源
菜品饮食	暖泉大饼、粽子、"八大碗"、水晶粉坨、小米煎饼、五香驴肉、荞面饸饹、黄糕
农林畜产品与制品	小米、糊糊面、杏扁、糟豆腐、五香豆腐干、五香葵花籽、辣椒油
水产品与制品	湖鱼类、虾类
传统手工制品与工艺品	手工灯笼、剪纸、石雕、木雕、砖雕
历史人物	王敏、张邦奇、董揆叙、董汝翠、董釪、刘徽典
民间节庆	庙会、春节社火、灯会
民间演艺	"打树花"、牛斗虎、大头人、晃、扛搁、抬搁、背搁、大歌厅、民间吹奏、高跷、旱船、舞狮子
庙会与民间集会	祭祀玉皇大帝、祭祀观音圣诞、老添苍搭台唱戏、小天苍搭台唱戏、五道庙唱戏、真王庙唱戏、祭祀太上老君、龙王爷过圣诞

第三节　暖泉古镇旅游空间生产的动力

一、暖泉古镇旅游空间生产的动力体系

由前面关于古镇空间生产动力体系的分析可知，推动古镇空间生产的动

力主要由资本、权力、市场和社区等四维动力。据此，从这四个方面来探讨是如何推动暖泉古镇旅游空间生产的。

（一）资本

认为空间是资本赖以生存的基础，资本通过空间获得重生、增值。[①] 资本通过第一重循环向一般生产资料和消费资料的生产性投入。古镇的旅游生产资料主要涉及两个部分：①古镇的历史文化遗产和其依存的环境以及由它们所构成的空间机理，资本投向旅游劳动资料就是要对古镇的历史文化遗产和空间机理进行保护和修缮；②作为旅游劳动资料的旅游服务技能。古镇的旅游消费资料主要是指满足旅游者和当地居民从事旅游活动所需要的旅游生活服务设施，例如餐饮设施、住宿设施、购物设施等基本旅游消费设施。

河北旅游投资建设有限责任公司作为暖泉古镇旅游开发和经济管理的直接承担着，它对暖泉古镇旅游空间生产的推动将是我们研究的重点。

1. 资本对于暖泉古镇文化遗产的保护

根据暖泉古镇文化遗产的空间特征，资本主要采用"点""线"结合的方式来进行古镇的历史风貌保护、恢复（修复、复建、拆迁改造）。

（1）"点"的历史风貌保护及恢复提升。

"点"的历史风貌保护及恢复提升对象，主要指古镇内的单体文物古迹、古建筑，例如传统村堡、传统民居、古井、古树名木等。此外，还包括大体量单体文物古迹或古建筑内的重要历史建筑、场所、景观节点等。如图6-5所示，其中西古堡、华严寺和逢源池历史风貌恢复列入前期工程的重点；北官堡和中小堡大部分的历史风貌恢复列入中期工程的重点，包括堡墙修整和堡墙外围的拆迁改造等。

（2）"线"的历史风貌保护及恢复提升。

1）街巷风貌恢复与提升。

通过"百工坊"的建设，恢复上、下街、河滩街等旧时主要街道的商贸业态；通过恢复旧时古镇"六巷"（小巷、油坊巷、要扫巷、常家巷、乡绅

[①] Henri Lefebvre. The Production of Space [M]. Translated by Donald Nicholson-Smith. Oxford UK: Blackwell Ltd., 1991.

1 为西古堡所在位置
2 为中小堡所在位置
3 为华严寺所在位置
4 为逢源池所在位置
5 为北官堡所在位置

图 6-5　暖泉古镇重点区域风貌整治

注：标红的表示是近期重点工程标明位置，未标红的表示是中远期重点工程。

巷、皮坊巷）的商业业态，全面恢复古镇"六巷"风貌；对作为近期景区入口引景空间的东市街进行环境和风貌整治，包括外立面风貌整治和少量院落改造。

2）水系恢复与风貌提升。

原古镇水系主要由逢源池和佛镜两条水系构成，现今逢源池水流较小已接近断流。恢复古镇内部水系，复原暖泉古镇"塞北江南"的独特韵味。如图 6-6 所示，将壶流河水库作为主要水源，采取水泵抽水的方式循环用水。首先将水抽送至龙王庙的水塔，龙王庙内修建"龙口"景观，水流经"龙口"流出，其后分别经暗渠和明渠流向逢源池及新修复的景观水渠。在恢复原有水系的同时，引水通过上、下街、西古堡及中小堡主街。并配合景观小品、夜景灯光及绿化，全面复原暖泉的水乡神韵。

2. 资本对于暖泉古镇旅游人才的培训

根据古镇旅游发展的实际情况，资本现阶段主要以应用型基层服务人员

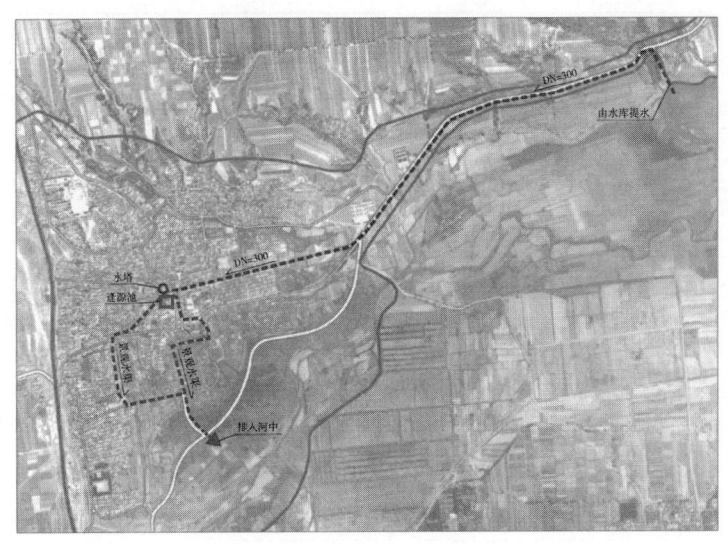

图 6-6　暖泉古镇水系的恢复

的培训为主,培训对象的选择坚持立足于本地人才、兼顾外地人才的原则。培训的方式主要是建立人才基地,与相关院校、专业机构进行合作培养。利用现有的职业中学、成人技术学校等加强旅游专业教学与专业培训,举办各种专业和职业技术培训班;与各旅游大专院校保持紧密联系,进行委托培养、定向培养、专业在职或脱产进修、短期培训;与张家口地区旅游专业教育机构合作,联合进行包括岗前培训、在岗培训、脱产与半脱产培训、函授、集中教学在内的各种培训教育。

3. 资本对于暖泉古镇旅游消费资料的生产

主要是为了满足旅游者和当地居民旅游和日常生活消费需求而生产的基本设施。如表 6-5 所示,资本在暖泉古镇旅游消费资料的生产上主要集中在了"食、住、行、游、购、娱、康体"等方面。

表 6-5　暖泉古镇旅游消费资料的生产

项目名称	建设内容
临街店铺恢复	西古堡主街南面，恢复四个临街店铺，分别为豆腐坊、皮坊、木匠铺和铁匠铺
民间工艺品展示中心	现西古堡村委会所在院落建设成为民间工艺品展示中心，主要展示暖泉及蔚县的民间手工艺品
影视展演中心	苑家院落（原二分校）进行风貌改善，形成影视作品拍摄基地及游客参观游览的影视展演中心
地藏寺改造	突出其佛教氛围，修复外侧戏台，开展宗教文化及庙会活动，提升古镇宗教文化氛围，并配以适当的旅游商业业态，修建必要的安全防护设施
古堡家庭旅馆	在中小堡南面选取适宜民居庭院，改造成为古堡特色家庭旅馆
京西民俗博览中心	位于北官堡南城门外侧，主要展示京西农耕文化、京西民俗饮食文化及京西民俗社火文化
古堡文化展示中心	通过京西古堡、蔚州古堡板块、暖泉古堡板块集中展示古堡文化
商道文化展示中心	将钱庄进行风貌改善，形成商道文化展示中心，兼具古玩、古董、字画拍卖功能
龙王庙恢复	将原龙王庙原址恢复，并新建水塔和"龙口"，作为暖泉水系恢复的主出水口
庙宇、道观修缮	对镇内现存的老君观等众多庙宇道观进行修缮
庭院式餐饮店及客栈	王敏书院西北侧空地（现仓库）修建庭院式餐饮店及客栈
主题酒店	位于古镇南侧，集餐饮、住宿及会议等功能于一体
旅游购物中心	在游客中心旁边设置旅游纪念品销售和日常购物点
新"树花"广场	近期沿用现镇内树花广场，但需在本区预留用地，未来发展形成包括"打树花""拜灯山"等民俗活动的展演场地
农田景观游道	沿壶流河水系，用于连接暖泉古镇和滨湖休闲度假组团
古堡会所	五星级主题酒店
水上乐园	戏水游乐区、水上竞技区、水上表演区等
环湖自行车道	环境整治、道路修整

（二）权力

在古镇的旅游发展中，权力主要表现为各级权力机关的意志，并以法律法规、政策文件的形式表现出来。

1. 暖泉古镇旅游发展的相关规划研究

（1）河北环京津休闲旅游产业带规划。提出了将蔚县打造成北京民俗生态休闲区的旅游发展定位，在此指导下重点发展：暖泉镇等蔚州古堡群的保护与利用、影视基地、剪纸艺术博物馆、自驾车服务体系、飞狐峪—空中草原旅游区、金河口旅游区。

（2）张家口市国民经济和社会发展第十二个五年规划纲要。以蔚县、主城区、坝上等区域为重点，以民俗文化和民俗风情为主题，通过深入挖掘和开发民俗文化，实施一批民俗风情园、民俗一条街等项目，着力培育民俗文化旅游品牌，打造具有张家口市特色和魅力的民俗风情旅游产业聚集区。

（3）蔚县国民经济和社会发展第十二个五年规划纲要。大空间构建，以蔚州古城为核心，将古镇、古堡、大南山、小五台、废矿区等旅游空间整合利用，打造复合型产品。宽领域整合，把保护文化遗产、宗教文化活动、文化创意之城三大文化结合起来。

（4）河北省蔚县旅游业发展总体规划（2009～2020）。以暖泉古镇、宋家庄、涌泉庄保存较完整的古堡群为核心，坚持保护第一、永续利用的原则，形成若干古堡组团发展模式，聚集古堡文化产品成群，形成相对独立、主题各异的文化体验目的地，丰富文化设施、增添文化活动、强化文化体验、构建文化景观、发展文化产业，培育蔚县旅游最突出的亮点。古堡旅游需要走整合的途径。一是古堡之间形成组合；二是古堡与周边旅游资源形成组合。前者形成规模效应，后者注入主题功能。暖泉镇古堡组团，与壶流河水库、玉泉寺和南山等形成组合。

（5）暖泉镇古堡旅游专项规划。充分发挥暖泉古堡的历史和文化优势，壶流河湿地的生态优势，逐步改善和提升暖泉生态环境、卫生环境和人文环境，提升旅游基础设施和接待设施水平，使暖泉成为蔚县旅游发展的一个重要支撑点，成为京津地区知名旅游休闲度假区。把旅游发展与"新农村建设"结合起来，促进暖泉镇经济结构的优化和调整，使旅游成为暖泉镇新的经济增长点，提高当地农民的经济收入。

2. 权力对暖泉古镇旅游空间生产的关注

（1）经济上的关注。

1）旅游与农业的互动与整合。通过古镇旅游业的发展，推动暖泉镇的新农村建设及农业现代化的发展。以旅游对农业观光、农副产品及中药材的需求，例如蔚县优质的小米、杏扁、食用菌产品，带动现代生态农业、观光农业及农家旅游的发展，促进农业产业化发展。

2）旅游与工业的互动与整合。旅游与工业的互动包括旅游发展对工业产品的依赖和工业旅游。暖泉镇旅游发展建设，尤其是配套服务设施的建设需要消耗大量工业产品，可以在一定程度上促进工业的发展。暖泉镇的工业相对比较薄弱，并不具备工业旅游的资源条件，但远期通过旅游的人群聚集，可在镇域范围内通过招商引资，发展清洁工业产业。

3）旅游业与商业的互动与整合。旅游休闲、娱乐、度假酒店、会所、庄园，乃至旅游购物街区、旅游购物店、旅游商品销售等都属于旅游业余商业的互动整合。

4）旅游业与交通业的互动与整合。在旅游与交通方面，暖泉的旅游发展，需要旅游交通的支持，同时也将带动暖泉镇的旅游交通和配套设施的进一步完善。例如旅游专用道路、旅游车辆、旅游车站、旅游道路标识系统的统一等。

5）旅游业与城市建设的互动与整合。暖泉镇旅游的建设与发展将在服务游客的同时，完善镇内的基础设施和公共活动空间，例如排水管线、垃圾清运、公共厕所及民俗节庆活动广场等公共活动空间等，同时，良好的城镇风貌是旅游发展必备的基础环境。此外，旅游发展的拆迁安置，土地转让费等将有助于古镇东北面新镇区的快速发展。

6）旅游业与文化产业的互动与整合。文化是旅游的灵魂，旅游的发展本身就离不开文化。暖泉古镇历史悠久，文保单位众多，此外还有丰富的非物质文化资源，这些资源是暖泉旅游业发展的基础。同时暖泉旅游业的做大做强，与文化产业的发展相辅相成，暖泉的"打树花"等民俗社火文化表演产业及扎灯笼、剪纸等民间手工技艺文化商品产业得以欣欣向荣发展的时候,暖泉古镇的旅游业也必然呈现出一派龙腾虎跃、火树银花的景象。

7)旅游业与教育业的互动与整合。旅游业与教育业的互动主要体现在旅游业的发展对人才的需求所带来的教育发展,例如当地的职业教育学校、旅游学校因就业态势良好而获得较好的教学支持及生源。此外,还包括古镇导游词的编制及导游培训等教育产业。

(2)生态上的关注。建立综合决策机制,加强生态环境保护工作力度;建立合理的自然保护分区,明确不同分区内的旅游开发行为和保护力度;加强生态环境管理能力建设,依靠科技进步保护生态环境;完善地方生态环境政策和法规体系,依法保护生态环境;充分利用经济手段,实现环境成本内部化;加强生态环境教育和宣传,提高生态环境保护意识。

(3)文化上的意图。贯彻"保护为主,合理利用,加强管理"的文物古迹保护基本思想,以文物古迹、古建筑、古民居的保护为前提,进行保护性旅游开发,保护并恢复、提升暖泉古镇的历史风貌,保持暖泉古镇的完整性和典型性。

(三)市场

市场对于古镇旅游空间生产的推动主要表现为市场的需求特征以及这些需求被满足的程度。因此,这一部分本书主要通过对来蔚县旅游游客和到暖泉古镇主要客源市场的问卷调查,来分析判断古镇旅游市场的行为特征和暖泉古镇旅游发展中存在的不足,进而指导和推动暖泉古镇旅游空间的生产。

1. 暖泉古镇旅游市场调查分析

暖泉古镇在蔚县周边区域的知名度相对较高,几乎全都知晓,如图6-7所示,其中去过一次的占34%,去过两次的占19%,去过三次及以上的占47%。

而在外地游客心中,暖泉古镇的知名度还有待进一步提高,如图6-8所示,目前来蔚县的外地游客去过暖泉古镇约39%,没去过的占61%。

如图6-9所示,在游伴的选择上,选择和朋友、家人、同事一起到暖泉古镇的最多,分别占53%、17%和20%,只有少数选择独自出游或和其他人一起出游。

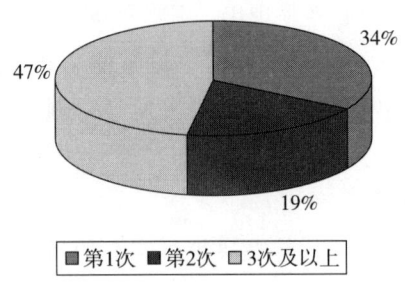

图 6-7 蔚县周边区域到暖泉古镇的次数

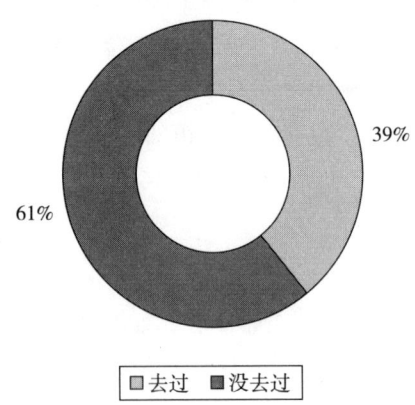

图 6-8 外地游客到暖泉古镇的比例

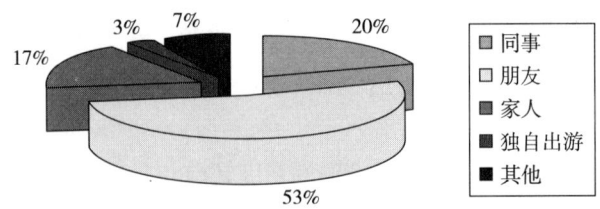

图 6-9 游客出游的结伴情况

在游览时间上，如图 6-10 所示，大部分人来暖泉古镇都不会过夜，一日游或半日游的比例占总数的 68.8%。

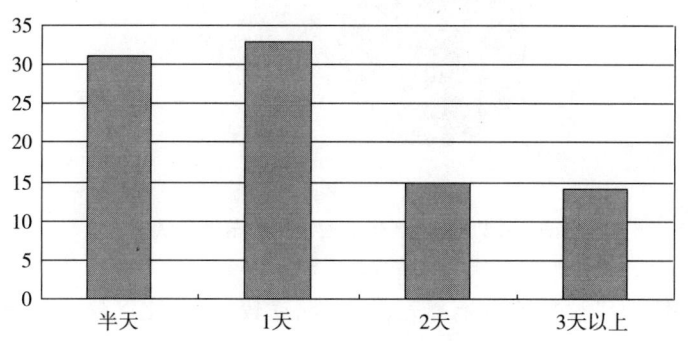

图 6-10　到暖泉古镇的停留时间

旅游动机上，如图 6-11 所示，游客选择暖泉古镇的最主要原因在于文化和民俗，选"文化"和"民俗"的占总数的 65.5%，其次为"花费少"和"旅行社安排"。

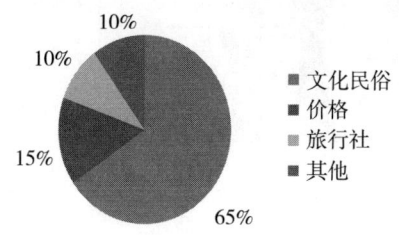

图 6-11　游客到暖泉古镇的旅游动机分析

如图 6-12 所示，旅游产品方面，在暖泉古镇目前的旅游产品中认知程度较高的是："西古堡"占 30%，"打树花"占 28%，"宗教"占 10%，"北官堡和中小堡"占 10%，"民俗活动"占 8%，"小吃"占 6%，其他占 8%。

如图 6-13 所示，游客对暖泉古镇旅游最不满意的前几项分别是"休闲

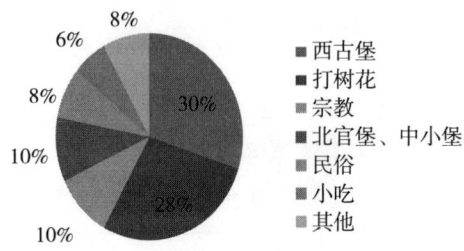

图 6-12　游客到暖泉古镇的旅游产品认知

项目没有吸引力""接待设施不完善""路途较远",比例分别占调查人数的39.1%、35.6%和29.4%。这正好为旅游产品的重新规划和设计提供了市场依据。

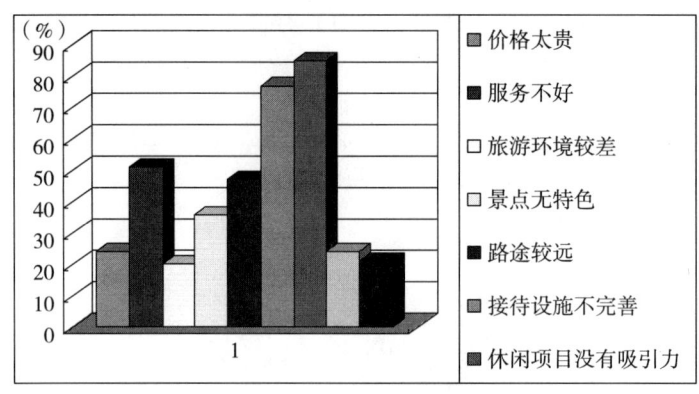

图 6-13　游客对暖泉旅游的不满意项目

2. 核心客源市场旅游需求分析

通过市场调查,发现北京市是蔚县暖泉古镇旅游发展的主要客源市场。如图 6-14 所示,北京市居民对休闲娱乐情有独钟,约占 30%的调查比重;其次为自然风光约占 23%及文化遗产类 20%。对北京的潜在旅游产品的需求,对休闲度假类的旅游项目是比较青睐的;最后是文化古迹类、探险类项目也受到青年人的欢迎。

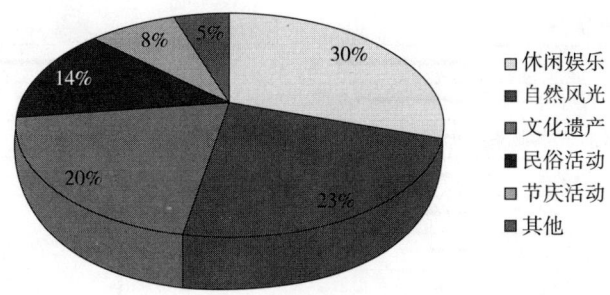

图 6-14　北京居民旅游意象

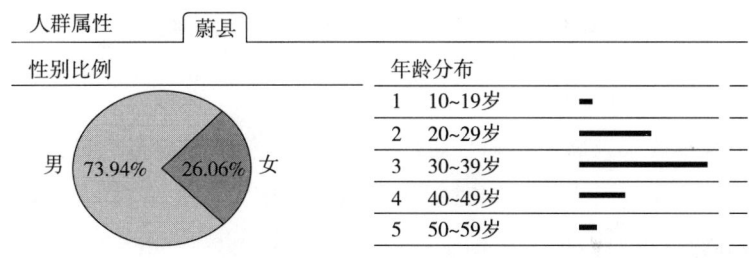

图 6-15　其他旅游市场的性别和年龄特征

除北京旅游市场外，对蔚县暖泉古镇的关注还有张家口、石家庄等京津及环京津地区。如图 6-15 所示，男性占多数，约 73.94%，年龄集中于 20~49 岁。

如图 6-16 所示，张家口、石家庄等京津及环京津地区对于暖泉的关注人群所属行业以现代新兴产业、学生、金融业及娱乐业为主，学历分布以本科以上人群为主。

（四）社区

通过实地访谈，社区居民对暖泉古镇旅游发展的诉求主要集中在以下三个方面：

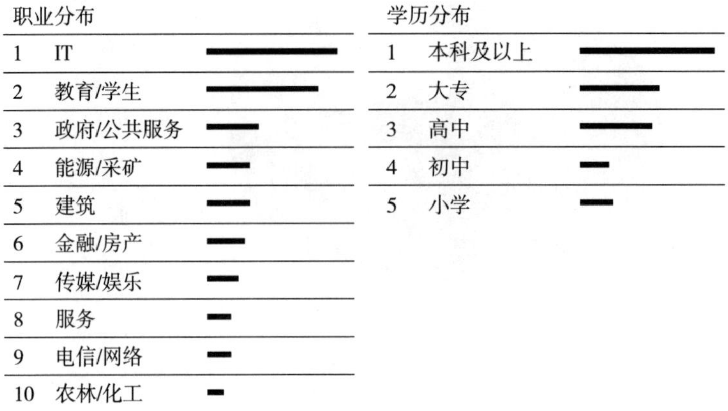

职业分布		学历分布	
1	IT	1	本科及以上
2	教育/学生	2	大专
3	政府/公共服务	3	高中
4	能源/采矿	4	初中
5	建筑	5	小学
6	金融/房产		
7	传媒/娱乐		
8	服务		
9	电信/网络		
10	农林/化工		

图 6-16　其他旅游市场的行业和学历特征

1. 经济方面的诉求

能够共享旅游发展的红利，通过经济参与古镇旅游发展，增加个人和家庭的收入，提高生活水平；同时能够参与古镇旅游产业结构的升级和调整，促进收入的持续增长。

2. 社会文化方面

完善古镇的基础设施，尤其是给排水和卫生设施；增加社区的娱乐、健身活动设施，丰富社区文化生活；提升古镇内的学校教育水平，保证居民在旅游发展过程中的受培训机会。

3. 资源保护方面

由于暖泉古镇大部分旅游资源在产权上是属于私人所有的，因此，他们希望能够和政府、开发商开发利用这些资源，而不是单纯地将其使用权长期租赁给开发商；由于旅游发展的推动，他们有保护旅游资源的积极性，并在具体保护上希望能够得到政府和开发商的支持。

二、四维动力在暖泉古镇空间生产中的博弈

（一）在旅游空间范围上的博弈

一方面，社区和权力希望尽可能地保证古镇居民的生活空间，限制旅游空间的无限制发展；另一方面，出于追求效益的最大化，[①] 资本希望进一步扩大古镇旅游空间的范围，同时市场也希望旅游空间范围能够进一步扩展，从空间上延伸他们对古镇旅游体验。

在暖泉古镇旅游空间的生产过程中，四者博弈的最终结果体现在两个方面：

1. 暖泉古镇采取渐进式的旅游发展方式

为了实现古镇旅游空间的生产，四维在旅游空间上博弈的最终结果是，暖泉古镇旅游发展采取渐进式的发展方式。

（1）近期旅游发展。

1）近期旅游发展目标。风貌整治。核心是古风古貌，包括具有中国传统建筑风格和特征的建筑群落和文物古迹的保护、与之协调配套的自然环境以及传承不息的民俗文化等，营造出古堡、暖泉、人家的那份传统意蕴。

产品深化。进一步深化文化观光类旅游产品、丰富民俗展演类旅游产品、完善休闲购物类产品，实现暖泉旅游从"观光型"为主向"休闲民俗体验型"为主转变。

品牌塑造。依托国家级历史文化名镇，通过风貌整治和产品的深化塑造京西民俗文化古堡的品牌。

2）近期旅游发展支撑体系。产品。推进以西古堡为核心的古堡文化观光体验区和以华严寺为核心的佛教文化体验区的建设，同时辐射周边区域，为下一步发展打下基础。

配套。以启动新区为主，进一步完善古镇旅游发展的餐饮、住宿、内部交通、购物等旅游配套设施。

[①] 这里的利益最大化主要体现在资本经济效益的最大化，旅游市场旅游体验效益的最大化。而这种最大化效益的实现，是以古镇旅游空间的延伸为前提的。

市场。以根市场（石家庄、张家口等周边市场）和茎市场（京津市场）为核心做足市场营销工作。

保障。跟进景区保障体系建设，尤其是水电、供暖等基础设施的建设工作。

（2）中期旅游发展。

1）中期旅游发展目标。服务提升。依托古镇的文化特色，调动各方面积极性，构建一个全员性、全过程、全方位的服务体系，使景区深厚的历史文化得以彰显、优美的自然景观得以展示、优质的服务形象得以体现。

结构完善。在近期开发的基础上，进一步满足游客食、住、行、游、购、娱的需求，完善古镇旅游的功能结构；同时积极推进湿地休闲、滨湖度假、专项旅游产品的开发，完善古镇的旅游产品结构。

品牌升级。随着整个服务质量的提升和古镇旅游结构的完善，在第一阶段品牌孵化、培育的基础上，使京西民俗文化古堡向京西民俗文化第一堡升级。

2）中期旅游发展支撑体系。产品。着重从软性服务和细节入手，深化第一阶段重点区域的建设工作；推进暖泉古堡的整体开发工作，推动壶流河水库滨水休闲度假组团、专项拓展组团和创意产业组团的建设工作，形成以古堡观光和民俗文化体验为主体，以滨湖休闲和专项拓展为辅助的一体两翼的产品结构体系。

配套。完善旅游配套设施，进一步完善新区的功能体系，修建生态停车场和游客服务中心，使这一区域成为整个古镇的主入口，同时调整古镇内部的旅游交通体系。

市场。强化市场营销工作，稳定周边旅游市场，强化京津旅游市场，在此基础上推动暖泉古镇走向全国旅游市场。

保障。加强保障体系建设，完善景区内部的水景、夜景等；同时根据旅游发展的规模和速度，做好景区水电暖等基本保障体系的建设工作。

（3）远期目标。

1）远期旅游发展目标。将暖泉古镇打造成国家5A级景区、京津十大休闲度假地、中国十大民俗古镇。

2）远期旅游发展支撑体系。依托信息技术及设备建设物联网智慧景区——数字化景区，依托民俗文化旅游资源打造民俗文化古堡品牌——品牌化景区;依托自然景观构建绿色低碳生态景区——低碳化景区。

2. 暖泉古镇旅游空间的向外延伸

古镇旅游空间生产的Ⅰ类动力系统（权力和社区）希望尽可能地保证古镇居民的生活空间，而出于追求效益的最大化，① 古镇旅游空间生产的Ⅱ类动力系统（资本和市场）希望进一步扩大古镇旅游空间的范围。这样在古镇的空间范围上就会形成一个博弈的局面。这种博弈的结果就是古镇旅游地产的兴起与发展。双方出于维护自身利益的角度考虑，都希望获得更多的空间范围，这样就会使古镇过渡空间地带的增加，但是由于古镇内部既有空间是固定的，同事古镇文化遗产资源及其环境的保护，即使在过渡空间地带也无法形成满足上方对空间产品的不断需求，这样就会促使古镇向外围空间扩展，形成既能满足Ⅰ类动力系统生活空间需求，又能满足Ⅱ类动力系统旅游空间需求的旅游地产项目。

暖泉古镇正是基于以上的原因，在古镇旅游开发中除了集中精力打造古镇本身空间外，积极需求外围空间的延伸。如图6-17所示，暖泉古镇镇区的旅游空间东起临时游客中心，南抵佛镜，西到西古堡，北至凉山及其北面部分台地，具体包含了如图6-17所显示的古堡文化体验组团、商道文化体验组团、古镇旅游接待组团和文化创意组团；同时积极拓展古镇外围空间，主要包括如图6-17所显示的专项拓展板块和滨湖休闲度假板块，其中专项拓展板块包括汽车营地组团、素质拓展组团，共两个组团，位于古镇南面，与古镇相对形成动静不同的两个分区；滨湖休闲度假板块位于壶流河水库滨岸，开发项目包括商业物业、古堡会所和水上乐园，作为未来暖泉镇休闲度假旅游产品的完善及第三产业的提升。

（二）双方在管理模式上的博弈

Ⅰ类动力系统内部博弈的结果是推动社区参与古镇旅游的发展，Ⅱ类动力系统出于自身利益的考虑，则会尽量排斥社区直接参与古镇旅游的经营管理，这样双方就会在经营管理问题上形成分歧。这种博弈局面的最终会导致双方作出让步，一方面，Ⅰ类动力系统权力由直接参与变成监督和引导，社

---

① 这里的利益最大化主要体现在资本经济效益的最大化，旅游市场旅游体验效益的最大化。而这种最大化效益的实现，是以古镇旅游空间的延伸为前提的。

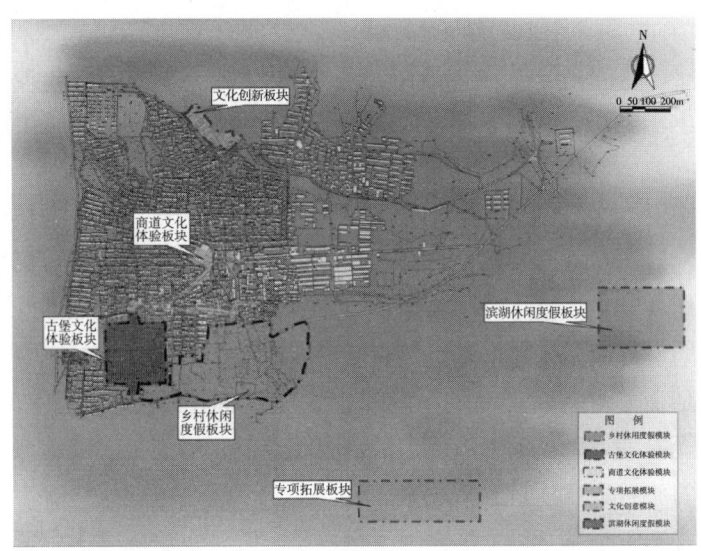

图 6-17 暖泉古镇旅游空间的外移

区则积极参与到了古镇旅游发展的经营管理中来；另一方面就是资本做出让步，将古镇的经营管理权分享给社区一部分，同时古镇的经营管理会更加尊重市场的发展规律。这样，由于这种博弈的存在，使古镇的经营管理模式发生了变化，即由权力、资本主导型，演变成权力引导、多元参与的经营管理模式。

暖泉古镇的旅游发展应该贯彻"国家、地方、集体、部门、个人一起上"的方针，坚持"谁投资，谁开发，谁受益，谁保护"的原则，构建"政府主导、社会参与、市场导向、公司管理"的暖泉古镇旅游开发管理平台，深化改革，理顺关系，建立行政管理和经济管理一体化运行体系。在这一过程中，政府扮演了两种角色，即主导者和协调者的角色，应用了两种机制，即介入机制和退出机制。在暖泉古镇旅游发展初期政府必须应用介入机制，在介入整个保护和管理工作中，扮演好主导者角色，随着保护管理工作的逐步开展，当古镇旅游开发工作进入了正常轨道后，政府又必须应用退出机制，淡化主导者角色，充分发挥其协调者的角色。这里讲的政府退出机制是指政府退出主导者的角色，不是退出暖泉古镇旅游空间的保护和发展工作中。

同时要积极推动暖泉古镇社区参与，发挥社区和居民的主人翁地位。社区参与的概念最早于1985年由墨菲（Peter Murphy）在其著作《旅游：社区方法》一书中提出。胡志毅将社区参与分成四个阶段：①个别参与阶段；②组织参与阶段；③大众参与阶段；④全面参与阶段[①]。具体到暖泉古镇旅游发展中主要可以分为三个阶段即非物质文化传承人和物质文化遗产所有人的参与阶段，大众（上述两类人以外的其他人）参与阶段，全面（社会）参与阶段。这一过程恰好与政府的角色变化互补。

第四节　暖泉古镇旅游空间形态的形成

暖泉古镇旅游空间形态的形成就是古镇旅游空间生产的结果即表征的空间，它是与古镇旅游资源为基础，在空间生产四维动力的推动下，所产生的五大空间体系。为此，本节首先应用古镇旅游空间四维空间综合评价体系，对暖泉古镇旅游资源进行梳理，在此基础上构建暖泉古镇旅游空间生产坐标系，进而明确古镇旅游空间形态形成的过程以及五大空间形态的基本格局。

一、暖泉古镇旅游空间四维动力综合评价

本节运用古镇旅游空间四维动力综合评价体系对暖泉古镇旅游资源进行分析评价，进而获得它们对于古镇旅游资源的基本态度；同时考虑到本书的实际需求，关于暖泉古镇旅游资源的分析评价，如表6-6所示，主要选取特色古堡等物质文化遗产类别、民间演绎等非物质文化遗产类别和水景等自然旅游资源类别作为评价的对象，而不是具体的旅游资源个体。

---

① 胡志毅，张兆干. 社区参与和旅游业可持续发展 [J]. 人文地理，2002（2）：38-41.

表 6-6　暖泉古镇旅游资源类别四维动力综合评价结果[①]

资源类别	四维动力评价结果								结果
	经济效益		社会效益		文化效益		旅游效益		
	分值	权重 0.25	分值	权重 0.25	分值	权重 0.25	分值	权重 0.25	
特色店铺	10.0	0.25	9.5	0.25	10.0	0.25	10.0	0.25	9.9
古堡	9.5	0.25	10.0	0.25	10.0	0.25	10.0	0.25	9.9
文化活动场所	9.6	0.25	9.4	0.25	10.0	0.25	10.0	0.25	9.8
名人故居与历史建筑	8.6	0.25	10.0	0.25	10.0	0.25	10.0	0.25	9.7
民间节庆	8.0	0.25	10.0	0.25	10.0	0.25	9.5	0.25	9.4
避暑气候区	9.5	0.25	9.5	0.25	8	0.25	10.0	0.25	9.3
菜品饮食	9.5	0.25	9.2	0.25	9.0	0.25	9.5	0.25	9.3
民间演艺	8.0	0.25	9.3	0.25	9.6	0.25	9.7	0.25	9.2
宗教与祭祀活动场所	8.0	0.25	9.4	0.25	9.4	0.25	9.0	0.25	9.0
庙会与民间集会	8.0	0.25	9.5	0.25	9.4	0.25	9.0	0.25	9.0
水景	6.0	0.25	10.0	0.25	10.0	0.25	9.5	0.25	8.9
农林畜产品与制品	9.5	0.25	8.5	0.25	8.4	0.25	8.7	0.25	8.8
水产品与制品	9.5	0.25	8.5	0.25	8.4	0.25	8.7	0.25	8.8
乐楼	7.4	0.25	9.2	0.25	9.5	0.25	9.2	0.25	8.7
传统手工制品与工艺品	8.8	0.25	8.1	0.25	8.3	0.25	9.0	0.25	8.6
书院	7.0	0.25	8.0	0.25	9.4	0.25	9.2	0.25	8.4
古集市	8.0	0.25	5.5	0.25	10.0	0.25	10.0	0.25	8.4

---

① 评价结果精确到小数点后一位，统计计算时采用四舍五入法。考虑到文章篇幅要求，这里列出的知识评价体系的一级指标体系，其中四个一级指标体系的分值指的是通过三级和二级指标体系评估后获得的具体数值。

续表

资源类别	四维动力评价结果									结果
	经济效益		社会效益		文化效益		旅游效益		
	分值	权重 0.25	分值	权重 0.25	分值	权重 0.25	分值	权重 0.25	
观光休憩河段	8.6	0.25	8.0	0.25	7.6	0.25	9.0	0.25	8.3
人工洞穴	7.6	0.25	7.6	0.25	6.8	0.25	9.6	0.25	7.9
历史人物	2.0	0.25	9.6	0.25	10.0	0.25	9.0	0.25	7.7
岸滩	8.5	0.25	8.0	0.25	3.0	0.25	9.8	0.25	7.3
墓（群）	1.0	0.25	8.0	0.25	9.5	0.25	8.5	0.25	6.8
古井	1.0	0.25	5.6	0.25	8.8	0.25	8.0	0.25	5.9
沟壑地	1.0	0.25	2.0	0.25	2.0	0.25	9.0	0.25	3.5

二、暖泉古镇旅游空间生产坐标系的构建

（一）暖泉古镇旅游资源现状基础评估

由前文可知，古镇旅游空间生产坐标系即古镇空间的实践—空间的表征坐标系，是在古镇空间生产四维动力综合评价体系的基础上，结合古镇旅游资源的现状基础构建而成。因此在前面运用古镇旅游空间四维动力综合评价体系对暖泉古镇旅游资源进行分析评价，进而获得它们对于古镇旅游资源基本态度的基础上，还需要对相应评价对象的现状基础进行评估。如表6-7所示，对相应评价对象现状基础的评估主要是从现状资源的完整性、资源赖以生存的空间基础状况和未来空间发展余地三个方面进行综合评估。在综合分析对比国内外古镇旅游发展的经验的基础上，并运用头脑风暴法（见表6-7）将现状资源的完整性、资源赖以生存的空间基础状况和未来空间发展余地三个指标的权重分别确定为0.5、0.3和0.2。同时为了与古镇旅游空间四维动力综合评价体系在评价过程中取得一致，对资源类别的赋分采用十分制

法，即每种资源的分值区域为 0~10。

表 6-7 暖泉古镇旅游资源现状基础评估

资源类别	评价结果						结果
	完整性		空间基础		发展余地		
	赋分	权重 0.5	赋分	权重 0.3	赋分	权重 0.2	
传统手工制品与工艺品	9.8	0.5	9.6	0.3	9.6	0.2	9.7
名人故居与历史建筑	9.8	0.5	9.8	0.3	8.9	0.2	9.6
避暑气候区	9.3	0.5	9.3	0.3	9.5	0.2	9.3
古堡	9.6	0.5	9.3	0.3	8.6	0.2	9.3
岸滩	9.3	0.5	9.3	0.3	9.3	0.2	9.3
文化活动场所	9.0	0.5	9.2	0.3	9.0	0.2	9.1
书院	9.6	0.5	9.6	0.3	6.4	0.2	9.0
沟壑地	9.0	0.5	9.0	0.3	9.0	0.2	9.0
庙会与民间集会	8.0	0.5	8.9	0.3	8.9	0.2	8.5
宗教与祭祀活动场所	7.5	0.5	8.9	0.3	9.0	0.2	8.2
历史人物	7.0	0.5	9.0	0.3	9.0	0.2	8.0
民间演艺	8.6	0.5	8.0	0.3	9.0	0.2	7.9
民间节庆	8.6	0.5	8.0	0.3	9.0	0.2	7.9
农林畜产品与制品	6.5	0.5	8.8	0.3	9.5	0.2	7.8
墓（群）	8.6	0.5	7.6	0.3	6.0	0.2	7.8
人工洞穴	8.6	0.5	9.0	0.3	3.0	0.2	7.6
菜品饮食	5.0	0.5	8.6	0.3	9.2	0.2	6.9
水景	3.0	0.5	9.2	0.3	9.8	0.2	6.2

续表

资源类别	评价结果						结果
	完整性		空间基础		发展余地		
	赋分	权重 0.5	赋分	权重 0.3	赋分	权重 0.2	
特色店铺	3.0	0.5	7.8	0.3	9.8	0.2	5.8
乐楼	5.0	0.5	5.6	0.3	8.1	0.2	5.8
古集市	2.0	0.5	8.3	0.3	9.6	0.2	5.4
观光休憩河段	3.0	0.5	6.0	0.3	7.5	0.2	4.8
水产品与制品	2.0	0.5	8.0	0.3	6.0	0.2	4.6
古井	2.0	0.5	4.0	0.3	6.4	0.2	3.5

（二）暖泉古镇旅游空间生产坐标系的构建

表 6-8 暖泉古镇旅游空间生产坐标系坐标点数据

资源类别	空间的实践	空间的表征	资源类别	空间的实践	空间的表征
特色店铺	5.8	9.9	水产品与制品	4.6	8.8
古堡	9.3	9.9	乐楼	5.8	8.7
文化活动场所	9.1	9.8	传统手工制品与工艺品	9.7	8.6
名人故居与历史建筑	9.6	9.7	书院	9.0	8.4
民间节庆	7.9	9.4	古集市	5.4	8.4
避暑气候区	9.3	9.3	观光休憩河段	4.8	8.3
菜品饮食	6.9	9.3	人工洞穴	7.6	7.9
民间演艺	7.9	9.2	历史人物	8.0	7.7
宗教与祭祀活动场所	8.2	9.0	岸滩	9.3	7.3
庙会与民间集会	8.5	9.0	墓（群）	7.8	6.8
水景	6.2	8.9	古井	3.5	5.9
农林畜产品与制品	7.8	8.8	沟壑地	9.0	3.5

在暖泉古镇空间生产四维动力综合评价体系（见表6-6）的基础上，结合暖泉古镇旅游资源的现状基础评估（见表6-7），构建暖泉古镇旅游空间生产坐标系，即古镇空间的实践—空间的表征坐标系，从而为古镇旅游空间形态的形成奠定基础。如表6-8所示，坐标系以暖泉古镇旅游资源类别为坐标的点，其中横坐标为该点空间的实践，即暖泉古镇旅游资源的现状评估结果；坐标系的纵坐标为该点空间的表征，即暖泉古镇空间生产动力综合评价结果。

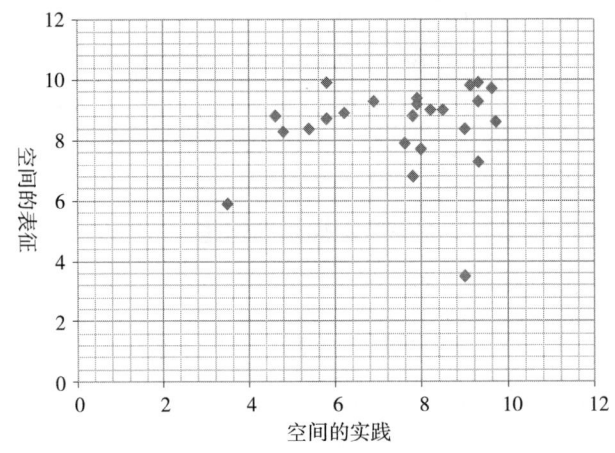

图 6-18　暖泉古镇旅游空间生产坐标系

如图6-18所示，暖泉古镇旅游空间生产坐标系的横轴为空间的实践，纵轴为空间的表征。通过图6-18可知，暖泉古镇旅游资源类别绝大部分位于高评价区域($6 \leq X \leq 10$；$6 \leq Y \leq 10$)，评价结果较好。位于高评价区域的旅游资源类别将是古镇旅游空间形态构成的基础；位于竞争性评价区域（$6 \leq X \leq 10$ 或者 $6 \leq Y \leq 10$）的旅游资源类别将会根据具体情况有选择地进行开发；还有古井类旅游资源位于中间区域（$4 \leq X \leq 6$，$4 \leq Y \leq 6$），这类资源暂时不考虑，可以作为远期开发的储备力量。

三、暖泉古镇旅游空间形态的形成过程分析

1. 暖泉古镇旅游空间的布局模式

图 6-19　暖泉古镇旅游空间的布局模式

说明：图形中的○表示高评价资源；□表示竞争性评价资源；△表示资源带之间的连结点。

根据传统古镇空间的实践—空间的表征坐标系评价分析结果，我们知道暖泉古镇应该采取以点连线、以线成面的空间布局程序模式。如图 6-19 所示，首先，将处于高评价区域的资源在地形图上标出；其次，以这些资源单体或者相邻合体①为核心，形成一个同类资源圈，相近或互补的资源圈又形成一条资源带，不同的资源带以相近或互补的资源圈为联结点，最终形成一个相互联系、相互补充的资源面，实现古镇空间自身的生产。

---

① 这里相邻的资源必须是同类或者互补的资源。

2. 暖泉古镇旅游空间生产的过程

根据空间布局模式，将高评价区域区的古堡、古庙宇、古民居、古书院等资源和竞争性评价区域的部分资源，例如商铺、水域等作为核心资源，并围绕这些核心对古镇旅游空间进行具体的生产。首先，对这些资源进行风貌的恢复和提升：①恢复以西古堡为代表的古堡、古民居空间要素组的历史风貌。按照历史原貌，修缮南、北堡门，拆除瓮城内的违反历史真实性的居住院落，恢复瓮城城墙上的庙宇，再现古堡的完整性；对古堡内有历史价值的古民居和古院落进行保护和保留，对不影响历史景观风貌的建筑进行保护和整饬等，对于后建且影响历史景观风貌的建筑进行拆除；在堡内主街中心修筑小型景观水渠，配以绿化及夜景灯光亮化；沿古堡南北大街两侧，结合传统民居住宅院落，设计形成能吸引大量人流的特色民间作坊（如皮毛坊等）、传统手工艺品展示中心、古堡特色餐馆等；修缮地藏寺，突出其佛教氛围，修复外侧戏台，开展宗教文化及庙会活动，提升古镇宗教文化氛围。并配以适当的旅游商业业态，修建必要的安全防护设施。为了恢复华严寺的原有风貌，复建华严寺的天王殿、山门、观音庵，恢复原寺庙范围和中轴线布局，砌筑围墙，作为宗教活动场所，提升古镇文化氛围；老君观作为古镇道教文化的最主要代表，它的存在补充完整了古镇的"儒、释、道"三教文化，应对其加紧修缮和加强保护。②王敏书院风貌恢复与提升。王敏书院作为古镇人文气息的重要象征和儒家文化的代表，已得到足够的重视和整治改造，例如文物建筑的修缮、历史建筑的复原、周边广场及街巷的整治等均已基本完成，但现有改造主要停留在硬件层面，对于书院内部的人文气息塑造和培养还需加强。③加快以打树花为代表的暖泉民俗活动的挖掘开发，形成以树花广场为核心的暖泉非物质文化遗产的集中展示地。

另外，以这些资源为核心，构成同类资源圈，如西古堡资源圈，涉及古堡、古寺庙、古民居、传统商铺等资源，形成完整的商业古堡资源圈；北官堡和中小堡又分别形成军事古堡和民俗古堡资源圈，虽然三个资源圈的主题不相同，但由于他们同属于古堡资源类别，因而自然就形成了暖泉古堡文化体验带。而作为商业主体古堡的西古堡与古代商业非常发达的上下街形成交集，这样古堡文化体验带和商业文化带又相互连接起来。同时作为军事古堡的北官堡与北部的地道形成了交集，实现了古堡文化体验带和地道主体文化休闲创意带的结合。同样作为民俗古堡的中小堡与以树花广场为核心的民俗展示带互补。不同资源带之间相互交叉，重构了暖泉古镇内部完整的空间结构，实现了暖泉古堡空间的生产。

四、暖泉古镇旅游空间形态

（一）城域空间形态

城域空间的形态主要是从整体上对古镇空间形态以及其构成部分的把握，主要涉及城域空间形态元素的构成、空间形态元素的基本格局和空间形态的演变三个方面的内容。

1. 城域空间形态的元素构成

从整体上把握古镇的空间形态元素，在学术界较为常用的是凯文·林奇的城市意象理论，主要涉及道路、边界、区域、节点、标志物五大元素，在这里根据北方农民交错带上古镇的实际情况，将暖泉古镇的空间形态元素概括为①为点型元素、线型元素、区域型元素三个方面。

（1）点型元素。点型元素主要涉及城市意象中的节点和标志物元素，涉及民居、寺庙、商铺、戏楼、广场等元素。暖泉古镇现存古民居有董舒知县院、张邦奇故居、董汝翠东西楼房院、刘徽典举人院、九连环院等。中国民间的庙宇，历来喜欢在集市中寻求和培养自己的香客信徒。这一点，在暖泉古镇体现得尤为明显。如图6-20所示，华严寺、财神庙、龙王庙、奶奶庙、瘟神庙、观音殿、关帝庙、五道庙，还有西券门上的真武庙、河神庙、火神庙，一个规模并不十分大的集市上集中了大大小小一共十二座寺庙（北官堡、西古堡内的庙宇不计算在内），有佛教（华严寺），有道教（真武庙），更多的还是民间的信仰和崇拜。

---

① 这里主要考虑到古镇空间相对于城市空间在物质形态上要小得多，因此很多空间元素是重合的，如标志物与节点的重合、道路与边界的重合；其次是考虑到北方古镇和南方古镇的不同，北方古镇典型特征是缺水，因此很多北方古镇即使有水也是景观用水，这些水系就无法承担古镇的交通功能，同时这些水系又不位于古镇的外围，形不成古镇的边际线，这样这些水系就无法归到上述五个类别里。

华严寺现状　　　　　　　财神庙现状

图 6-20　暖泉古镇古庙宇现状

　　商铺有油坊、钱庄、青砂器店、洗染店、皮毛作坊、铁匠铺、铜匠铺、豆腐坊、古董铺等；有树花广场、西古堡入口广场、王敏书院广场等多座。"河滩"上就有乐楼三处：其一在龙王庙之西南方，坐西向东，因规模较大而被称为"大乐楼"；其二在"河滩"之东南角，与奶奶庙遥相对应，并因为和"草市街"临近而被称为"草市乐楼"；其三位于"草市乐楼"东面十余公尺处，其北面与财神庙和瘟神庙相对，为二台并立，当地人称为"双棒乐楼"。这三座乐楼在农历四月初八奶奶庙的庙会上，在六月十三龙王爷的生日里，以及在村民自发组织的某些重要时日中，成为万众瞩目的焦点。六月二十四关老爷的圣诞，乡民们还要在西市关帝庙前面搭起临时的戏台，前后连续演上五天戏。

　　（2）线型元素。主要是由城市意象中的道路和边界构成，涉及街巷、城墙、水系等元素。暖泉古堡的街巷有西市街、上街、下街、河滩街、草市街、米粮市街、小巷、油坊巷、要扫巷、常家巷、乡绅巷、皮坊巷、麻杆市街、古董行街等（见图 6-21）；水系主要是古镇内部的暖泉以及古镇南面的壶流河，北官堡、西古堡、中小堡等都有保存较为完整的堡墙，尤其是被誉为"河北民俗文化第一村"的西古堡是蔚县乃至河北省的典型古堡，始建于明朝嘉靖年间，堡体方正，以黄土夯砌。其南北各有小型砖土瓮城一处。南、北瓮城相对形成了古堡主街道，堡内自东向西各有三条主街巷。

　　（3）区域型元素。主要是指城市意象中的区域，涉及各个具体的空间组团。例如居住空间组团、商业空间组团。如图 6-22 所示，暖泉古镇居住组

图 6-21　暖泉古镇街巷现状

团的典型代表就是三堡，即西古堡、中小堡和北官堡，后来整个暖泉古镇就是围绕这三个古堡形成的；商业空间组团的典型代表就是由上、下街和河滩街构成的集市空间。

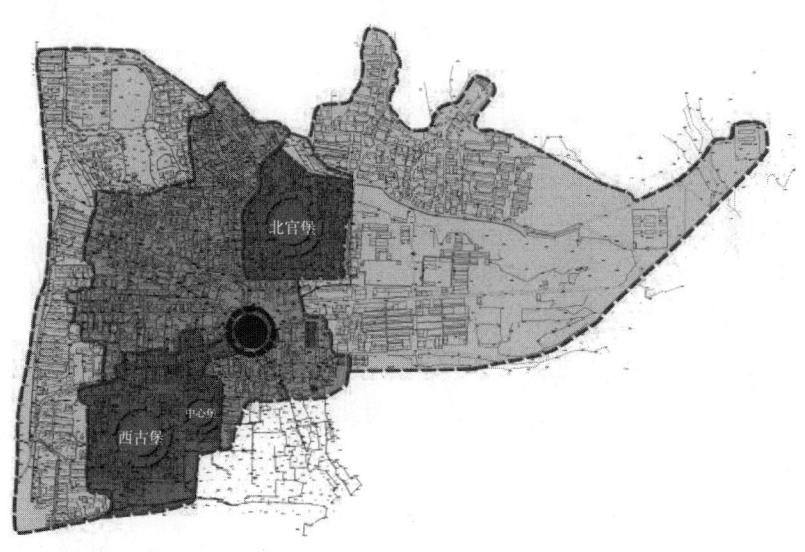

图 6-22　暖泉古镇居住组团空间①

---

① 来源于《河北蔚县暖泉古镇城市总体规划》，由暖泉政府提供。

2. 城域空间形态元素的基本格局

古镇的空间元素通过一定的形式构成了古镇的基本空间形态格局，是从整体上对古镇空间形态的把握。暖泉古镇的基本空间形态——住、商、防三位一体的空间布局。始建于元代，到明清时期形成了"三堡、六巷、十八庄"基本空间格局。暖泉自古以来便是大同地区通往壶流河盆地进而通往华北平原的一个军事要冲。为了实现其控制一方的战略部署，统治者出于军事防御目的建立了暖泉古堡，堡墙从设计到施工都严格遵循作战需求。建筑材料上，堡墙开始用大石围砌，中间夯实泥土，后来随着火器的发明和制砖技术的高度成熟，夯土城墙已经不足以抗御火炮的攻击，青砖在堡墙建筑上得到广泛使用；空间结构上，堡墙内有瓮城，外有护城河，结合望台、堡门、戎楼等，俨然构成一个多重立体型防御体系。堡墙内部的街巷曲径通幽，错综复杂。有"干"字形、"井"字形、"丁"字形等。出于防御安全的考虑，主要街巷路窄墙高，有较强的封闭感。

3. 城域空间形态的演变

古镇的空间形态不是一成不变的，是随着政治、经济、文化、自然、社会等因素的改变而发生变化的。就北方农牧交错带上的古镇而言，它们在空间上的演变是其功能由军事向商业和居住转变体现。为了实现其控制一方的战略部署，统治者出于军事防御目的在北方农牧交错带上建立一些古镇。最初的这些古镇从整体布局和空间机理上讲就是一个完整的军事防御堡垒。后来，随着商贸经济功能的加强，原有的古堡容量和完全的军事防御空间布局已经不能够满足双方易货贸易的要求。为此，古堡必须做出调整，调整的主要方式有两类：①对原有的城堡进行扩建，内部的空间进行重新梳理，在满足原有防御功能基础上更多考虑商贸经济的需求，一些大的古堡一般采用这种形式，如河北蔚州古城；②围绕原有城堡在其周边再建新的城堡，新建城堡突出商贸经济功能，新老城堡互相呼应，小型的古堡一般采取这种形式。

暖泉古镇是从修建北官堡开始（见图6-23），背靠凉山，面临壶流河，扼守飞狐陉，[①] 这里的暖泉古镇主要是一个军事防御型古镇；后来，随着农

[①] 壶流河正好位于我国北方自西向东通往燕山地区以及自南而北从华北平原通往蒙古大漠的两条交通要道的交汇之处；飞狐陉是人们穿越太行山脉的主要通道"太行八陉"之一，而在北方游牧民族与中原农耕民族发生冲突之时，"太行八陉"就成为兵家必争之地。

耕和游牧两大文明不断接触，双方由"竞立对抗为并驾齐驱"，调和交流就成了双方接触的必然结果。作为这种接触最前沿阵地的这些古堡，就成为双方交流的中心。由于两大文明在经济上的互补性，双方交流主要表现在商业贸易方面。可见，由于文明的接触，商贸经济功能成为这些古堡除军事防御功能外的又一重大历史功能，甚至在和平时期超越其军事功能成为主要的历史功能。西古堡、中小堡的修建（见图6-22）以及上、下街等商业街巷的形成，使暖泉古镇的主要历史功能由军事向商业功能发生转变。随着两大文明进一步交流融合，尤其是出于政治上戍边的考虑，大批民众由内地和草原迁徙到这些古堡，加之商业贸易的发展，居住功能的重要作用凸显出来，逐渐成为其主要功能之一，如河北暖泉古堡。伴随着商贸经济的发展以及战事的减少，满足商人和外来居民居住的需求就被提上日程，这就为古堡在整体布局和空间机理注入了新的元素——满足居民的日常生活。

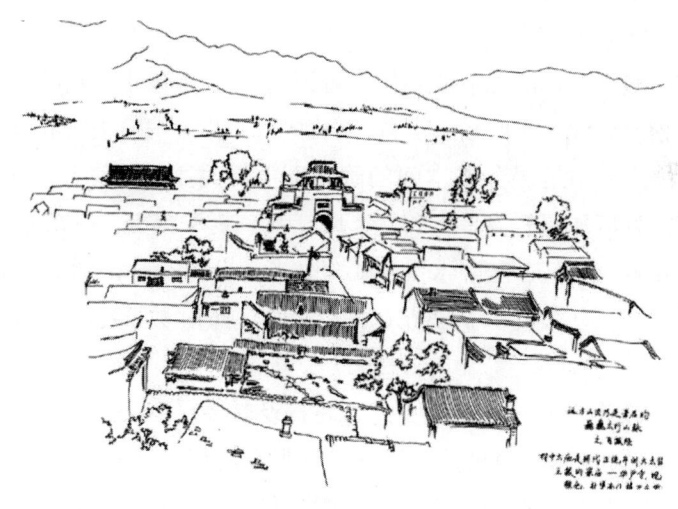

图6-23　北官堡复原图

（二）自然景观空间形态

1. 自然景观空间形态的元素构成

古镇自然景观空间形态元素主要涉及山、水、田、林、气候等组成部分。

(1) 山。在自然景观空间的研究中主要关注的是山的雄伟、险峻、奇秀、幽旷等特征，同时还要考虑山与古镇的位置关系。暖泉古镇位于衡山、燕山、太行山脉的环抱之中。

(2) 水。在自然景观空间的研究中主要关注的是水域、水质、水流等基本特征。暖泉古镇虽然北部的海子已经干涸，逢源池近乎断流，只有"佛镜"泉还涓涓地流淌着。但暖泉的地下水还十分丰富，尤其是镇域内还有壶流河由南流过，壶流河水库着落于镇东不远处。壶流河水库面积很大，沿岸栽种着零星的成片树林，对面便是壮丽的南山，显得很安静。游人可在此休闲度假，饱览湖光山色。

(3) 田。在自然景观空间的研究中主要关注的是田园的面积、形状和色泽等特征。暖泉古镇土壤以栗钙土为主，河滩布有草甸土和水稻土，大片的农田主要位于古镇南壶流河的两岸。

(4) 林。在自然景观空间的研究中主要关注的是林地的种类、面积、位置等内容。暖泉古镇的林地主要位于古镇南，与田园相互穿插。主要树种有银杏、雪松、国槐、小叶杨、臭椿、白桦、白丁香、碧桃、榆叶梅等。

(5) 气候。在自然景观空间的研究中主要关注的是气温、降水等内容。暖泉古镇所处区域属暖温带大陆性季风气候，夏季凉爽，属东亚大陆性季风气候中温带亚干旱区，年降水量390.9毫米，平均气温6.50℃，七月平均气温22.00℃，年均有效积温29670℃，年均日照时数2921.1小时，无霜期131天。

2. 自然景观空间形态元素的基本格局及其演变

如图6-24所示，暖泉古镇的自然景观空间形态元素的基本格局就是要形成"景观—廊道—基质"的基本景观空间格局。应用景观生态学的斑块、基质和廊道的概念来阐释古镇自然景观空间形态元素的基本格局。斑块指的是在功能上相异，形态上相近的非线性空间实体。具体涉及斑块性质、数目、大小、形状等指标描述。在古镇的自然景观空间形态元素中主要是具有明确界线的山、水、田、林等小块空间区域。廊道是线性或带状的景观要素，具体涉及廊道的连接度、环度、曲度、间断等。在暖泉古镇的自然景观空间形态元素中主要是水系以及沿街巷的乡土植物景观。基质是面积较大、连接性较好的景观要素，是景观空间的基底。

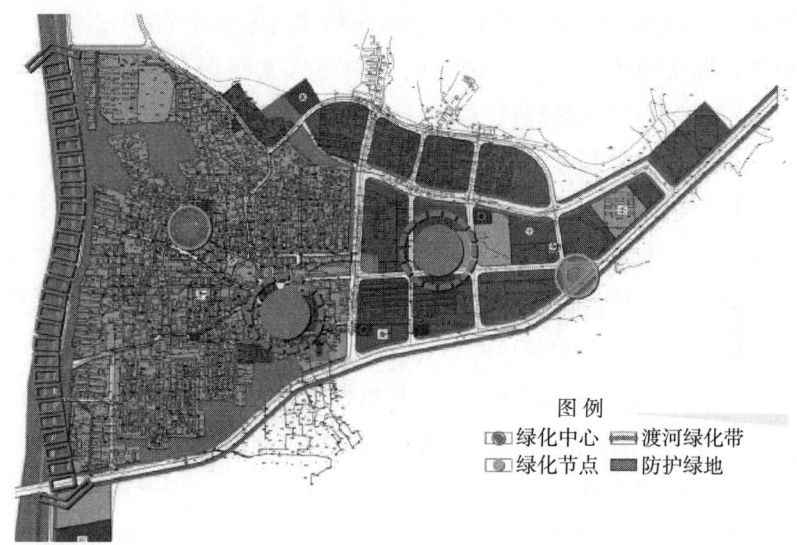

图 6-24　暖泉古镇自然景观空间形态①

（三）文化遗产空间形态

1. 文化遗产空间形态的基本元素

本书主要从物质文化遗产空间形态和非物质文化遗产空间形态两个方面来阐述其基本元素的构成。

（1）物资文化遗产空间形态的基本元素。

1）文物。主要涉及已经确定为各级重点保护的文物古迹和风景点，包括古建筑、古园林、古城墙、雕塑石刻及各种工程设置等；历史古遗迹、遗址等，包括探明或未探明的地下重要的历史遗存，例如具有历史、艺术、科学价值的古文化遗址、古城遗址、古代重要建筑遗址、古建筑、砖刻、石刻、木刻及其附属物等。

---

① 资料来源于《河北蔚县暖泉镇城市总体规划》，由当地政府提供。

2）历史建筑。历史建筑是指有一定历史、科学、艺术价值的，反映城市历史风貌和地方特色的建（构）筑物。"历史建筑"名录由城市规划主管部门提出，不再是一个宽泛的称谓，而是历史遗产保护相关法规的专门术语。原则上非文物建筑，但不排除同时被列入文物保护单位名单的可能。《历史文化名城保护规划规范》《城市紫线管理办法》《历史文化名城名镇名村保护条例》中的"历史建筑"，国家相关历史文化名镇（村）评选文件[《中国历史文化名镇（村）评价指标体系（试行）》和《中国历史文化名镇（村）基础数据表》]中使用了"历史传统建筑"的概念，其含义基本相同，均为有历史价值的建筑文化遗产。一般可划定文物建筑、保护建筑（优秀历史建筑）、历史建筑、一般建筑四大类：

a. 文物建筑被评为国家级文物保护单位、省级文物保护单位、市级文物保护单位的建筑；或已经被列为不可移动文物，作为准备报批国家、省、市级文物保护单位的建筑。

b. 保护建筑具有较高的建筑质量、丰富的建筑细节，保存完整，能够体现地方建筑艺术和时代特征的历史建筑。

c. 历史建筑具有较好的建筑质量，保存较完整的传统建筑。

d. 普通建筑建造年代相对较晚的建筑或现代建筑，包括与历史风貌相协调和不协调的。

例如暖泉古镇内有国家级重点文物保护单位西古堡和华严寺，省级重点文物保护单位老君观和古当铺，县级重点文物保护单位有暖泉书院、北官堡、汉墓群和古瓷窑。此外还有镇保重点文物有朝阳楼、关圣庙、苍竹轩古院、"九连环"套院、古花厅也独具特色。

3）历史环境要素。历史环境要素：指非用地意义上的，同时又不具有建筑使用功能的、具有历史价值的实体要素，通常包括路面、驳岸、牌坊、小桥、古树、围墙、旗杆等。

4）历史文化街区。历史文化街区是在建筑式样、分布均匀或与环境景色结合方面具有突出普遍价值的街巷空间。

（2）非物资文化遗产空间形态的基本元素。

主要涉及口头传统和表述，表演艺术，社会风俗、礼仪、节庆，有关自然界和宇宙的知识和实践，传统的手工艺技能等几个方面的内容。如图6-25所示，暖泉古镇具有庙会、春节社火、灯会、"打树花"、牛斗虎、大头人、晃、扛搁、抬搁、背搁、大歌厅、民间吹奏、高跷、旱船、舞狮子、祭祀玉皇大帝、祭祀观音圣诞、老添苍搭台唱戏、小天苍搭台唱戏、五道庙唱戏、真王庙唱戏、祭祀太上老君、龙王爷过圣诞等民间习俗；手工灯笼、剪纸、石雕、木雕、砖雕等传统手工技艺。

剪纸艺术　　　　　打树花

图 6-25　暖泉古镇主要非物质文化遗产展示

注："打树花"图片来源于新华网。

2. 文化遗产空间形态元素的基本格局

（1）点—线模式。这里的点主要是指上述的文物和历史建筑，线主要是指历史文化街区，点—线模式就是由文物、建筑和历史文化街区所构成的空间格局，这是古镇文化遗产空间形态的基本格局模式。

（2）保护区划模式。如表6-9所示，这是通过法律、规划的手段对古镇文化遗产空间进行的后天格局布置，即将古镇的遗产文化空间区分为绝对保护区、严格控制区和环境协调区三级空间格局。

表6-9 暖泉古镇文化遗产的保护区划

保护分区	保护要求	地段范围
绝对保护区	要求均严格按照国家文物保护法执行，禁止任何新建项目，不得改变和破坏历史上形成的格局和风貌	西古堡、中小堡、北官堡、凉亭书院、华严寺、暖泉、海子、佛镜、老君庙、安养寺等各级文物保护单位和所确定的保护范围内的区域和古商业街等主要街道两侧30米范围的区域
建设控制区	严格控制各种建设，不得建设规定外种类的项目。在严格保护原有建筑的风格和布局的基础上，在维修中要尊重原有的风貌，重建的建筑要与古迹的整体风貌相协调	绝对保护区周围100米范围内的区域及古商业街等主要街道两侧80米范围内的区域
环境协调区	区内的新建项目其高度、体量、色彩和风格等均应与不得破坏文物保护单位的环境风貌相协调	包括绝对保护区外300米范围内的区域

（3）场所精神模式。这主要是非物质文化遗产物质形态化的过程，即通过一定的空间形态来表现非物质文化遗产，形成场所（物质空间形态）精神（非物质文化遗产）模式。通过这种模式所形成的古镇文化遗产空间格局既可以是固定的，也可以是不固定的。例如暖泉古镇所形成的树花广场就是一个固定的空间形态；而其他民俗活动的表现空间则不会固定下来，既可以是整个古镇，也可以是某一个广场、街巷空间。

3. 文化遗产空间形态的演变

文化遗产空间形态主要是沿着传承、变异和消亡三个方面进行演变的。

（1）文化遗产空间形态的传承。主要是指古镇的文化遗产空间形态的演变是沿着一条主线进行的，是有章可循的。这条主线既可以是文化遗产空间的基本发展形态，也可以是发展空间所反映出来的精神内涵，只要这条主线不变，那么就可以认为其空间形态的演变方式是传承的。文化遗产空间形态的传承是具有延续性、稳定性和创新性等基本特性的，延续性是指空间形态是经过长期积累和持久发展而形成的，前后之间是一脉相传、薪火相传的；

文化遗产空间形态的稳定性是指空间形态的传承是稳定和持久的，是一个动态的历史过程，整个过程是不应该被中断或者消亡的；文化遗产创新性是指空间形态的传承不是一成不变的，而是随着时代、环境的发展变化而发展的，不是对最初文化遗产空间形态的简单复制，而是具有创新性。

（2）文化遗产空间形态的变异。主要是从价值和功能的角度去评判，文化遗产的空间形态发生了变异。主要体现在以下两个方面：①文化遗产景观的空间基本形态发生了变化，连续性被中断，前后之间没有必然的联系；②文化遗产景观的物质空间形态保留了下来，但是其精神内涵却发生了变异。

（3）文化景观空间形态的消亡。由于人为的，或者是自然的因素，古镇的文化遗产空间形态消亡，不复存在。

（四）商业经济空间形态

1. 商业经济空间形态的基本元素

古镇的商业经济空间形态的基本元素主要包括了商业物质空间、商业业态构成两大部分。

（1）商业物质空间。主要是古镇商业发展的具体依托场所，主要涉及商业点、商业街和商业区三种基本形态。

1）商业点是古镇商业经济空间的基本形态。如表6-10所示，古镇商业经济空间形态中的商业点主要是商业业态和商业贸易的物质空间承担者，主要由商铺、流动摊位、当铺、作坊、酒肆、茶楼、客栈、会馆等构成。

表 6-10　旧时（1933年）暖泉主要商业点[①]

商铺	作坊	客栈	当铺	酒肆	流动摊位
小店铺、杂货铺、烟酒铺、饼铺、药铺、修车铺、山货铺、棺材铺、绫罗铺、火川铺、钢铺、画铺、古董店、米粮店、鞋铺、咸腌店、西货铺、理发铺	粉坊、面坊、油坊、木匠坊、豆腐坊、染坊、席坊、炸大豆坊、缸坊、老肉坊、麻纸坊、草纸坊	客栈、车马店、留人小店	当铺、皮家当铺	曹家楼饭馆、大食堂	修自行车、炒大豆

---

① 罗德胤. 蔚县古堡 [M]. 北京：清华大学出版社，2007.

2）商业街是古镇商业经济空间的脉络。旧时从广灵的方向过来，都必须从暖泉古镇的"西券门"进入集市。西券门位于西古堡的西北方，与西古堡北方的"西市"相连。西市其实就是一条宽七八公尺的东西走向街道，其南北两侧并排布置一家家店铺，每隔若干家有南北向的巷道通往店铺之后的民宅。西市的东头又分出两条街道，一向东北，一向东南一段约十几公尺后复折而向东，村民们分别称为"上街""下街"。中小堡位于下街之南，堡的北门与下街有道路相通。上街和下街的东尽头与一广场相接。此广场旧称"河滩"，主要为集市设摊之用，也有少量店铺，集中分布在其东面。"河滩"原有"草市街"（东面）和"米粮市"（西面）两片露天集市，暖泉书院即位于"米粮市"的北方。现在"米粮市"的大部分面积已为1948年新中国成立后兴建的私人民宅和公家建筑所占，"草市街"上的店铺也比原先有所增加。

3）商业区是古镇商业经济空间的集聚区。"河滩"西面的上街、下街以及由这两条街交汇延伸而成的西市，以及"米粮市""草市"等构成了暖泉古镇的基本商业区。

（2）商业业态。主要涉及具体的商业产品形态以及相互之间的比例关系。如表6-10所示，通过对旧时（1933年）暖泉古镇商业点具体业态的梳理，可以看到暖泉古镇的商业业态比例如下：饮食产品销售14处，业态比例为19.44%；日用百货10处，业态比例为13.89%；农产品加工14处，业态比例为19.44%；餐馆业2处，业态比例为2.78%；传统手工业14处，业态比例为19.44%；服务业7处，业态比例为9.72%；住宿业6处，业态比例为8.33%；金融业（当铺）2处，业态比例为2.78%；其他3处，业态比例为4.17%。

2. 商业经济空间形态元素的基本格局

（1）点—街—市的空间基本格局。古镇的商业经济空间形态形成的基础是商业点，这些商业点刚开始的时候既可能是店铺建筑，也可能是随意"摆地摊"的形式，如图6-20所示，暖泉古镇的修自行车和炒大豆就是以"摆地摊"的形式出现的。随着商业经济的进一步发展，商业点逐渐增多，商业业态也逐步完善，最终形成了商业街巷，在古镇里，这些商业街巷在业态上也逐渐形成了两种发展趋势：一种发展趋势是商业业态的复杂化，如暖泉古镇

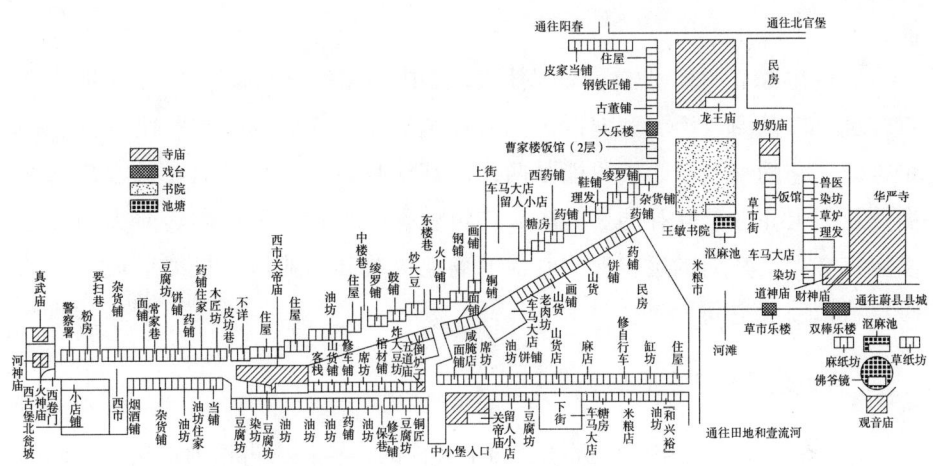

图 6-26　暖泉古镇点—街—市的商业经济空间形态①

上、下街，业态涉及 9 个类别；另一种发展趋势是商业业态的单一化，即街巷空间只有一种业态，暖泉古镇皮坊巷。街巷之间的联结点往往会形成商业区即"市"，暖泉古镇中上、下街形成的西市，上、下街和河滩街形成的米粮市等。这样整个古镇的商业经济空间形态就按照商业点、商业街、商业区的形式组成点—街—市的空间格局。

（2）商业空间的外溢。通过点—街—市或者是核心—边缘的空间形式发展起来的古镇商业空间形态并不仅仅拘泥于古镇内部的发展，随着商业经济的进一步发展和人口数量的增加，例如古镇内部的商业空间往往会出现外溢的现象，即古镇的商业空间向古镇外围扩散。暖泉古镇最初的商业形态集中在三堡，后来逐步扩展到堡外的上街、下街等空间区域。古镇商业空间的外溢是古镇空间规模逐渐扩大、古镇空间形态不断变化的重要推动力。

3. 古镇商业经济空间形态的演变

古镇商业空间形态形成以后，也会随之社会经济的发展不断变化的，但是这种变化并不是无序的，而是有规律可循的。随着商业的发展，古镇会围绕某一商业核心发展起来，在形成商业核心以后，周边商业以类同心圆的形式围绕商业核心发展起来，古镇商业空间以"核心—边缘"的模式

---

① 罗德胤. 蔚县古堡 [M]. 北京：清华大学出版社，2007. 转引自张楠. 作为社会结构表征的中国传统聚落形态研究 [D]. 天津：天津大学，2010.

演变着。

当然在古镇的商业空间的发展过程中,这个商业核心既可以是商业点,也可以是商业街、商业区。同时古镇的商业核心并一定是唯一的,一个古镇,它的商业核心有可能是两个,甚至是多个,并且商业核心之间在商业业态上往往是互补的。如暖泉古镇就是以上街、下街和河滩街为商业发展核心,在其周围逐步形成其他的商业街巷和商业区,最终形成今天的暖泉古镇商业空间。

(五)公共交往空间形态

古镇的公共交往空间研究涉及两个方面的内容:①古镇内部居民之间的公共空间交往所形成的公共空间交往;②由于旅游者的参与所形成的公共交往空间。由于旅游者的参与就使原先并不是公共交往空间,也会随之旅游的发展对外开放,成为公共交往空间,如暖泉古镇上的私家大院就是一个典型的代表。

1. 公共交往空间的元素构成

古镇的公共交往空间的主要构成元素由节点、街巷、区域和边界构成。

(1)节点。由于旅游者的参与使古镇公共交往空间在节点上除了表现为传统的公共空间,例如广场、集市、餐馆、茶馆、寺庙等,还表现为民居、宗祠、院落等空间形态。

表 6-11 暖泉古镇现存公共交往空间一览(部分)[①]

名称	基本情况	所属区域
西古堡北面瓮城	土坯墙、堡门保存完整;堡墙高约十米,沿堡墙新盖若干房屋,形成两院。路面铺石板,通往正街;空间关系良好	西古堡
南面瓮城	瓮城、堡门、影壁形制完整,保存良好。瓮城南面有戏台,三开间卷棚,大木作好,近年修复	
西古堡正街	贯通南北瓮城,是堡内的主要交通线;沿街有若干大院、商铺和公厕;目前正街两侧搭建少量红砖房,随意设置电线杆,严重影响了正街景观	

---

① 相关资料来源于《河北省蔚县暖泉古镇保护规划》,由当地政府提供。

续表

名称	基本情况	所属区域
关帝庙	废弃，现存于东巷91号老大爷的鸡圈中。一开间硬山，大木作、墙体尚可，正脊缺损，余下部分雕刻精美。周围杂草丛生，凌乱堆放杂物	西古堡
小学校	无街门，疑将旧时后院侧门门洞改作校门。后院：正房三开间卷棚，大小木作均好，全部涂红色油漆，门窗已经更换。东厢房三开间单坡顶，大木作尚好，小木作略有破损和歪闪。西厢房三开间单坡顶，大小木作均好。前院：正房三开间卷棚，北侧出廊；大小木作好，门窗新换；东侧原有偏房，现倒塌，西侧偏房用作厕所。西厢房三开间单坡顶。大小木作均好，窗户纸破	西古堡
中小堡门	堡门年久破损，地面严重坑洼不平。北侧堡墙保存完整，且有房屋依附；东北段堡墙缺失不存，直接敞向堡外；西侧堡墙残缺，断断续续，不成整体；东南段堡墙不存	中小堡
中小堡村委会	巷内院门宽，是大院主入口，有木雕砖雕细部。门洞上方有大块雕花梁托	中小堡
北官堡堡门	具体建造年代不详。北官堡坐北朝南，堡门只有一个，位于堡的南侧居中	北官堡
卢家小堡门	传说卢家小堡的建造年代早于北官堡，后修建北官堡的堡墙时将卢家小堡包围在内	北官堡
村堡街巷	村堡街巷为"主"字形，一条主街，另有东上街、中街、下街，及西上街、中街、下街，共计7条街巷	

如表6-11所示，暖泉古镇公共交往空间在传统的节点方面表现为以西古堡南北面瓮城广场为代表的广场空间，以关帝庙、地藏寺为代表的寺庙空间，以曹家楼饭馆为代表的餐饮空间，以麻市、米粮市为代表的集市空间。同时随着旅游者的参与，部分民居院落也成为公共交往空间，如董舒知县院、张邦奇故居、董汝翠东西楼房院、刘徽典举人院、九连环院等。

193

（2）街巷。街巷自古以来就是当地居民的公共交往空间，并具体涉及经济、文化等生活活动，街巷同时也是旅游者和当地居民之间以及旅游者之间进行交往的公共空间。

（3）区域。从空间功能的角度而言，区域是一个交往功能相对较为齐全的空间形态，即人们可以在区域内完成所需的公共交往活动，但在节点和街巷内不一定能够完成所需的全部公共交往活动，如暖泉古镇上街和下街就不能完成文化交往活动，而在西古堡则可以完成。

从空间范围的角度而言，区域往往是由不同的节点和街巷构成，并形成一个相对独立的公共交往空间。例如，暖泉古镇西古堡是由一横三纵四条主要的街巷构成，同时还有地藏寺、关帝庙、广场、院落等空间节点。

（4）边界。随着交往活动范围的扩大，古镇的边界，如古镇周边的山地、水域、林地、农田等也成为人们公共活动的重要区域。

2. 公共交往空间的基本格局及其演变

古镇居民首先与邻里之间形成邻里关系，而这种关系所发生的交往空间往往是门前广场等空间形态；其次和周边人群在街巷发生的交往关系，这种交往活动可以是语言交流，也可以是经济文化活动等；最后与相对陌生的其他人群在更大的区域内发生的交往活动。这样古镇居民之间的公共交往活动的发生及其依托的场所空间决定了其公共交往空间元素的基本格局是：节点—街巷—区域的空间格局。旅游者的大量涌入使传统意义上的公共交往活动无论从空间还是内容上都被扩大了，主要表现在节点空间形态上。由于旅游活动的开展，原先相对私密的住宅、院落、家祠等空间形式也由私密空间变为公共交往空间，因此，旅游者参与的公共交往空间元素的基本格局是节点（扩大的节点）—街巷—区域空间格局。

第五节　本章小结

本章以河北蔚县暖泉古镇为研究个案，从空间的实践（古镇的旅游资源）、空间的表征（四维动力）和表征的空间（现实的旅游空间形态）三个维度来具体探讨农牧交错带上古镇旅游空间的生产问题。暖泉古镇能够作为本书的研究案例，主要是考虑到其典型性和紧迫性。就地理区位的角度而言，暖泉古镇恰好位于中国的干旱区和湿润区地理分界线——400毫米等降水量线上，处于农牧交错带上；从文化区位上讲，暖泉古镇的发展演变历史恰好反映了农耕和游牧文化之间的碰撞、交流和融合，因此，作为"中国历史文化名镇"的暖泉古镇是中国农牧交错带上古镇的典型代表。但是，由于历史的和现实的原因，暖泉古镇的保护现状不容乐观。由于居民自身能力的限制，未被列入各级政府保护名单的文化遗产保护资金严重不足，即使被列入了各级政府保护名单的文化遗产后续保护资金仍然严重不足。正是由于保护资金的不足，导致暖泉古镇文化遗产保护工作严重滞后。

从物质类旅游资源和精神类旅游资源两个角度对暖泉古镇的旅游资源进行分析，总的来说，暖泉古镇历史十分悠久，并以古堡、民居、泉水、集市、商贾及民俗文化而闻名于世。古镇格局巧妙地将泉水文化、古堡文化和民俗传统文化有机结合在一起，是个农耕、商贸、旅游同步发展的北方典型古镇。众多旅游景点及深厚的人文内涵和民间文化活动是暖泉古镇发展旅游的坚实基础。

资本、权力、市场和社区四维动力在暖泉古镇旅游空间生产过程中博弈主要体现在两个方面：①在旅游空间范围上的博弈，社区和权力希望尽可能地保证古镇居民的生活空间，限制旅游空间的无限制发展。同时出于追求效益的最大化，资本希望进一步扩大古镇旅游空间的范围，市场也希望旅游空间范围能够进一步扩展，从空间上延伸他们对古镇的旅游体验。因此，为了实现古镇旅游空间的生产，四维在旅游空间上博弈的最终结果是，暖泉古镇旅游发展采取渐进式的发展方式。②由于四者的博弈，使古镇的经营管理模式发生了变化，即由权力、资本主导型，演变成权力引导、多元参与的经营管理模式。

具体到暖泉古镇旅游空间形态的构建，本书首先运用古镇旅游空间四维动力综合评价体系对暖泉古镇旅游资源进行分析评价，进而获得它们对于古镇旅游资源的基本态度。其次从现状资源的完整性、资源赖以生存的空间基础状况和未来空间发展余地三个方面对暖泉古镇旅游资源的现状基础进行综合评估。在此基础上构建了暖泉古镇旅游空间生产坐标系，对相关旅游资源进行了综合评价分析。最后，根据传统古镇空间的实践——空间的表征坐标系评价分析结果，暖泉古镇旅游空间形态的布局应该采取以点连线、以线成面的空间布局程序模式。将处于高评价区域的资源在地形图上标出，以这些资源单体或者相邻合体为核心，形成一个同类资源圈，相近或互补的资源圈又形成一条资源带，不同的资源带以相近或互补的资源圈为连结点，最终形成一个相互联系、相互补充的资源面，实现古镇空间自身的生产。

最后，我们对暖泉古镇城域空间、文化遗产空间、自然景观空间、商业经济空间和公共交往空间五大旅游空间形态进行了具体的分析研究。在对五大空间形态基本构成元素分析的基础上，探讨了暖泉古镇五大空间形态的基本格局以及五大空间形态随着社会经济发展而产生的演变。

第七章 结 论

古镇保护和开发的矛盾，其实就是如何处理好为旅游者服务的空间和为居民服务的空间之间的关系问题。由于受到地理位置、交通条件、自然环境的先天因素的影响，我国处于农民交错带上的古镇在保护和开发的问题上显得更加突出。本书正是基于此，选择以农牧交错带上的古镇为研究对象，应用相关的空间生产、文化消费等相关理论，对农牧交错带上古镇旅游空间的生产进行研究，并获得以下三个主要结论：

一、古镇旅游空间的自我生产成为古镇良性发展的出路

在处理古镇保护和发展的关系上，当今有两种倾向：①认为对古镇及古迹的保护就应该像文物一样静态的保护，任何改变现状的做法都是不可接受的。结果就是要么由于空间的限制和古建文物的静态保护而无法利用，没有利用，保护的经费就难落实，资源很快就破败了；要么就是利用了，但由于不能改变现状，很快就没有了市场。②恰好相反，提倡大肆利用，尤其是在房地产高速发展的推动下，将古镇开发就等同于房地产开发，这种短期行为使古镇资源受到极大破坏。其实这两种倾向在本质上是一致的，都是希望通过外在的力量主导古镇的发展命运，忽视古镇自身的发展规律，即古镇发展像人一样，也存在一个新陈代谢的过程。当有的细胞不符合人体发展需求了，就会有新的细胞去取代它，当受到外界过多干扰，坏的细胞太多，新的细胞又没能及时补充上来，人就会生病，甚至死亡。同样，在外界刺激下，新细胞过快生长，代谢加快，人体就会很快衰老。古镇旅游发展也一样，外

力过度推动和完全不推动，都是不利的。因此，应该像空间生产理论提倡的那样，将古镇旅游发展看成是古镇旅游空间自身的生产过程，进而实现古镇旅游开发和保护的良性循环。

二、四维动力推动古镇旅游空间的生产

本书将空间生产理论引进古镇旅游空间的研究领域，并根据古镇旅游空间的特殊性创造性地将空间生产理论中资本—权力二维动力源转变为资本—权力—社区—市场古镇旅游空间生产的四维动力源。

古镇旅游产品的独特性即生产与消费的统一性决定了古镇旅游产品只能将旅游者吸引来古镇，才能实现产品的交易，古镇旅游空间的消费者是外来旅游者，而传统城市空间的主体消费者是城市市民，这就使古镇旅游空间与传统的城市空间有了明显的区别，即由具体旅游者所构成的旅游需求市场也成为古镇旅游空间生产的主要推动者之一。同时作为古镇空间原有者的社区居民，他们既是古镇空间的生产者，又是古镇空间的使用者，他们从物质和精神两个方面对古镇旅游空间的生产和发展演变产生影响。

因此与城市空间生产不一样的是古镇旅游空间的表征是资本、权力、社区和市场四者意志的集中体现，而资本、权力、社区和市场通过对古镇资本三重循环的关注来推动古镇空间的生产。古镇空间生产的第Ⅰ类动力系统（权力和社区）内部的博弈正是古镇旅游管理模式发展变化的内在因素，古镇空间生产的第Ⅱ类动力系统（资本和市场）内部的博弈，恰好是古镇旅游产品发展模式变化的内在因素，即古镇旅游产品由观光型旅游产品为主的发展模式向以休闲度假型旅游产品为主的发展模式转变。

三、古镇旅游空间形态是一个交叉互补的多元空间结合

古镇旅游资源在四维动力的推动下，通过古镇旅游空间生产坐标系形成古镇的旅游空间形态。古镇旅游空间形态是一个涉及古镇各个方面的立体式的综合概念，不仅仅是我们通常所熟知的空间形式、空间结构等物质形态内容，还涉及物质性形态的精神内涵，即古镇旅游空间的精神空间内容。具体

包括了古镇的城域空间、文化遗产空间、自然景观空间、商业经济空间和公共交往空间及其之间的相互关系，是一个以"实体空间为本、文化空间为魂、业态空间为基、交往空间为脉"交叉互补的多元空间形态。

这种交叉互补性主要体现在古镇五大旅游空间形态基本构成元素之间的互补和重叠关系。就互补关系而言，不同的旅游空间元素之间并不是相互独立、互不相干的，而是相互补充、相互促进的。例如，地域空间元素、自然景观空间元素、文化遗产空间元素、公共交往空间元素之间在生活和休闲方面的互补性；自然景观空间元素、文化遗产空间元素、公共交往空间元素之间在价值观方面的互补性；商业经济空间元素、文化遗产空间元素和城域空间元素之间在地域文化特征方面的互补性；就统一关系而言，主要是在不同空间元素之间不但是互补的，而且是相互重叠、互相统一的。再如，城域空间元素的居住功能很大一部分也就是文化遗产空间和自然景观空间的功能。

本书将空间生产理论引进的古镇旅游空间的研究，并将其应用到对古镇旅游空间特征、演变的动力、形态结构以及古镇旅游空间生产的研究中，取得了良好的效果，进一步完善了古镇旅游空间甚至于古镇旅游发展的理论体系；我们依托古镇旅游空间的独特性，以空间生产理论为指导，从古镇物质旅游空间和古镇精神旅游空间两个维度以及这两个维度的相互关系出发，对古镇旅游空间做了进一步的探讨和研究，进一步拓展了古镇旅游空间的研究维度；本书抓住"空间既是生产力又是生产关系"的空间生产这一核心理论，对古镇旅游空间作为生产空间和生活空间、物质生产空间和精神生产空间高度统一体特征进行了准确把握，进而将古镇旅游空间作为一个整体进行研究，作为一个"空间既是生产力又是生产关系"的统一体进行研究，进一步延伸了古镇旅游空间研究的视野。同时由于篇幅和时间的限制，关于空间生产的其他方面问题还有待进一步深化，例如空间的消费问题，本书只是将其同旅游市场的研究合二为一，并没有将其单独作为一个研究整体来对待，这是本书的不足之处，希望下一步能够将其作为重点来进行研究。

参考文献

译著

[1][德]哈贝马斯. 交往行为理论[M]. 上海：上海人民出版社，2004.

[2][德]黑格尔著. 自然哲学[M]. 梁志学等译. 北京：商务印书馆，1980.

[3][德]齐美尔著. 林荣远编译. 空间社会学[A]. 齐美尔. 社会是如何可能的：齐美尔社会学文选[C]. 桂林：广西师范大学出版社，2002.

[4][法]皮埃尔·吉罗著. 符号学概论[M]. 怀宇译. 成都：四川人民出版社，1988.

[5][法]布尔迪厄著. 实践理性：关于行为理论[M]. 谭立德译. 北京：三联书店，2007.

[6][法]米歇尔·福柯著. 规训与惩罚：监狱的诞生[M]. 刘北成，杨远婴译. 北京：三联书店，2007.

[7][法]让·鲍德里亚著. 消费社会[M]. 刘成富，全志刚译. 南京：南京大学出版社，2001.

[8][法]涂尔干著. 宗教生活的基本形式[M]. 渠东，汲品译. 上海：上海人民出版社，2006.

[9][古希腊]亚里士多德著. 物理学[M]. 张竹明译. 北京：商务印书馆，1982.

[10][美]爱德华·W. 苏贾著. 后现代地理学[M]. 王文斌译. 北

京：商务印书馆，2004.

［11］［美］戴维·哈维．后现代的状况对文化变迁之缘起的探究网［M］．北京：商务印书馆，2003.

［12］［美］克莱尔·A.冈恩，特格尔·瓦尔著．旅游规划理论与案例［M］．吴必虎，吴冬青，党宁译．大连：东北财经大学出版社，2005.

［13］［美］迈克尔·R.所罗门，卢泰宏，杨晓燕．消费者行为学［M］．北京：中国人民大学出版社，2009.

［14］［美］乔治·瑞泽尔著．后现代社会理论［M］．谢立中等译．北京：华夏出版社，2003.

［15］［美］瑟厄波德．全球旅游新论［M］．张广瑞等译．北京：中国旅游出版社，2001.

［16］［挪］诺伯格·舒尔茨著．场所精神：迈向建筑现象学［M］．施植明译．武汉：华中科技大学出版社，2010.

［17］［日］黑川纪章．新共生思想［M］．北京：中国建筑工业出版社，2008.

［18］［瑞］索绪尔著．普通语言学教程［M］．高名凯译．上海：商务印书馆，1980.

［19］［英］大卫·哈维著．后现代的状况［M］．阎嘉译．上海：商务印书馆，2003.

［20］［英］彼得·诺兰．全球商业革命：产业集中、系统集成和瀑布效应［M］．天津：南开大学出版社，2007.

专著

［1］包亚明．现代性与空间的生产［M］．上海：上海教育出版社，2003.

［2］罗德胤．蔚县古堡［M］．北京：清华大学出版社，2007.

［3］王乐忠．中国消费文化探析［M］．兰州：兰州大学出版社，2002.

［4］中国古镇游编辑部．古镇游［M］．西安：陕西师范大学出版社，2006.

［5］中国艺术研究院，中国民族民间文化保护工程国家中心．中国民族民间文化保护工程普查手册［M］．北京：文化艺术出版社，2005.

［6］周立三，吴传钧，赵松乔．甘青农牧交错地区农业区划初步研究［M］．北京：科学出版社，1958．

［7］尹世杰．消费文化学［M］．武汉：湖北人民出版社，2002．

论文

［1］埃蒙德·木卡拉．口头和非物质遗产代表作概要［A］．人类口头和非物质遗产抢救与保护国际研讨会论文集［C］．2002．

［2］安萍莉，琪赫，潘志华．北方农牧交错带不同农作制度对土壤风蚀因子的影响［J］．水土保持学报，2008（22）．

［3］巴莫曲布嫫．非物质文化遗产：从概念到实践［J］．民族艺术，2008（1）．

［4］曹俊文．精神文化消费统计指标体系的探讨［J］．上海统计，2002．

［5］陈冰．文人清谈"丑陋江南"［J］．新民周刊，2005（11）．

［6］戴翔，梁树英．空间生产理论视域下传统聚落的转型研究——以大理喜洲古镇为例［A］．规划创新（2010中国城市规划年会论文集）［C］．2010．

［7］段德罡，田涛．偏远民族地区古镇旅游开发与经营模式研究［J］．小城镇建设，2010（12）．

［8］段建强，赵冬梅．保护规划后续管理中信息化途径与方法——以上海市朱家角古镇为例［A］．建筑历史与理论第九辑（2008年学术研讨会论文选辑）［C］．2008．

［9］冯雷．当代空间批判理论的四个主题——对后现代空间论的批判性重构［J］．社会科学家，2008（3）．

［10］邓冰，俞曦，吴必虎．旅游产业的集聚及其影响因素初探［J］．桂林高等旅游专科学校学报，2006（6）．

［11］高静，程先斌．传统室外公共空间初探——以罗城古镇船形街为例［J］．四川建筑，2005（4）．

［12］高国力．干旱农牧交错带生态环境的景观生态学探讨［J］．干旱区资源与环境，1995（1）．

［13］郭文，王丽，黄震方．旅游空间生产及社区居民体验研究——江

南水乡周庄古镇案例［J］. 旅游学刊，2012（4）.

［14］贺红权，刘伟. 我国旅游资源产权制度的演进趋势及启示——基于一个文化古镇背景模型的分析［J］. 中国软科学，2007（12）.

［15］黄波. 鲍德里亚符号消费理论述评［J］. 青海师范大学学报（哲学社会科学版），2006（3）.

［16］黄素梅. 精神文化消费现状及与经济发展的关系［J］. 财经理论与实践，1995（1）.

［17］蒋志杰，吴国清，白光润. 旅游地意象空间分析——以江南水乡古镇为例［J］. 旅游学刊，2004（2）.

［18］李彪，郭奇斌. 古民族战争遗址主题旅游开发模式研究［J］. 求索，2009（11）.

［19］李凡，蔡桢燕. 古村落旅游开发中的利益主体研究——以大旗头古村为例［J］. 旅游学刊，2007（1）.

［20］李青阳. 山区历史古镇旅游形象定位探析——以陕西省洋县华阳古镇为例［A］. 地理学与生态文明建设——中国地理学会2008年学术年会论文摘要集［C］. 2008.

［21］李婧. 基于文脉的商业空间形态设计——浅析西安西大街的形态演进及新一轮改造［J］. 中外建筑，2009（11）.

［22］李瑞. 唐宋都城空间形态研究［D］. 西安：陕西师范大学，2005：57-345.

［23］李浈. 政府主导下的乡土建筑遗产保护管理运作模式比较——以江南水乡的苏州平江历史街区与西塘古镇为例［J］. 南方建筑，2011（6）.

［24］廖春艳，沈一. 谈成都平乐古镇的空间形态构成［J］. 山西建筑，2012（4）.

［25］林暾. 江南水乡古镇公共空间研究［J］. 福建建筑，2008（3）.

［26］刘莉，陆林. 江苏省同里镇旅游者旅游感知调查分析［J］. 安徽师范大学学报（人文社会科学版），2006（2）.

［27］刘青. 河北省蔚县暖泉镇西古堡研究［D］. 天津：天津大学建筑学院，2005（28）.

［28］刘炜，李百浩. 湖北古镇的街巷空间研究［J］. 湖北理工大学学

报，2009（13）.

[29] 吕宛青，成竹. 基于和谐社会构建的旅游地社区利益均衡——以腾冲县和顺古镇为例［J］. 西南边疆民族研究，2010（2）.

[30] 罗维安. 城市文化空间的景观设计［J］. 现代装饰（理论版），2012（9）.

[31] 苗伟. 文化时间与文化空间：文化环境的本体论维度［J］. 思想战线，2010（36）.

[32] 米银俊，王守忠，孙浩. 浅析资本论中的文化消费［J］. 地质技术经济管理，2002（3）.

[33] 梅策迎. 珠江三角洲传统聚落公共空间体系特征及意义探析——以明清顺德古镇为例［J］. 规划师，2008（8）.

[34] 欧翠珍. 文化消费研究述评［J］. 经济学家，2010（3）.

[35] 潘运伟，姜英朝，胡星. 京西古村落遗产旅游可持续发展研究——以爨底下村为例［J］. 资源与产业，2008（2）.

[36] 孙艺惠，陈田，张萌. 乡村景观遗产地保护性旅游开发模式研究——以浙江龙门古镇为例［J］. 地理科学，2009（6）.

[37] 田广金，史培军. 中国北方长城地带环境考古学的初步研究［J］. 内蒙古文物，1997（2）.

[38] 舒云久，张晓林，何汛，解宪生. 非物质文化遗产保护中民间体育文化的发展——以黄龙溪古镇"火龙灯舞"为例［J］. 山东体育学院学报，2009（10）.

[39] 魏远征，高伟，林从华等. 古镇公共空间保护性整治规划探析——以和平古镇为例［J］. 福建建筑，2012（6）.

[40] 钱光培. 发展文化产业与北京产业结构调整的战略抉择［J］. 经济世界，2000（6）.

[41] 王民安. 空间生产的政治经济学［J］. 国外理论动态，2006（1）.

[42] 王国利. 大"文化空间"的构建与非物质文化遗产保护设想——以青海省大通回族土族自治县"六月六"会为调查个案［J］. 青海师范大学学报（哲学社会科学版），2011（33）.

[43] 王虎. 兰州市家庭文化消费现状的实证研究［J］. 西藏大学学报，

2008 (2).

[44] 王莉, 陆林, 王咏. 古村落旅游地利益主体关系及影响研究——世界文化遗产地西递、宏村实证分析 [J]. 资源开发与市场, 2006 (3).

[45] 王云才. 江南六镇旅游发展模式的比较及持续利用对策 [J]. 华中师范大学学报（自然科学版）, 2006 (1).

[46] 王云才, 石忆邵, 陈田. 江南古镇商业化倾向及其可持续发展对策——以浙北三镇为例 [J]. 同济大学学报（社会科学版）, 2007 (2).

[47] 王雯, 魏开云. 云南楚雄黑井古镇景观空间形态解析 [J]. 安徽农业科学, 2011 (35).

[48] 向云驹. 论"文化空间" [J]. 中央民族大学学报（哲学社会科学版）, 2008 (35).

[49] 晏国祥. 消费体验理论评述 [J]. 财贸研究, 2006 (6).

[50] 颜亚玉, 张荔榕. 不同经营模式下的"社区参与"机制比较研究——以古村落旅游为例 [J]. 人文地理, 2008 (4).

[51] 杨国胜, 龙彬. 历史名镇空间保护与活化规划 [J]. 河北工程大学学报（自然科学版）, 2012 (4).

[52] 杨泸. 川西四大古镇旅游空间竞争与合作研究 [J]. 成都大学学报（社会科学版）, 2006 (4).

[53] 尹世杰. 切实加强对精神文化消费的引导 [J]. 消费经济, 1996 (6).

[54] 余华玲, 周密. 四川古镇开发模式初探 [J]. 新西部, 2008 (9).

[55] 于萍. 社区参与古镇旅游发展研究 [J]. 安徽农业科学, 2011 (31).

[56] 尤小菊. 试析文化资源产权的本土化表达及意义——以黄姚古镇为例 [J]. 青海民族研究, 2011 (2).

[57] 翟文燕, 张侃侃, 常芳. 基于地域"景观基因"理念下的古城文化空间认知结构——以西安城市建筑风格为例 [J]. 人文地理, 2010 (2).

[58] 张红明. 消费体验的五维系统分类及应用 [J]. 企业活力, 2005 (8).

[59] 张婧. 基于文化空间的历史文化村镇保护更新策略——以湖北省

赤壁羊楼洞古镇为例［J］．四川建筑，2011（1）．

［60］章锦河，史春云，周晶等．世界遗产地宏村古镇旅游用地变化研究［A］．中国地理学会2012年学术年会学术论文摘要集［C］．2012．

［61］张满生，朱承强，周利方．我国古镇旅游可持续发展对策分析［J］．商业时代，2009（22）．

［62］张子凯．列斐伏尔空间生产的评述［J］．江苏大学学报（社会科学版），2007（9）．

［63］张彦．社区旅游增权研究［D］．济南：山东大学，2012：144-183．

［64］赵松乔．察北、察盟及锡盟一个农牧过渡地区经济地理调查［J］．地理学报，1953，19（1）．

［65］赵勇，张捷，秦中．我国历史文化村镇研究进展［J］．城市规划学刊，2005（2）．

［66］邹芳芳，胡敏杰，郑耀星．创意视阈下的乡村景观遗产地旅游模式研究——以福建邵武和平古镇为例［J］．福建农林大学学报，2012（4）．

［67］周浩明，冯道刚．江南水乡古镇"灰空间"解析［J］．装饰，2007（1）．

［68］周永博．文化遗产旅游景观意象结构性评价与信息化传播［D］．南京：南京师范大学，2011：158-162．

［69］陆大道，陈明星．关于"国家新型城镇化规划（2014~2020）"编制大背景的几点认识［J］．地理学报，2015（2）．

［70］卓勇良．创新政府公共政策供给的重大举措——基于特色小镇规划建设的理论分析［J］．浙江社会科学，2016（3）．

［71］何选高．西部民族地区城镇化建设发展战略及对策研究［J］．贵州民族研究，2008（12）．

［72］桂榕，吕宛青．民族旅游空间生产刍论［J］．人文地理，2013（3）．

［73］孙九霞，苏静．旅游影响下传统社区空间变迁的理论探讨——基于空间生产理论的反思［J］．旅游学刊，2014（5）．

［74］吴承照．城市旅游的空间单元与空间结构［J］．城市规划学刊，

2005（3）.

［75］王欣. 旅游空间学说框架探讨［M］. 北京：中国财政经济出版社，2011.

报纸

［1］冯奎. 如何推动城镇化健康发展［N］. 经济日报，2013（7）.

［2］李关平，邓李娜. 中国"新古镇"旅游产品的开发与规划［N］. 中国旅游报，2012-06-06.

国际公约

［1］联合国教科文组织保护非物质文化遗产公约，2003.

［2］联合国教科文组织保护世界文化和自然遗产公约，1972.

统计年鉴

［1］中国国家旅游统计年鉴（2001~2011）.

［2］河北省旅游统计年鉴（2008~2011）.

相关规划

［1］《河北省蔚县暖泉镇总体规划》.

［2］《河北省蔚县暖泉古镇保护规划》.

［3］《河北省蔚县暖泉古镇旅游发展总体规划》.

网络资料

［1］http：//baike.baidu.com/view/670057.htm.

［2］http：//tieba.baidu.com/p/541197652.

［3］http：//baike.baidu.com/view/150766.htm.

英文文献

［1］Burns P M, Mónica M S. Local Perceptions of Tourism Planning：The Case of Cuéllar, Spain［J］. Tourism Management，2003，24（3）：331-339.

［2］Castells, Manuel. The Urban Questions：A Marxism Approach［M］. MIT Press，1977.

［3］Cevat Tosun. Host Perceptions of Impacts-A Comparative Tourism Study［J］. Annals of Tourism Research，2002，29（1）：231-253.

［4］Chrys Horn & David Simmons. Community Adaptation to Tourism：Comparisons between Rotorua and Kaikoura, New Zealand［J］. Tourism Management，

2002 (23): 133-143.

[5] Christina A. Joseph & Anandam P. Kavoori. Mediated Resistance - Tourism and The Host Community [J]. Annals of Tourism Research, 2001, 28 (4): 998-1009.

[6] David Jamison. Tourism and Ethnicity—The Brotherhood of Coconuts [J]. Annals of Tourism Research, 1999, 26 (4): 944-967.

[7] Eugenia Wickens. The Sacred and the Profane—A Tourist Typology [J]. Annals of Tourism Research, 2002, 29 (3): 834-851.

[8] Faulkner B, Vikulov S. Katherine, Washed Out One Day, Back on Track The Next: A Post-Mortem of A Tourism Disaster [J]. Tourism Management, 2001, 22 (4): 331-344.

[9] Henri Lefebvre. The Production of Space [M]. Translated by Donald Nicholson-Smith. Oxford UK: Blackwell Ltd., 1991.

[10] Holbrook Morris B. The Miillennial Consumer in The Texts of Our Times: Experience and Entertainment [J]. Journal of Macromarketing, 2000 (2).

[11] Liping A. Cai. Cooperative Branding for Rural Destinations [J]. Annals of Tourism Research, 2002 (3): 720-742.

[12] Manuel Castells. Theory and Ideology in Urban Sociology. in C. Pickvanced (Ed.) [J]. Urban Sociology: Critical Essays. London: Tavistock, 1976 (75).

[13] María R Y P. Rural tourism in Spain [J]. Annals of Tourism Research, 2002, 29 (4): 1101-1110.

[14] Matthew J. Walpole & Harold J. Goodwin. Local Economic Impacts of Dragon Tourism. in Indonesia [J]. Annals of Tourism Research, 2000 (3): 559-576.

[15] Miehel Foueault. Questions on GeograPh, power/Kowledge: Selected Interviews and Other Writing 1973-1977 [J]. Edited by C. Gordon, 1980.

[16] Pauline J. Sheldon & Teresa Abenoja. Resident attitudes in a mature destination: the case of Waikiki [J]. Tourism Management, 2001 (22): 435-443.

[17] Paul Brunt & Paul Courtney. Host Perceptions of Sociocultural Impacts [J]. Annals of Tourism Research, 1999 (3): 493-515.

[18] See David Harvery. The Limits to Capital Basil Blackwell, oxford. & University of Chicago Press, Chicago. 1982. Spaces of Capital: Towards a Critical Geography [J]. Edinburgh University Press, Edinburgh. 2001.

[19] Williams J, Lawson R. Community issues and resident opinions of tourism [J]. Annals of Tourism Research, 2001 (2): 269-290.

[20] Olof Wahlberg. Small Town Centre Attractiveness: Evidence from Sweden [J]. Journal of Retail & Distribution Management, 2016, 44 (4): 465-488.

[21] RR Trautman. Small-Town Policy Makers [J]. Public Administration Review. 2016, 76 (2): n/a-n/a.

[22] William Wee Lim Hew, David Yoon Kin Tong and Gerald Guan Gan Goh. Revitalisation of the Old Township of Ipoh, Malaysia [J]. Journal of Place Management and Development, 2014, 7 (1): 57-73.

[23] Marc-André Lavigne. Urban Governance and Public leisure Policies: A Comparative Analysis Framework [J]. World Leisure Journal, 2014, 56 (1): 27-41.

后 记

在这部书完成的时候,我的心情是无法言表的,这为我的博士求学经历画上了一个句号。整个著作在撰写、修改、成稿的过程中,我得到了老师、家人的大力关心、鼓励、支持和帮助,感谢之情溢于言表,非笔墨以形容。

首先,在学习方面,诚挚地感谢我的导师王挺之教授。王老师严谨的研究精神、清晰的逻辑思维、谦虚的学术涵养以及丰富的实务经验,使我受益匪浅。其次,在生活方面,王老师的处世与为人,成为我永远学习的标杆与榜样,我非常幸运能够有机会成为王老师的学生。最后,在著作方面,王老师给予了我很多悉心的教诲,从著作的框架到最后的成文都进行了全方位的指导。至此著作完稿之际,向恩师表示崇高的敬意和衷心的祝福!

其次,在生活方面,我要感谢我的夫人,是她对我一直奉献着无私的关爱和帮助才能够使本书最终完稿。

最后,我要对所有给予我关爱的人,再次表示感谢!

李彪 2017 年于财经大学